NeoCogito

阅读即行动

Nomadic Subjects

Embodiment and Sexual Difference in Contemporary Feminist Theory

Rosi Braidotti

游牧主体

当代女性主义理论中的具身性和性差异

[意] 罗西 · 布拉伊多蒂 著

赵雅惠 译

上海人民出版社

中文版序言

我深感荣幸能够把握住我的中国出版方慷慨给予我的机会，为中文版的《游牧主体》作序。我认为这本书算得上是我的哲学宣言，它深得我心。想到它在我们当今的世界仍具有现实意义，并且我的中国同事和学生对此感兴趣，我十分高兴。

曾被视为激进的论调如今已变得司空见惯，三十年前不可想象的观念现在已成为主流，这些观念变迁的速度可以用来形容任何政治运动的进步，包括女性主义。在这一资本主义高度发达且变化迅速的历史时刻，它的典型标志是精密的技术、残酷的社会断裂和严重的环境危机。游牧主体的概念，由流动性和复杂性定义，不再是颠覆性的概念，而已经成为我们日常生活的一部分。流动身份也已经在文化方面流行起来，这一事实只是强化了对其矛盾进行严格批判分析的紧迫性。

本书收录的论文来自特殊的历史背景，即 20 世纪 90 年代晚期的欧陆哲学。无论是在女性主义还是其他思想领域，这一时期都标志着从强调后现代的流动性转向聚焦于作为一个关键批评概念的后人类游牧主义的过渡。在整个 20 世纪 80 年代，后现代主义理所当然地批判了同一性和固定的身份，但似乎变成了一种将批判本身视作目的的运动。为了批判而批判并不是我理解女性主义哲学的方式，更不必说批判理论了。仅仅反对一元思维和单一范式是不够的。事实上，这种方法有可能陷入认知相对主义和道德相对主义。另一方面，游牧思想和游牧主体的哲学对一种强大的另类主体性感兴趣，高度强调游牧主义的政治，尤其是其伦理。作为一个在发达资本主义世界对社会正义感兴趣的思想家，我发展了一种关于伦理的游牧主义，它不仅能够挑战霸权主导身份，而且提出一种新的主体观。这种主体性既不是同一性的，也不是欧洲中心主义的，而是流动且情境化的。游牧主义代表着异质的多样性、差异性、唯物主义和交叉性，而不仅是流动性。

现在已经变得明确的是，最伟大的游牧者就是资本本身：市场经济在线上和线下一样运行，它通过产品、资本、数据和字节的流动系统来运作。另一方面，人的流动性则受到更多限制和高度控制。同样，这一市场经济备受赞誉的“灵活性”主要涉及消费品，而对于西方人来说，这导致了不稳定的雇佣条件和低薪。在流动性受管制、流通受控制的全球政治经济里，商品、信息和数据流通比人类个体的流动更加自由。进而言之，当代市场经济通过跨国且受管制的流动性，通过控制边境和移民，通过实体和数字的监控，签证选择和逮捕来管理资本积累。边境则成为系统地拦截和抓捕各种不受欢迎的人（寻求庇护者、移民、无家可归者、有色人种、穆斯林等）的地方。许多新的围墙自 1989 年柏林墙倒塌起就在世界各地建立起来。

我的目标是在这一复杂且充满内在矛盾的社会和地缘政治视野内提出一个主体性的反理论（counter-theory）。技术是当今资本及其市场经济加速发展最重要的因素。新技术——生物遗传学、合成生物学、信息和通信技术、人工智能、神经科学、纳米技术和新材料——尤其具有现实意义，因为它们打破了曾构成主体的时空统一性的传统观念。发达技术与以盈利为主导的逻辑紧密相关，但它们不能被简化为这单一的维度。它们也打开了意想不到的空间——通常由社会运动和文化少数群体推动的生产性的“系统裂缝”（cracks in the system）——提供了潜在有效的批判性和创造性见解。

然而，社会文化生产模式的这些变革，不可能不改变旧有的权力关系：正如谷歌的座右铭所言，当代资本主义倾向于快速发展并打破常规（move fast and break things）。它拆解甚至瓦解旧有的社会结构，对其传统角色及其支撑的身份认同毫无留恋。当代技术驱动的嬗变，不可能不调整传统的社会和象征结构，包括家庭、性别关系、性和女性主义政治：我们主体性的根本内核在这一过程中被重新设计。游牧运动和根茎网络已渗透进主体性及其日常表现的核心。

游牧主体是处于空间和时间之中，处于地点和历史记忆之中的，它们立足于特定的历史背景。我希望对其负责，并继续扎根于当下条件的内在性，解释我们时代残酷的排外和根深蒂固的不公正现象。游牧思想表达了在全球流动性、地缘政治位置、交叉的阶级与性别关系、种族和年龄段（age groups）、共同的谱系（shared genealogies）和历史的框架内，对构建我们主体性的多重生成生态的认识。所有的这些生态环境也是隶属模式：它们提供并维护坚实的根基，建立清晰的归属标准。但这些基础条件也是流动和动态的。它们构成了当代权力关系的框架，因为它们允许位置和权力的差异沿着分散、游牧或根茎的（即非二元对立的）路线倍增。因此，理解当代权力的非二元本质，也就能让我们研究社会、经济和文化排斥的新形式。

换句话说——差异是多重的、流动的和延展的。“我们”人类都是游牧的，但我们并不全是一样的（one and the Same）：我们的不同之处来自将我们联系在一起的同一条归属线。这些差异是物质和社会经济方面的：我们要记住，数十亿人仍然缺乏电力、安全、自来水、医疗保健和医药援助，更不用说消费电子产品了。换言之，资本推动的特定流动形式受到排斥参数的限制和约束，它冒着将网络民主的总体承诺沦为笑柄的风险。我们更有可能拥有多种网络民主形式：事实上，我认为在第三个千禧年，政治主体性，尤其是像女性主义者这样的少数主体性，已经成为一个矛盾的空间。它是一个复杂的广场，多种社会、符号和话语组合在这里展开，甚至政治也变得游牧化，政治的空间不再是线性平滑的。

为了发展有效的游牧政治，我认为必须制定标准，区分量化差异——数据、信息、消费品等的倍增和加速流通——与新概念和伦理方面的质的飞跃。在晚期后现代资本主义的背景下，我认为仅仅颂扬流动性、灵活性和机动性是不够的。这种立场有可能导致肤浅，因为它可能带来多重量化差异的分层——多重身份主张——而不会使我们对主体性的理解发生质的转变。身份是个人的、心理的;主体性是结构的、社会的。在这方面,身份政治的扩散——在当今政治光谱的左翼和右翼——是很成问题的。当代社会产生并促进了无数各种各样的微观身份——包括但不限于性身份和性别身份。但这种倍增足以产生真正的变化吗?

例如,想想数十亿的脸书页面——它们属于一家控制着全球经济的美国科技巨头,悖论的是,这些页面在地球上传播着关于网络个人主义(networked individualism)主题的多种变体。具有讽刺意味的是,这种占有性个人主义(possessive individualism)和从众行为的倍增被宣传为“自由”。此外,在这个全球化的网络中展示的所有身份并非都是激进的,或者说甚至并非都是进步的。恰恰相反,近几十年来,政治右翼的强烈身份主张和诉求在互联网上大幅增长,通常带有反动、本土主义、民粹主义和威权主义的特征。民粹主义左派也表现出同样极端的立场。这种基于技术产生的身份诉求在数量上的激增,并不是我的批判游牧主义,而是与之相反的:一种狭隘的地方主义(provincialism)。它通过全球化实现了规模的变化,但没有挑战它所维系的微观身份的地方性特征。正如德勒兹所言，这些分子道德，包括许多新兴的“微观法西斯主义”形式，未能质疑它们自身的前提。

量的增殖是“一”的倍增。只有抵制“一”的逻辑，新事物才能出现。游牧主义拒绝“一”的逻辑，并对资本主义变异为一个不断运动、流动和变化的量化系统提出了尖锐的批判，同时也认识并分析了这一历史时刻的特定条件。尤其令我担忧的是资本与科学之间的关联，资金流动在多大程度上影响了当代科技知识及其社会、经济应用的惊人增长。我们生活在以技术为中介不断进行实验和生产的先进体制中。

这就是为什么我认为关注定性的伦理问题非常重要。游牧伦理具有批判性的一面：例如，批判移动性和流动性所量化的商品化，反对占有性的个人主义和对威权主义价值观的崇拜。在创造性方面，游牧伦理学强调创造性生成（becoming）的路径，这种路径加强了关系纽带和肯定性的价值，同时始终抵制对单一身份的神圣化。

超越二元论

资本主义被定义为以利润为导向的多向流动系

统，它不仅在经济方面，而且在主体性和社会关系的构成方面引入了移动性和流动性。它打破了旧有的思维结构，鼓励我们超越二元对立的框架进行思考。我们生活在一个后二元的社会系统中——根茎的和分散的——它出于盈利的目的允许差异增殖。这种多中心系统决定了我上文所述的数量差异的指数式增长，我通过位置政治的方法对其进行了分析。但是，我敢说这一系统并没有改变"经典"形式的排斥、边缘化和压迫。然而，它确实加速了这些形式，并使其进入一种旋转状态，成为德勒兹所说的"资本主义作为一种精神分裂"。

事实上，当前的形势加剧了社会不平等，加剧了那些被边缘化甚至被排除在主流主体视野之外的主体所经历的不利处境。这些占据主导地位的主体是男性、白人、西方人、城市化的人、异性恋者、身体健全者、说标准语言者的"构成性他者"(constitutive others)。这些"构成性他者"需要在一个交叉的框架内进行解读：他们是"性化"的——女性、性少数群体和种族化的——非欧洲人、非殖民地人民、少数民族和土著民族。但从游牧民和后人类的角度来看，他们还包括"自然化"的他者——动物、植物、细菌和环境。这些被标记为"不同"的相互关联的主体类别不再按等级组织,而是分散在社会相互关系的网络中。他们之间的差异并不滋生单一的反同一性,而是被重新定义为差异过程,这意味着不断地变化。

游牧主义是一种差异过程本体论。差异化必须被理解为一种本体论的特定化过程,它重新分配了权力等级及其过去所维护的主流主体观。在这样一个体系中,占主导地位的主体形态既是由它们所排斥的东西来定义的,也是由它们在自我表述中所包含的东西来定义的。因此,被边缘化和被排斥的“他者”确实是构成性的,因为他们在界定人类社会规范/常态以及主导主体的规范性价值观方面扮演着重要的角色,尽管这种角色是肤浅的。他们代表着一种贬值的差异,这意味着“与他人不同”在历史上被视为“价值低于他人”。

我对游牧主体的研究表明,这些“构成性他者”在后现代时期以复仇的姿态重新出现,作为主流主体危机的指标、表达和症状——他们的反对者甚至可以说是其“原因”。在这一时代,西方现代性的项目即使没有真正衰竭,也表现出疲软的迹象。今天,差异已被接受,但只是在多元或量化模型中,因此并没有改变其权力和统治结构。从这个意义上说,我的游牧主体项目既继承了欧洲反法西斯者和左翼女性主义者的历史传统，又根据当代历史矛盾寻求创新和更新。

关键要点如下：欧洲哲学思想一直对差异的概念和他者性(alterity)的边界着迷。例如，自由主义政治思想认为类别的差异——例如人类/非人类、文化/自然——是自然赋予的，在某些情况下将其视为遗传密码中所固有的。另一方面，马克思主义哲学认为差异是社会产生的，并辩证地组织这些差异。通过二元对立和辩证对立的方法，将同一与他者、文化与自然、资产阶级与无产阶级等并置起来。这种辩证逻辑也决定了推翻这些类别之间的权力关系的方法，并高度依靠黑格尔的历史目的论来实现这一目标。然而，正如我在本书中所说的，后现代时代是由欧陆思想中自由主义和马克思主义的衰落定义的，也是由新社会运动——其中女性主义是最有效和最有创造性的——的兴起定义的。此外，随着无处不在的破坏性技术的出现——这些技术极其快速，却是非线性发展的，它是全球化的，却是不平衡且结构上不公正的——他者性的边界以各种各样的方式被拆除。

如果我们同意这不是一个单一的单向运动，而是一个更加复杂且多方面的过程，那么我们就可以说，在技术突变的离心力作用下，这些差异或他者性的分类得以爆炸性地扩展。在这一历史时刻，至少有一部分曾被标记为“他者”的、被边缘化，被排斥在外的构成主体得以融入。解放带来了意想不到的后果。例如，想想非人化的“他者”的地位：妇女、有色人种或具有种族/后殖民背景的人，还有非人类的“他者”：动物和技术主体。在这些曾经的“他者”中，有许多已经融入了先进资本主义的逻辑。例如，今天，欧洲中央银行和许多其他强大机构的领导人都是女性；尽管性少数群体的权利仍然存在争议，但已取得进展。美国第一位有色人种总统巴拉克·奥巴马当选后，“白人至上主义”思潮抬头，作为回应，反种族主义运动在世界各地兴起。然而，正如解放项目经常遇到的情况一样，融合至少在一定程度上需要适应现有体制权力的条件。我所担忧的是，在技术互联的全球化时代，地点和权力的差异在某种程度上变得有助于重新确立“一”(One)，却没有挑战系统的基础权力结构。

因此，我的游牧主体观是一种深入探索和持续向前的方式，它从将差异视作一种积极的另类力量的主体类别开始，这些主体类别代表了另一种生成的方式。在这方面，我的愿望是克服解放作为进入系统的单行道的局限性。我认为，在包容那些被标记为“他者”的人的肯定性和颠覆性潜力的同时，又在某种程度上抹消其力量，正是一种限制。试图克服这种限制是当代世界巨变的核心，这使质疑和反叛成为当代文化的结构性原则。因此，问题的关键在于如何在一个不否定或同化他者性，而是将其视作开放边界的框架和语言中思考和实践多样性。仅仅颂扬多元的量化差异是不够的，我们需要的是生成游牧主体这一肯定性的质的变化过程。

然而，要实现质的转变是极具挑战性的，这是一个公认的事实，我们既需要努力实现质的转变，又要能忍受它带来的困难：我们必须为此做好准备。我们如何才能承受住时代的矛盾、冲击和悖论，而不至于绝望？我们如何应对这些变化的加速？我们能走多远？我们能够做些什么？鉴于游牧主体是异质集合体和非同一的结构，我们所说的“我们”是什么意思？如何在尊重多样性的同时建立关系性和肯定性的联盟？这就是游牧主体所要讨论的议题。

这在哲学上是非常经典的议题：正如德勒兹在引用斯宾诺莎的言论时所述，我们的身体——也就是我们具身性和嵌入性的关系主体性——能承受到什么程度？应该在哪里划定界限？我们应依据什么样的准则和价值观，采用正当的手段去追求一种新的游牧意识，并因此划定适当的界限？如何在保守道德的固定路径和无意义的相对主义之间走出一条可持续的路？我们能否重新思考伦理的限制，将其视为通向尚未发现且未被探索的地平线的门槛，而不是边界？规范和边界是活生生的门槛，而非固定的墙。这就是为什么我认为，肯定可持续性的伦理作为女性主义主体性游牧政治项目的规范原则是必不可少的。

我在本书中设想和讨论的游牧主义，与非营利的价值观坚决一致：它相信游牧式的流动和情感、关系的自由流通是主体性的内核，而主体性是多样的，不是单一的。此外，我还提出了一种肯定伦理，它超越了个人主义的道德原则，也超越了传统政治的狭隘范围，提出了不同的价值观：我希望遵循地点、视角和价值观的多样性原则来扩展并重新定义它们。为了实现这一目标，有必要对当代主体性的其他生产方式和形象进行绘图。然而，这个项目要求我们克服过去二元论的概念习惯和普遍存在的一元论思维习惯。

主体性与多样性

这本书旨在从绘图学的角度勾勒出女性主义游牧框架里的当代批判主体性的形象，同时用比喻的手法来唤起它。它提供了一种以绘图和比喻风格为基础的视角，有时读起来像是一部自传，接近于认识论上的“意识流”。我的意图是考察“游牧主体”这一概念的不同方面，这一概念是最为贴近当代主体性表现的理论。

造型(figuration)这个概念的使用借助了想象力的力量，它作为对推理理性工具的一种补充，目的是深入阐述并充分表达与主流观念不协调的当代主体性模式。在这方面，造型是一种对在我们历史语境的复杂性下成为的那种主体所形成的另类观念的政治、话语和伦理探索。无愧当下是一种关键的伦理义务。因此，我的游牧主体哲学不仅意味着与先进资本主义的政治经济学保持批判性的距离，这种政治经济学的基础是以盈利为目的的不断量化的流动性。它还包含概念的创造力，即由不完全符合主流主体性观点的边缘主体所生产和共享的集体实践。我认为，女性主义以及其他批判性思想领域的任务是，承担起一个试图在各种矛盾力量之间取得平衡的项目本身的复杂性：既要归属，又要差异；既要持有异议，又要维持批判性的公民身份；既要深度思考，又要帮助充分理解我们的时代问题。从这个意义上说，批判性思维中的“游牧”特质为那些在这一千禧年里以游牧方式获得归属的人提出了一种认识论、伦理学和政治上的迫切要求，他们在技术先进的资本主义的精神分裂逻辑下进行批判性思考，同时反对它所带来的不公正、排除和不平等现象。

从伦理的角度看，游牧主体是具身的、多样的、中介的和可持续的。它是生命物质的一个独特切片，与所有生命物质一样，它倾向于自我保存并因此得以持续。换句话说，这是一种肯定的力量。嵌入且具身的游牧主体性的核心在于欲望，它作为一种本体论价值，与斯宾诺莎的“生存意志”(conatus)相联系。任何有生命的事物都是自组织的，因而是智慧的物质，由情感和关系驱动。因此，人类的主体性既是具身和嵌入的，也是游牧和流动的，既被多重的归属生态限定，又处于不断的变革之中，因而陷入了持续与嬗变之间生产性的紧张关系。在这两极之间寻求平衡是一项长期的挑战，从根本上说，这也是一项伦理的挑战。游牧主体由生存意志或潜能(potentia)所驱动——一种肯定性的本体论欲望，它会遇见外部力量和实体，也会与之发生冲突，主体则需要与之协商。关系伦理的全部要点在于与他人共同创造条件，使他们都有能力承受更多。伦理学也是一种研究力量的行为学(ethology)，这些力量组织起这些关系协商的结构。伦理的肯定性是一种权力（作为潜能）的问题，它不是一种心理上的情绪，而是在本质上相区别且异质，但都属于同一物质实体和类别之间的一种关系的力量和相互的增强。

肯定的、可持续的游牧主体被记录在时间中，不仅记录在历史的宏观时间性中，也记录在一系列其他时间性中。例如，想想我们遗传密码的代际时间性，它框定了我们作为一个物种的时间和生成模式。时间也是一个游牧概念。游牧“生成”的哲学不会与辩证对立的摇摆钟摆产生共鸣，也不会按照核心实体——无论是理性、自我，还是个体自我——逐渐散发出的本质形成的单调节奏展开。游牧“生成”是由异质但相互关联的主体的曲折轨迹和多重时间性构成的。游牧主体性的关键在于肯定差异的积极结构，其中差异被定义为与多个他者发生关系的本体论模式，这些他者作为同一生命物质的一部分相互关联，因而相互负责。因此，关系伦理的主体性，是一个多样的、互惠的转变过程，是在肯定伦理引导下的生成过程。

本书邀请您从具身、情感、相互关联性、因此也是情境的角度来思考游牧主体。我们的立足点涉及空间和时间：我们属于领土、地球和社会资源、公民和国家的位置，但我们也被非常具体的记忆和关系情感力量唤醒。所有这些都是摒弃古典人文主义的时空连续性及其对人类单一看法的一种方式。它的目的也在于克服社会建构主义方法的还原论，这种方法过于强调社会准则和规范的影响，倾向于否认或忽视心智/身体或自然/文化的连续性，从而将人类与非人类自然世界关系的重要性降至最低。因此，游牧主体性包含了与非人类或“自然化”他者相互联系的后人类核心，它体现出一种生态的维度，解构了人类的例外论。在此过程中，它也挑战了西方哲学和人文主义定义主体性的方式中所固有的人类中心主义。

伦理维度要求重新定义游牧主体的边界和限制，防止人类陷入极端的自大和虚无主义的自我毁灭。游牧思维意味着要设想不同的方式来理解边界，将其视作可持续性门槛。设定限制——行使一种限制或消极功能（potestas）的权力，也会产生赋权的效果。它使受束缚的欲望模式得以敞开和实现，这种模式表现了权力作为生成潜能（potentia）的积极作用。可以说，对构成游牧主体性的强度和“生成”的流动进行约束、格式化和控制，是一种将其塑造成型的方式。对生命体特有的强度施加可持续的限制，是游牧主体表达其核心价值的先决条件，其核心价值就是自由地成为其智性的身体和具身的大脑所能成为的一切。游牧主体要完成自己的使命，就必须打破主流人文主义的主体图式，将其开发为多种可能的形式，并向外扩展，与世界发生关系。

游牧主体就是这种强烈而动态的实体，是由人类和非人类构成的异质集合体，它努力达到某种程度的亚稳态（metastability）。然而，整个过程的核心在于主体影响他者和被他者影响的能力，以及维系与其他力量和情感的接触并受其影响的能力。因此，游牧主体本质上是一个关系性的，因而是复杂的、异质的，因而是混合的动态实体。游牧主体从来不是同一的，也很少是定居的，他们既扎根又流动。

物质和交叉具身性

游牧主体性依赖于一种唯物主义和反本质主义的身体哲学，它适合我们所处的技术时代。我首先接受人类、技术和环境之间的相互依存关系，既不屈服于技术恐惧症，也不屈服于技术狂热症。我确实认识到技术设备存在的潜在威胁，也认识到将人类朝着赛博格方向提升的吸引力。我对游牧主体的看法更为清醒,因为它强调当代主体的局限性和潜力。我的计划是尊重物质的生命力,同时避免本质主义;接受技术装置,但不接受决定论,而是鼓励一个肯定的、可持续的伦理项目,这个项目是游牧的,也是后人类的。

这种多面向的多样性是在自然－文化和技术中介参数范围内表达主体强度的一种方式。我拒绝否认身体的物质性,拒绝逃避现实、沉浸于技术和通过技术实现超越的幻想。专注于当代身体的复杂性,可以让我们更清晰地描述和评估当前正在发生的深刻社会变革。我的观点是,通过身体进行思考,而不是逃避身体,也就意味着直面界限和限制。

这样,游牧主体就提出了一种非决定论的新唯物主义,以及一种融合具身性和嵌入性活力的形式,我认为这种形式适合技术时代。肉体唯物主义标志着权力与知识的新联系。身体、物质和技术在一张关系网中相互交织,造成了一些意想不到的后果。其中一个后果是关于身体的话语和实践(饮食、健身、在线持续可视化技术、时尚等)在缺乏关于身体究竟是什么的单一共同概念的情况下,出现了自相矛盾的扩张和增殖。当代身体不再是单一的,而是真正多样性的:

身体以多个层面的实践和话语出现，大多以技术为媒介。它们不是单一的单元，而是多样的身体位置。身体作为主体性的构成因素，成为多种相互矛盾的文化代码和话语、社会、健康和技术实践重叠的空间。然而，身体也是性，也就是说“肉体”，既是最私密的，也是最公共的关系力量所具有的情色资本。性化的维度不仅滋养着我们的情感生活，也滋养着整个媒体、电视和互联网的再现系统。我们生活在一个身体全面沉浸在普遍可视化过程的时代，从计算机、城市监控摄像头到全球化色情产业。身体融入了一种技术化的，也就是脱离身体的凝视。

在这样的背景下，我更愿意与两种对立的倾向保持距离。一方面，我想避免那些将先进技术，尤其是网络空间视作对人类暗含好处——因为它们为技术身体的多种新特性提供了机会——的兴奋情绪。另一方面，我与那些哀叹古典人文主义中人类统一性正在衰落的众多末日预言家保持距离。对所谓更美好过去的怀旧欲望，是对我们这个时代所面临的挑战的一种草率而又相当不明智的反应，也是应对其复杂性的一条粗暴的捷径。相反，我建议以一种更快乐、更有活力的方式来应对当下：我相信，我们即将深刻重新定位我们的主体性。

这种概念方法渗透进了我的游牧思想中，即视角的改变本身并不是危机：作为一名女性主义者和反种族主义思想家，在经历且意识到多种压迫和排斥的故事后，我发现任何既定价值观的危机都是一个积极的机遇。如果以一种肯定的方式来面对，它就不会是跌至丧失和衰落的忧郁状态，而是朝向新的可能性的快乐之门。

因此，游牧主体性项目既是一种创造性的尝试，也是一种批判性的尝试，即在当代世界的参数范围内设计一种关于女性主义主体性的唯物主义理论，而不向对一个理想化的过去产生的感伤和怀旧情绪妥协。主流主体视为"危机"因素的条件，在女性主义者和许多其他少数主体看来也是积极的。这并不意味着任何相对主义，而是强调了位置政治或内在性根基的重要性。这种批判性的视角主义是游牧女性主义思想激进认识论的关键一课。

我将主体性重新定义为具身的和嵌入的——我也称之为肉体物质性——这成为游牧主义认识论项目的第一步。身体作为主体的化身，表明了多重共存层面和与他者关系之间的交汇点。换言之，游牧思想在强调身体的同时，也彻底摒弃了生物决定论。

在女性主义理论中，一个人"作为"女性思考和言说,即使“女性”这一阐释主体并不是一劳永逸的单一本质,而是一系列多重、复杂和潜在矛盾经验的场所。它是一个由社会阶层、种族、年龄、生活方式、能力、性偏好等变量重叠定义的物质和话语场所。一个人以女性的身份言说,是为了给女性的主体性赋权,激活她们状况中的社会符号变化。因此,这是一种彻底的反本质主义和交叉性的立场。

这一政治立场也意味着更广泛的社会领域的变革:女性主义者斗争的视野不仅关注女性个体,而且质疑并解决重大的社会问题。它还考虑到许多其他主体的经验和意识:作为生成和过渡的游牧主体的非女性(non-women)。自 20 世纪 80 年代初以来,女性主义斗争只表达或主要表达“女性”诉求,如今情况发生了重大变化。如今,正如贝尔·胡克斯(bell hooks)坚定地指出的那样,女性主义是为所有人服务的。早期女性主义的洞察力、认识方式和行动形式是在反叛的时刻发展起来的,如今已变成游牧式的流动,并投入整个社会中。在一定程度上,它们在新的制度结构中分层,如女性和性别研究以及性别平等立法,但它们也在不断流动。游牧女性主义思想穿越并重新定义了男性和整个性少数群体运动的身份,他们现在在多条战线上为承认其多样性而战。从游牧的角度来看,我们可以进行实验的政治主体性的另类形象越多越好。性别认同和新的性取向也是如此:我们生活在一个后二元世界。

游牧主体在其复杂位置上是多样的。作为一名女性主义者言说,意味着优先考虑与性“差异”相关的问题,将差异视为一个动词、一个过程,而不是一个稳定的概念。当今世界主体性的重构是一个适用于所有范畴的过程,而不仅仅是女性。优先考虑女性和性少数群体的生活经历并不意味着要摆出一种详尽无遗的姿态:没有人能始终代表所有女性和性少数群体及其社会情境。它也不可能是一个只反映少数类别的人群生活经验的排他性的过程:我们需要找到平衡。“给予优先权”正是如此:在不排斥他人,最重要的是不要求独占权和排他性权利的情况下,选择采用一种具有情境意识的女性主义视角。

游牧主体是一个概念化的造型,它使我们得以深入反思这些挑战,在个人、集体和政治之间寻求新的平衡,努力发掘差异的肯定潜力。

哲学翻译是出了名的困难,但所有的哲学思考都是经过修改和重写而成,因此书面文本随着时间的推移可以进行大幅的修改,尤其是当它们被转译到其他文化和地方时。我的哲学文本创造了一种批判性思维的节奏，这种思维从不安于现状，而是不断自我质疑。我的动力来自严格的自我要求和好奇心，也来自我被当前的矛盾问题激起的一种兴奋感。我爱我的读者，无论他们身在何处。

这种充满活力、自我批判，而又富有创造性的写作风格，是因为我从未将思想实践视为一种静态的活动，一种在不间断的连续性逻辑中由一块又一块坚固的砖块堆积而成的“大教堂”。相反，游牧思想具有更加开放和快乐的维度。游牧思想愿意质疑，重新审视舒适区思想，评估当代知识的状况并绘制地图，以确保它们仍然与当今现实产生共鸣。更新自己的地图意味着跨越新的边界，与其他边缘协商，开发更精确的哲学工具，并构思新的视角。游牧思维是一种高度经验性的方法论，依赖于不断重新审视和重新构造的逻辑。这种思维方式如同一场知识探索上的朝圣，这种前行的方式是非常关系性、情感性的，同时也是理性的。

游牧思想与我相伴多年——它为我提供了地图和导航工具，帮助我把握我们正在经历的变革趋势。从这个意义上说，游牧主体的造型在后现代、后工业以及随后的后人类世界出现之初就对其进行了“诊断”。在这一过程中，它强调了在经历如此深刻变革的世界中批判性思维的不同阶段。如以往一样，我的目标是提供一种新的平衡，一个亚稳态的时刻，让我们能够更好地理解我们正在成为什么。所有这一切都通过一种肯定的伦理方法，时刻牢记着将我们与许多他者联系在一起的关系纽带，在一份相互生成的协议中，承认我们之间差异。

我向所有的中国读者致以最衷心的祝愿，祝你们进入我的知识世界时一切顺利，希望本书能帮助你们更清晰地思考我们所生活的世界。不过，最重要的是，我希望阅读《游牧主体》能给你们带来快乐和灵感。作为哲学家，我们的主要任务是共同构建充满希望的社会视野。

罗西·布拉伊多蒂

2024 年 5 月

致谢

我衷心感谢我的出版发行人詹妮佛·克鲁(Jennifer Crewe),是她促成了这个计划并在整个过程中给予支持。南希·米勒(Nancy Miller)一如既往的热情和支持;伊丽莎白·韦德(Elizabeth Weed)富有洞察力的评论是最受欢迎的。还要感谢克莱尔·科尔布鲁克(Claire Colebrook)的灵感和清晰的批评,感谢克莱尔·海明斯(Clare Hemings)、帕特里克·哈纳芬(Patrick Hanafin)和丽莎·巴雷特(Lisa Baraiter)对我的文本的仔细阅读。我非常感谢我所在学院的院长威廉·范·德·阿克尔(Wiljan van der Akker),他尽其所能为完成这本书创造了有利的工作条件。我要感谢几轮研究助理,他们在书目细节和编辑方面提供了宝贵的帮助:斯蒂芬妮·帕尔瓦斯特(Stephanie Paalvast)在最后一轮做了出色的工作,但在她之前,马琳(Marleen)和保琳·文森滕(Pauline Vincenten)、

桑德拉·所罗门(Sandra Solomon)、瓦莱斯卡·霍文纳(Valeska Hovener)、

克里斯特尔·范·艾克(Kristl van Eijk)和伊娃·米登(Eva Midden)提供了重要帮助。我也从以前的学生和年轻同事的评论和支持中获益良多:博莱特·布拉加尔德(Bolette Blaagaard)、艾丽丝·范·德·图因(Iris van der Tuin)

玛伊克·博特曼(Maayke Botman)、鲁特维卡·安德里亚谢维奇(Rutvica Andrijasevic)、塞西莉亚·阿尔斯伯格(Cecilia Alsberg)、莎拉·布拉克(Sarah Bracke)、埃丝特·卡普坦(Esther Captain)和格丽特·罗茨(Griet Roets)都给予了特别的支持。我应该感谢的研究生太多了,他们给我带来了灵感和活力,所以我统统感谢他们。我要特别感谢和赞扬人文科学中心的执行经理爱丝特·林肯斯(Esther Rinkens),她高效的管理、忠诚和友善的性格为我的写作创造了时间,还要感谢利安妮·图桑(Lianne Toussaint)。我要感谢我最喜欢的摄影师娜塔莎·翁卡特(Natasha Unkart),她设计了令人惊叹的封面。致我的兄弟格斯和我的妹妹吉奥。感谢他们始终如一的热情。特别感谢安妮克·斯梅利克(Anneke Smelik),感谢他们一起度过的精彩生活。

我要感谢出版商允许我重印以下内容：

"Organs Without Bodies" in *differences*, no. 1 (1989): 147—161. Translated into Italian: "Il corpo come mosaico," *Rinascita*, no. 10 (January 15, 1990): 68—71. Translated into Danish: "Organer uden kroppe," *Forum for Kvindeforskning*, no. 11 (May 1991): 40—50. Earlier draft: "Des organes sans corps," *Les Cahiers du Grif*, no. 36 (1987): 7—22.

"Body-Images and the Pornography of Representation," in *Gender Studies*, no. 2 (1991): 137—151. Reprinted in *Tijdschrift voor Vrouwenstudies*, no. 47 (1991): 356—371.

"Re-figuring the Subject," in H. Kunneman, ed., *Whose Enlightenment?* (Amsterdam: Kok Agora, 1993).

"Ethics Revisited: Women and/in Philosophy," in E. Gross and C. Paterman., eds., *Feminist Challenges* (Sydney: Allen and Unwin, 1980), pp. 44—60. Translated into Serbo-Croatian: *Filosofsza/strzivanja*, no. 1 (1986): 44—60.

"The Politics of Ontological Difference," in T. Brennan, ed., *Between Feminism and Psychoanalysis* (New York: Routledge, 1989), pp. 89—105. Translated into Dutch: "De politiek van de ontologische differentie," *Tijdschrift voor Vrouwenstudies*, no. 36 (1988): 375—389.

"On the Female Feminist Subject, or: From 'She-self' to 'She-other,'" in G. Bock and S. James, eds., *Beyond Equality and Difference: Citizenship, Feminist Politics, and Female Subjectivity* (New York: Routledge, 1992).

"The Ethics of Sexual Difference: The Case of Foucault and Irigaray," *Australian Feminist Studies*, no. 3 (1986): 1—13. Reprinted as "The Problemetic of 'the Feminine' in Contemporary French Philosophy: Foucault and Irigaray," in T. Threadgold and A. Cranny-Francis, eds., *Feminine/Masculine and Representation* (Sydney: Allen and Unwin, 1989).

"Envy, or: With Your Brains and My Looks," in A. Jardine and P. Smith, eds., *Men in Feminism* (New York: Methuen, 1987), pp. 233—241.

"The Subject in Feminism," Utrecht, 1990. Text of the inaugural lecture to mark the official opening of the women's studies departments at viii Acknowledgments the University of Utrecht. Reprinted in *Hypatia* 6, no. 2 (Summer 1991): 155—172.

"United States of Europe or United Colours of Benetton? Feminist Thoughts on the New European Space," with C. Franken, in *differences* 2, no. 4 (1991): 109—121. Translated into Dutch: "Als vrouw is de hele wereld mijn land," *Lover* 91, no. 3 (1991): 159—164.

"The Migrant, the Exile and the Nomad," *Women's Studies International Forum* 15, no. 1 (1992): 7—10.

"Theories of Gender, or: Language Is a Virus," in C. MacDonald and G. Wihl, eds., *Transformations: The Language of Personhood and Culture After Theory* (University Park, PA: Penn State University Press, 1993).

"Discontinuous Becomings. Deleuze and on the Becoming-Woman of Philosophy," *Journal of the*

British Society for Phenomenology 24, no. 1 (January 1993): 33—55.

"Mothers, Monsters and Machines" in Nina Lykke et al., eds., *The Nature of the Body/the Body of Nature* (Odense: Odense University Press, 1993).

目录

前言

本书为新版的《游牧主体》,距离它首次出版已经有十五年,这十五年来证实了游牧民所历经的众多困难和矛盾已经累积成熟到一定程度。在第三个千年初期,一种普及开来的游牧主义,已经成为许多世界居民的现实。而且,经过三十年来后结构主义、后殖民主义、女性主义围绕非同一性议题持有了支持、反对和中立三种不同立场,对分裂的、过程中的、打结的(knotted)、根茎的、过渡的、游牧的主体展开论辩,使碎片化、复杂性和多重性的议题,已经成为批判理论中众所周知的术语。然而这些概念的广泛普及,以及它们那激进而时髦的吸引力,并没有使人们就关键问题达成共识。即丧失主体同一性到底意味着什么?换言之,在对游牧主体性关于"所以这意味着什么"这部分的讨论比以往更加开放,但我们周围历史条件的矛盾和悖论也日益增加。因此,本书要探讨的问题是:究竟是什么构成了游牧主体性的政治和伦理条件？它们对批判性理论的影响是什么？

然而，这一哲学研究路线并不表明，游牧主体应该被视作人类境况的新隐喻。在快速变化且面临经济和社会转型的时代，这种平庸的概括是无济于事的。相反，我们所需要的是更高程度的准确性，以说明游牧主体性的外部因素和内部复杂性。游牧主义的不同模式（mode）和形式（form）使社会和文化批评家的任务变得复杂。他们需要有更多的历史依据、社会经济指涉和更微妙的区分度。因此，游牧思想相当于在一个全球化的世界中，对流动的现状进行政治投注的绘图学（cartography）。这一计划强调了人类和非人类旅行者或移动者的范畴（categories）之间的基本权力差异。它也为它们所体现和产生的不同种类的流动性发展出合适的造型（figurations）做出持续的努力。

造型不是隐喻（figurative）的思维方式①，而是对情境的，即对嵌入和具身的社会位置（position）进行唯物主义绘图，绘图学（cartography）是一种以理论为

① Figuration，译作“造型”，也可译为“定型”“塑型”。与 figural 相关，意为形象，有动态、过程的含义，具有具身唯物主义的内涵，与 figurative 相对立。figurative 在这里意为“隐喻”，是传统的美学范畴，figurative 停留在语言隐喻的层面上，缺乏具身性和物质性的维度。可参见后节“反对隐喻”的论述。——译者注

基础，对当下政治知情的解读。绘图学的方法是为批判性思维提供分析和注释工具，同时也提供创造性的理论选择。因此，它回应了我的两个核心要求，即从空间（地缘政治、社会和生态哲学维度）和时间（历史和谱系维度）两方面说明自己的区位（location）。其中暗含的另一个目标是，为这些地点提供另类形象或再现方案。福柯的遗产构成了我的绘图计划，因为我从权力的角度来分析区位，这些权力既被定义为压制性的（*potestas*），也被定义为赋权的或肯定性的（*potentia*）。这种政治热情维持了游牧主体性在伦理上负责并得到赋权的过程。

我的游牧主体关注的核心问题是，我们如何生活（在一个解放的或后女性主义、多民族的全球化社会，其中有先进技术和高速电信、所谓自由的边界以及增加的边境控制和安全措施），同我们如何在理论术语和话语中呈现自身活生生的存在，这两者之间存在一个明显的差距。我们从过去的批判理论中继承下来的理论再现系统根本无法完成这一任务。这种想象力的贫乏可以理解为“时差”问题，即落后于自己的时间，或者同时居住在不同的时区，这是后现代主义的历史时代所特有的精神分裂的模式。因此，用合适的造型来填补这一空白是目前最大的挑战之一。

全球混杂性

造型的概念作为一个政治知情的地图，勾勒出我们自身目前在全球化竞争中的情境视角，是我重新设计主体性作为一个生成游牧者的过程的计划的前提。游牧者的造型作为一个动态和变化的实体，在一个非同一且多层次的视野中呈现出了主体的形象。这是我们历史状况的一个极其充分的形象。在社会经济方面，发达资本主义引起的不正常的混杂性，转化为大部分劳动力的所谓灵活性状态。在大多数先进的自由经济体中，临时的、无任期的、兼职的、低于标准的、低报酬的工作已经成为常态。大学和学术界也远远不能免于遭受这种零碎和剥削的对待。这种消极的、剥削性的资本主义灵活性，瓦解了终身职业或专业，几乎没有提供相应的补偿。

政治理论家们已经把这种伪游牧主义作为发达资本主义的一个特征来讨论，特别是哈特（Hardt）和奈格里（Negri）（2000），维尔诺（Virno）（2001），以及聚集在《诸众》（*Multitudes*）杂志周围的团体。我的游牧主体是同一理论传统的一部分，尽管从谱系上看,它扎根于女性主义理论和反种族主义政治。在政治上,游牧主体性解决了颠覆并激活中心的需要。主流的主体地位必须在与边缘主体的关联和互动中受到挑战。

一个由资本和劳动力的跨国流动组成的庞大网络所连接起来的世界经济,通过内部和外部的迁移和流动来发挥作用。实际工作条件的所谓灵活性或不稳定性造成了社会的不稳定、临时的公民和非持久的定居。全球化是关于差异的动员和社会身份的去辖域化;它同时挑战民族国家的霸权和他们对专属公民权的要求(Cohen 1997),并加强他们对领土、文化认同和社会控制的掌控。它也产生了一种分散的权力关系的政治经济,被称为"分散霸权"(Grewal and Kaplan 1994)。发达资本主义是一个监视社会,是一个无中心但持续的安保系统,遍布于整个社会结构。它建立了一种关于恐惧和消费主义舒适的复杂的政治经济,不仅在冷战结束后出现的地缘政治集团之间运作,也在这些集团内部运作。为了满足消费主义式的消费,后工业社会或信息社会积极引诱差异在质上的扩散。例如,全球多元文化主义推动了一个多样性的时尚市场,在"世界音乐""融合美食"和 "黑人形象"的招牌下,将不同的民族和种族商品化(hooks

1990b)。这些量化的累积既没有改变也没有挑战自我和他者之间的基本权力关系——它们只是将其量化了。

世界城市作为财富分层和分配的组织原则运转，全球化的网络社会以世界城市作为稳固的基础和中心，推行了一种不正常的游牧主义。货物、商品和数据的流通比人类主体，或在某些情况下比世界上大多数寻求庇护者和非法居民的次人类主体(less-than-human subjects)更为自由(Balibar 2001; Braidotti 2006; Gilroy 2000)。多元主义的商品化形式是今天泛滥的资本主义典型的伪游牧主义。陷入发达的全球化社会具体情况中密集的身体物质性，与发达资本主义声称的"非物质性的""流动的"或"虚拟的"完全矛盾。伊利格瑞认为，在发达资本主义中泛滥的差异是"同一性的小他者"(others of the Same)。因此，他们仍然陷入否定性的对立逻辑中。用德勒兹的话来说，这些差异不是在质量的意义上的，而是在数量的意义上，因此，它们不会改变作为菲勒斯—欧洲中心主义主代码的多数人的反动权力(reactive power)。中心以一种碎片化的方式扩散，但没有失去任何支配的权力。我们的结论是明确的：抵制在全球范围内不加批判地复制同一性的行为是很重要的。

妇女、青年和其他因年龄、性别、性取向和收入而被种族化。或被标记为边缘人的“可弃置的”身体，在这种权力体制中被铭写了特殊的暴力。在一种反复的结构性强制驱逐的政治经济体制中，他们被剥夺了具身和嵌入的自我（Sassen 1996）。翻译成哲学游牧主义的语言，全球城市和难民营不是一对辩证的对立，也不是道德上的对立：它们是同一枚全球化硬币的两面。它们表现了我们时代分裂式的政治经济局势。基础设施的大量集中伴随着全世界的各种商品宣传。以号称“信息社会”为荣的技术驱动的先进文化，实际上是一种具体的、物质的基础设施，它集中于定居的全球城市。自由流动的意识形态和可弃置他者的现实之间的对比，导致了以精神分裂为典型特征的发达资本主义。也就是说，在某些经济精英阶层中，资本流通的高度流动性与大多数人口的高度集中化和更大的不流动性之间存在着矛盾。正如纨妲娜·希瓦（Vandana Shiva）所指出的，在全球化中我们必须区分不同的流动模式：“一个群体在世界范围内流动，没有国家，没有家庭，但整个世界都是它的财产；另一个群体甚至失去了扎根的流动性，生活在难民营、重新安置的殖民地和保护区。”（Shiva 1993：98）。

鉴于发达资本主义流动、充满内部矛盾和冷酷的本性，社会和文化批评家需要发明新的分析工具。横越许多学科中约定俗成的方法与规定的跨学科方法最适合完成这一任务，即为不断变化的节段性的线(lines of segmentation)和全球化的劳动力市场的种族化提供一个适当的地图。这个过程不能与同质化市场的性别化(genderization)和性化(sexualization)分开。游牧主体性的关键是确定逃逸线，也就是说，一个创造性的另类空间，不是在流动/非流动、居民/外国人的区别之间，而是在所有这些类别里。问题的关键不是既不否定也不美化边缘的、陌生的他者的地位，而是要找到一个更准确、更复杂的区位来改变他们规定的具体条约和我们的政治互动。

在这一方面，我的游牧主体计划抵制方法论上的民族主义，并从欧洲的内部批评欧洲中心主义。在政治和认识论上，从构建当代全球化世界的众多"中心"之一里，游牧主体性促发了对主体、身份和知识的主流观点的批评。支持这一观点的方法论来自女性主义的位置政治和造型(figurations)。后殖民主义和反种族主义的女性主义思想家，如佳亚特里·斯皮瓦克(Gayatri Spivak)、斯图亚特·霍尔(Stuart Hall)、保罗·吉尔罗伊(Paul Gilroy)、阿夫特·布拉(Avter

Brah)、赫尔玛·卢茨(Helma Lutz)、菲洛梅娜·埃塞德(Philomena Essed)、格洛丽亚·韦克尔(Gloria Wekker)、尼拉·尤瓦尔-戴维斯(Nira Yuval-Davis),以及其他许多熟悉欧洲情况的人提供的关于权力、差异和位置政治的工作,对我的游牧计划特别重要。在晚期后现代性中,欧洲与世界其他地区一样,存在着跨文化现象,或在一个多民族、多语言和多文化的社会空间中发生文化冲突。世界迁移——人口从边缘到中心的巨大移动,在世界范围内"分散的霸权"(scattered hegemonies)(Grewa Kaplan 1994),挑战了欧洲民族国家和早期欧盟的所谓文化同质性的主张。在种族主义和技术恐惧症的现象日益严重的时代,当今欧洲正在与多元文化主义作斗争。目前历史竞争的矛盾、权力不对称和碎片化,反而要求我们将政治辩论从不同文化之间的差异转向每个文化内部的差异。换言之,我们当前历史状况的其中一个特征是,边缘和中心相互对抗的变化根据,具有挑战二元论或对立思维的新层次的复杂性。

如果社会文化的突变是朝一个多民族、多媒体社会的方向上发生的,那这种转型就不能只影响"他者"这一边。它必须同样扰乱"同一"(即以前的中心)的位置和特权。换句话说,正发生改变的不仅是主体的术语或隐喻上的再现，而且是主体性的根本结构，即支撑它的社会关系和社会想象。正是社会关系的句法及其象征性再现正面临剧变。在一个容纳他者的、将男女性别化的、支持多元文化的，而且不一定是基督教的公民社会中，主张菲勒斯中心主义传统的人无法生存下去。社会转型的问题比以往更加需要某种再现：男人、白人、基督教一神论的象征能为它们做什么呢？新出现的“过程-中-主体”（subjects-in-process）的问题带来的挑战和焦虑，标志着生成的模式，它需要发明进行表达和再现的新形式。也就是说，社会中介的形式需要得到批判性的评价。在本地激发全球化现象的这些动荡时刻，即“全球在地化”的变迁中，女性主义理论是一个实用的导航工具。

然而，黑人、后殖民主义和女性主义的批评家，理所应当地批评了后现代性中出现的悖论和非常不正常的分工。根据这一悖论，处于过去或现在的国家中心的思想家，正在积极解构中心的权力——因此促进了以前“负面的”他者的话语扩散和消费。然而，那些同一的他者（尤其是在后殖民主义社会中的，但也同样存在于后法西斯主义社会中）反而更热衷于坚持他们的认同而不是解构它。这种情况的讽刺性在任何与之对话的人身上都不会消失：比如，我想到了女性主义哲学家的话:“我们如何去除一个我们在历史上从未被赋予的主体性?”(Braidotti 1991b),或者对于黑人和后殖民主义的主体来说,他们认为现在历史性地轮到他们来自我确证了。而且如果白人、男人和民族中心主义的主体想要“解构”他自己,并进入一场终结的危机——那就随他去吧!其中存在的问题仍然是,“差异”是作为一个中心出现的——尽管它是充满争议和矛盾的概念和实践。这意味着与不同的位置对抗在历史上是不可避免的,因为我们——后现代的主体——在历史上受到我们历史的谴责。因此,用充分的绘图对其进行解释仍然是一个重要任务。

与一些狭隘批评家的观点相反(Gedalof 2000:337—354;Boer 1996:7—26;Felski 1997:1—22;Pels 1999:63—86),我的游牧主体之所以和黑人理论、后殖民主义理论一样主张批判权力,恰恰是因为它位于一些其他的地方。哲学游牧主义以批判性和创造性的方式探讨了之前的“中心”在重新定义权力关系上的作用。边缘和中心平行地相互转化和颠覆,尽管这是不对称的运动。我同样反对将中心视作惰性的和自我延续的,也反对同一性绝境的(aporetic)[①]重复。我们面临的挑战是,通过游牧式的介入,去颠覆支配性主体(dominant subject)认同结构核心中的教条的、霸权的和排他的权力。假如我们要超越旅行社会学和被白人的罪恶感压垮捶胸顿足的批判思想家,我们需要制定一个包含深刻结构变化的主体性观念。重点不仅是解构,而且是在一个解释多重归属的新基础上重新定位身份,即主体的非同一性观念。这一主体积极地渴望并在复杂且充满内在矛盾的社会关系网络中建构自身。为了充分解释这些方面,我们需要了解思想的内在形式,它们重视过程而非本质,重视变革,而非反诉身份。社会学变量(性别、阶级、种族和民族、年龄、健康)需要由一个质疑构成自我的内部纤维(inner fibers)的主体理论来补充。这些主体理论包括在鼓励同一性、文化本质主义和单一思维的语境里维持多重归属的欲望、能力和勇气,游牧主体是我作为一个穿梭于斑驳的白人风景中的欧洲游牧主体,在对黑人、反种族主义者、后殖民主义者和其他知名批判思想家已提上议程的论争中所做出的贡献。

---

① 出自古希腊语 ἀπορία,指僵局、两难,或存在困难、缺乏资源、困惑。在哲学中,表示哲学上的困惑状态。——译者注

一种幽闭恐惧的、自我指涉的欧洲中心主义的哲思是有问题的，它不能应对多样化的多元文化主义和我们目前所处的这种媒介化社会的挑战。

反对隐喻

由于发达的全球化社会的非辩证结构，中心与边缘的关系既不是固定的，也不是单一的，而是漂浮的和多地点的。这些社会（不）流动的居间状态和过渡阶段是至关重要的，因为它们挑战了既有的理论再现模式，要求社会和文化批评家做出更多的努力。绘制多重归属和权力关系的地图有助于识别潜在的地点和抵抗策略。

一个造型是一张鲜活的地图，是对自我的一种变化的描述；它不是隐喻。

成为游牧民不是一种光鲜富足的状态——这是与发达资本主义一体且共谋的（Alcoff 2006）。它指的是单一主体的衰落和传统主体观下时空连续性的解体。变得无家可归，成为移民、流民、难民、旅行者、战时强奸受害者、流动劳工、非法移民、侨民、邮购新娘（mail-order bride）、在经济发达国家照料幼儿或老人的外国护工、高层专业人才、全球风险金融专家、联合国全球系统的人道主义救援人员,一个不再存在的国家(南斯拉夫、捷克斯洛伐克、苏联)的公民:这些都不是隐喻。没有护照,或者有太多的护照,既不等于隐喻,也不仅仅是隐喻的,正如主张游牧主体性的一些批评家们所认为的那样(Boer 1996; Gedalof 1999; Felski 1997)。这都是非常具体的地缘政治和历史区位——它是纹在你身体上的历史和归宿。一个人可能因它获得赋权或变美,也可能因此留疤、受伤甚至重创。因此,学会区分不同形式的非统一的、多层面的或离散的主体性是一个关键的伦理和方法论问题。造型尝试绘制一张确定这些相互分别且分岔的位置的权力关系地图。它们的目的不是修饰或隐喻:它们只是表达社会经济和象征的不同区位。

换句话说,重点在于为我们生成过程中的主体找到合适的再现。后结构主义者将这一绘图计划提升至新的高度:它的结果既不是退缩到自我指涉的文本性,也不是去政治化的顺从。非线性和非同一性的主体愿景并不必然导致认知相对主义或道德相对主义,更别提社会无政府主义了。我认为游牧主体性既是一种分析工具,也是一个创造性的方案,目的是使适应我们时代精神的意识实现质的转变。最终目的是为重组我们的归属和政治实践的模式构建有意义的场所。

例如在另类女性主义者主体性的“造型”中，如黑人女性主义者/女同性恋者/赛博格[①]/不恰当的他者/游牧女性主义者等，与传统“隐喻”的不同之处在于，它们致力于说明维持这些不同的主体位置的物质条件。因此，它们要求对自身位置持有一种责任感。造型表达了不同的游牧主体的物质性嵌入的绘图学，因此它是自我—反身的，而不是寄生在一个隐喻“他者”的过程中。相反，它们从内部针对支配性的主体构成(subject formations)。然而，这种自我反身性，不是一个个人的活动，而是一个互动的集体过程，这一过程依赖于相互关联性和社会交换网络。造型是主体构成过程的一个组成部分，内在于游牧的绘图实践。事实上，自后结构主义以来，在社会理论和哲学中出现了相当多的另类主体位置。它们是混杂的、竞争的、多层次的形象，挑战了边缘和中心之间的二元和辩证的对立。在发达资本主义通货膨胀的逻辑里，这种不同的主体构成的扩散使剥削得以延续，但也表达了新出现的行动者和积极自我定义的“他者”。这

① 赛博格(cyborg)：人类与电子机械的融合系统，俗称电子人。——译者注

只是一个尊重不同位置的问题。

推而广之,主体的新造型(游牧民、赛博格、黑人等)就像德勒兹意义上的术语“概念人物”(conceptual personae)一样发挥作用。对德勒兹而言,概念人物是一种理论导航工具,它激发并调动了创造性的潜能,以改变支配性的主体位置。后者被界定为与这一思想形象一致,该思想形象将主体性与意识、理性和自由个人主义等同起来。生成-少数的过程对于菲勒斯逻各斯中心主义的主体观而言是肯定性的另类,后结构主义者(拉康、德里达、德勒兹、伊利格瑞)已经批评过这种主体观。生成-他者的过程通过合适的形象得到表达——比如我的游牧主体。因此它们不是隐喻,而是阐释了在物质性上嵌入且具身的区位(location)和权力关系。它们都是强度的创造性表达,即变化、变革或肯定的速度,一个人所栖居的潜能(potentia,积极的权力)。按照德勒兹的斯宾诺莎公式,我们必须且只能假设我们不知道一个身体能够做什么,我们的具身自我能够做到什么。作为对这一肯定性能力或潜能的探索,生命是斯宾诺莎政治的核心。游牧主体是变换的工具,它使主体不断向前变形(metamorphose),远离以菲勒斯逻各斯中心主义的形式所设置的程序。

这一点对我来说影响非常深刻,因为当我在近二十年前开始游牧主体性的计划时,我没有想到它会在这一主题上最终产出了相互联系又自成一体的著作三部曲。一开始是两本议程范围内的著作:《不和谐的模式》(*Patterns of Dissonance*,1991)和《游牧主体》(*Nomadic Subject*,1994),然后又衍生出另外两本著作:《变形》(*Metamorphoses*,2002)探讨了游牧状态的文化政治,而《换位》(*Transpositions*,2006)则探讨了伦理的影响。事后看来,我们不禁想要宣称这一宏大计划具有某种综合性的力量。尽管思想和调研的主线的连贯性毋庸置疑,但我不得不说,随着该计划全面展开,这些问题变得远没有那么明显了。我认为更公平的说法是,游牧主体性的计划本身就是很根茎状的,它从一系列中心化且相互联系的观点里有机地发展出来。此外,这一奠基性文本的再版将与我最近几年最好的一些论文的选集同时出版,这本身就是对整个计划非常合适的评价。这里好像没有什么结论,只有更有生产力的扩展。游牧主体是我选择的造型,在文化、政治、认识论和伦理关切方面,它参与对当前的地图进行解读的任务。比起地图集,我的绘图学更像是一张气象图,它变化莫测,顺势而动,同时又保持扎根。

作为创造力的批评

探索游牧主体性的动力来自这种信念:在这个加速变化的时代,许多传统参照标准和思想上的旧习正在重组,尽管它们是以相互矛盾的方式进行的。在这样一个时代,有必要拥有更多概念上的创造力,我们需要更多理论上的努力,超越由我们历史状况引起的惯性、怀旧、绝境(aporia)和其他形式的批判性思想的停滞,来实现概念上的飞跃。我们需要学会以不同的方式思考我们已经成为的那种游牧主体,以及我们正在经历的深层次的转化过程。

作为一种方法,游牧哲学因此挑战了批判和创造的分离,以及理性和想象的分离。也许这种对想象力的深厚信仰既是认知的源泉,也是政治行动的动力。这是我这一代人的决定性标志,我这一代的人是在1968年"让想象力夺权"的口号下成长起来的。然而,作为婴儿潮一代不得不认识到(往往以他们自身为代价),所有的梦想都会在后1989年世界的黄昏中消逝,这一世界已经宣告了意识形态的死亡和历史的终结(Fukuyama 1992)。

与主流的犬儒和忧郁相反,我的游牧主体性的计划强调了一种政治想象力的肯定性力量,这种政治想象力不是以反动的对立模式与当下联系在一起。相反,它能动地为创造集体赋权的另类事业而努力。这种想象力不是乌托邦的,而是变革性的和启发性的。它表达了对构建充满希望的社会视野的一种积极承诺。希望是对未来抱有信心的一种选择。这使我回到了我想要强调的造型的问题上:此时此地,政治虚构可能比理论系统更有效。

选择一个打破旧习的形象,例如我的游牧主体,也是对固化的传统理论本质,尤其是哲学思维的反抗。游牧主义作为反话语(counterdiscourse)发挥作用,调动未开发的资源和在哲学的制度化实践从未主流化的思想传统。游牧思想交叉指涉着西方哲学的"隐藏"的一面,指涉其反逻各斯中心主义的潜流,弗朗索瓦·夏特莱(François Chatelet)将其描述为尼采最能象征的"恶魔的"传统(Chatelet 1970)。福柯发动了哲学中反记忆(countermemory)[①]和抵抗性话语

① 反记忆由福柯提出,指文学在发展与语言完全对立的关系时发生了转变,自19世纪以来,就进入反记忆;从这种语言自然演变而来的主题体现了我们的差异性历史:暴力、越轨、疯狂、性、死亡和有限。——译者注

的过程（Foucault 1977b）。德勒兹以哲学反记忆的多层面的路线为基础，激活了作为一种谱系实践的游牧思想，对思想进行重新定位，使思想摆脱定居的、自我复制的诱惑（pull）（Deleuze 1973）。重点是，在我们这个快速变化的时代，哲学面临的挑战是如何思考过程，而不是概念。更具体地说，它是关于如何把创造新概念和与具体的学科传统持续对话结合起来，以便与生活档案（living archive）建立一种新的关系，生活档案是现实哲学的文集（corpus）[①]。

在这一方面，游牧主体不是一个乌托邦式的概念，而更像是一个路标。它介入了一种社会想象：该社会想象将哲学视作一个占主导地位的、男性化的、欧洲中心的主体的理性话语。然而，作为一种定位和责任的操练，游牧主体同样致力于避免相对主义的陷阱，而提出了位置的绘图政治作为替代。在哲学史方面，它通过德勒兹明确提到了尼采，因此它恢复了这一学科中的一个著名的传统，尽管它是少数的。这一相当边缘化但具有高度活力的思想脉络，强烈批判了哲学中占据主导地位的理性主义和超验幻觉。

---

① corpus 是一个多义词，在文中也存在双关，有身体、物质、语言或话语的集合的意思，这里译为“文集”。——译者注

西方哲学这一更“隐蔽的”、“魔鬼的”或“游牧的”的力量，是对本学科的邀请，以绕过西方哲学自我指涉的倾向。它的目的是进入与其他话语的一连串的跨学科联系。这一目标基于两个重要的假设：第一，在人们意想不到的地方上有许多哲学在发生着。这包括艺术、音乐、建筑、电影和媒体，还有政治实践和运动，比如女性主义、环境主义、反种族主义和另类全球化运动。第二，哲学是一种制度化的实践，它从真诚地对抗我们现在栖居的世界中产生。这是一个伦理混杂、技术中介和性别化的世界，其中欧洲的霸权正在衰落。欧洲中心主义的衰落质疑了基于普世主义的哲学思维方式，因为它来自一个脱嵌且离身的主体位置。游牧主义是关于批判性的重新定位，它关乎变得情境化，从具体的地方言说，并因此清醒地意识到特殊的位置并对它负责。主张无差异的普遍性的思想家无法应对这一挑战。

身体唯物主义（bodily materialism）和具身或肉身主体的概念，对于我理解我所支持的哲学唯物主义是关键的。从历史上看，我认为它是法国欧陆哲学最有成果的方面之一，即它在多大程度上强调了主体性的身体结构，因此也强调了性和性差异的问题。这一传统为自我和社会之间、为主体的“内部”和“外部”之间的相互关系提供了复杂的分析模式。这种具身唯物主义的传统在20世纪60年代末和70年代的社会运动中重新激活，为激进的权力批判和人文主义主体的消解奠定了基础。

为了实现视角的转变，我们需要内在的重新定位。我最喜欢的一个方法是女性主义的位置政治——这是一种方法，也是一种政治策略，它的目的是说明任何类别中的多样性和复杂性——如女人、女性主义者、女同性恋、男同性恋，同时避免认知和道德上的相对主义，从而保障了政治和伦理上的自主权。位置政治将认识论和政治的责任结合起来，将其方法论的努力集中在分析多层面的权力位置上，它是一个人不可避免栖居的、作为自身主体性的场所。问责的实践（对一个人的具身和嵌入的位置）作为一种消除权力差异的关系的、集体的活动，与两个关键概念有关：记忆和叙事。它们激活了把话语说出来的过程，也就是说，把话语带入象征性的再现，这种再现会通过定义逃避意识。事实上，一个"位置"并不是自我任命和自我设计的主体位置，而是一个集体地分享、构建并共同占据了时空辖域的主体位置。换言之，我们的许多位置都逃避了自我审查。因为它如此熟悉和亲近，以至于人们甚至没有意识到它。因此，"位置政治”指的是一个意识觉醒(consciousness-raising)的过程,它要求一种政治性的唤醒(Grewal and Kaplan 1994),并因此需要他人的介入。“位置政治”是对权力的一种绘图法,权力依托于一种自我批判的形式,一种批判性的、谱系式的自我叙事;它们是关系性的,外部导向的。这意味着“具身的”叙述阐明并改变了我们对自己和世界的认识。因此,黑人女性的文本和经验,让白人女性看到了我们的位置、真理和话语的局限。女性主义者的知识是一个互动的过程,它带出了我们存在的各个方面,尤其是那些我们之前没有注意到的权力对我们自身的影响。用德勒兹的语言来说,它将我们“解域化”(deterritorialization),即它将我们从熟悉的、亲密的、已知的地方疏远出来,并将外部的光线投注在上面;用福柯的语言来说,它是微观政治,它从具身自我开始。然而,女性主义者在福柯或德勒兹在他们的哲学中把它理论化之前就已经很清楚这些了。

位置政治实现了内在性的重新定位,其核心方法论带来的影响之一是更高程度的意识,从而提高了自我反身性(self-reflexivity)。对自身位置的意识,通过充分的、变化的造型来表达,它就像一盏聚光灯,照亮了一个人自身的物质和话语状况的方方面面,而这些在以前都是盲点。随着自我反身性的提高，另一个重要的副作用也随之而来：陌生化。在自己和故乡之间建立起一种新的批判性距离——一种疏离感，它并非毫无痛苦的，但蕴含着丰富的伦理回报和更多的理解。位置的多重差异，反映了潜在主体位置的多样性，它将从熟悉地方的去认同化，与从已知地方的陌生化的实践结合起来。这一实践就像认识论上的排毒疗法，标志着游牧智慧的开始。

这让我想到了最后一个重要的含义：地点的多重性和知识主张的形式、自我反身性以及对他们需要的显而易见的事物的陌生化，是对相对主义风险的强有力的解毒剂。对自身位置的依赖是一种内在性的形式，是非唯物主义者的再立足点。差异，包括性差异，只是这一过程的起点——它们不是一个存在问题的障碍。我拒绝在一个黑格尔式的辩证对立，以及自我与他者、自我中的他者的相互消耗的框架中将差异概念化。相反，我将它们视为脱离了辩证法计划的精神错乱，参与到迂回曲折的、相互联系的一种游牧的、根茎的逻辑中。

德勒兹和加塔利尤其希望以这种方式重新想象哲学的主体性实践。露西·伊利格瑞的计划与此类似：她将批判的焦点集中在菲勒斯逻各斯中心主义的思想结构，以及从“认知主体”的理论表述里对女性的系统性排除。伊利格瑞从潜在的“女性”这一被低估的且往往是不可见的资源中汲取灵感，即女性主义者必须在她们自身的特殊社会实践和集体想象中对这一资源进行重新配置，德勒兹则完全绕过了性差异的二元结构，致力于深入探索主体内在的多重的性征，并将其重新定义为横向的、集体的和动态的。伊利格瑞和德勒兹在努力重塑主体形象方面有一个重要的共通点，即主体是一个完全专注于生成过程中，专注于权力、知识和欲望的生产关系中的独立实体。这意味着将主体视作一个情动的、生产的和动态的结构。因此，我选择游牧的形象，也是一种将自己置于哲学制度的方式，因为哲学是一门我从未担任过任何专业职位的学科。它是一种栖居的方式，却是作为一个“内部的局外人”，与弗吉尼亚·伍尔夫（Virginia Woolf）一道，也就是说，它是批判性的，但也是深入参与的。最重要的是，游牧民的形象具有一种充满想象力的诱惑，我发现了它适合我们历史状况的充满活力的、跨国的结构。

哲学游牧主义的绘图方法要求我们将权力关系同时既视作最“外部的”、集体的社会现象，也是最亲密的或“内部的”现象。或者说，权力是在内部和外部之间不断流动的过程。正如福柯教我们的那样，权力是一种策略性的处境，一个位置，而不是一个客体或一个本质。主体性是居间相互联系持续流动的效果。法国的差异哲学（如德勒兹的多重的生成主体或伊利格瑞的“潜在女性”）吸引我的地方恰恰在于，它们没有停留在身份和权力问题的表面，而是解决了它们的概念的根源。在这样做的过程中，它们将社会建构主义的理论和方法激进化，将社会心理学对身份的讨论推向了主体性的问题，也就是授权和权力的问题。尤其重要的是，不要将主体性的概念和个人的或个人主义的概念相混淆：主体性是一个社会化中介的授权过程，也是与权力关系协商的过程。因此，新社会主体的构成和涌现往往是一个集体的事业，它“外在于”个体的自我，同时又调动了自我的深入和独特的结构。

因此，与精神分析理论中主体性的“分裂”本质和无意识欲望的作用之间的对话，在我的议程中占据了重要的位置，是贯穿整本书的术语。从这一视角看，“主体性”命名的是这一过程，该过程将被动的权力（potestas）和主动的权力（potentia）的实例串联在一个语法“我”的虚构统一体之下。主体是一个过程，由不同层次之间的权力与欲望，即意志（will）的选择和无意识的欲望之间的不断转换（shift）和协商构成的。

无论同一性的表象(semblance)如何,都可能不是上帝赋予的本质,而是将许多层次的虚构编排进一个社会化运作的自我。它意味着维持生成-主体的全部过程的是认知的意志、言说的欲望、发声的欲望,它是一种基本的、原初的、重要的、必要的,因此也是去生成(生存意志,conatus)①的原初欲望。

因此,用游牧形象来思考和修通(working through)②,意味着拒绝将理性从想象中分离,由于这影响了写作风格和理论生产,它也改变了作者和读者之间的传统契约关系。理论文本不应该被视作由书写它的作者权威或专有名词神圣化的真理的书面陈述。相反,它是在相互联系的模式下运作的,是话语的、情动的和社会关系的集体共享地图的导航工具。作者/读者的二元对立相应地被重新组合,被分布在既维持联系又由联系产生的强度元素中。因此,一个新的非人化的写作/阅读模式被创造出来,成为践行

① 在斯宾诺莎的哲学中,conatus(拉丁文意为努力、冲动、倾向、事业)是一个事物继续存在和增强自身的一种与生俱来的倾向。它可能是思想、物质,或两者的结合,并且在泛神论的自然观中通常与上帝的旨意联系在一起。Conatus 也指生命体的本能生活意志。——译者注

② 修通(work through),精神分析术语,由西格蒙德·弗洛伊德在 1914 年提出。在心理治疗中,修通是指一个进行重复和夸张阐释的过程。斯皮瓦克将这一词作为一个解构的概念。——译者注

游牧哲学的恰当方式。这一非人化的风格是很“后个人化的”,因为它允许在主体性的坐标轴上绘制一张关联的网络,而不仅仅是顺着身份进行变迁。因此,意义的生产并不是在作者的“意图”和读者的“接受”上发挥作用,而是处于一个更广泛、更复杂的一系列潜在的共鸣和相互联系中。风格的问题对本计划至关重要。作为在强度模式上的读者,我们是知识能量的转换者,是我们正在交流的“见解”的处理者,是潜在的相互联系的共同构建者。这些“内在的”启示和非联系性不应被视为将我们陷入内部,寻找一种神话般的“内心的”真理资源。相反,我们更应该把它视作推动我们向外沿着外部文本的集体联系和经验的多重方向。阅读和思考是在一个更高的程度、更快的步伐、多方向的行为上的生活方式;思考发生在外部的文本世界,是朝向外部的文本世界的一种关系模式。

确定我们正在生成的主体的新形象的合适的标准,需要在学术和社会上进行集体讨论,在公共辩论中展开争鸣,它不能仅由单个个体来决定。这种集体的、讨论式的交流应该置于当今批判性理论的中心。因此,我们需要与读者(他们与我们同样是阐释地图的共同作者)达成一个新的对话协议:我们是否同意,这一标准能够充分描述我们各自的位置和多重归属的模式？什么因素可以说明后工业全球文化下的生活的物质状况？绘制地图的互涉范围是今天哲学对话的开始。

由于本书关注的一个核心问题是，随着后工业文化的社会、文化和政治领域的主体性的结构转型，理论再现的规模存在不足，充分说明这些变化是一个重大挑战。在这些长期养成的思维习惯中，最持久的习惯在于用贬义的词汇来应对差异，也就是说，消极地表现差异。因此，另一个导向性的问题是：一个人怎样可以摆脱差异所内置的消极的方面？在一个逻各斯中心沉淀的历史过程中，差异的概念被污名化，相当于是低级的东西：与别人不同意味着价值低于他人。如何能够清理差异的负面影响？有时被称为“纯粹差异”的差异的积极性，是可以想象的吗？哪些条件可以促进对积极差异的思考？后结构主义哲学对这些问题的具体贡献是什么？(Braidotti 2006)。

因此，游牧主体性的计划，非但不是与其他哲学传统对立的，反而是与它们联合起来（Fraser 1998），在公共领域中重新定位批判性理论，并发展出一种适合我们时代的矛盾需求和状况的公共话语。

第一章　把游牧主义作为方法

扎根是美好的，只要你可以带上它一起走。

——格特鲁德·斯泰因

我扎根，但我在流动。

——弗吉尼亚·伍尔夫

我的女性主义游牧计划追溯的不仅是一段知识的旅程，它也反映了作为一个多文化个体的存在状况，即一个成为游牧者的移民。十五年前，这里收集的材料最初是概念化的，并在一些情况下以几种不同的欧洲语言来表达。这些文章都同我的书《不和谐的模式》(*Patterns of Dissonance*)(这本书本身就代表了我的游牧式存在)中所表达的观点一致，而且超前且拓展了我的观点。因为本书的首稿用法语起草，所以它必须被翻译，但是在最后的版本中，我直接用英语重写了大部分内容，所以在它出版时，本书已经变成一部没有原本(original)的译著。作为一个没有母语的思想家，我的作品仅仅是一系列的翻译、置换(dispacement)、对不断变化的状况的适应。这已成为我的文本中的一个决定性特征。

多年来，我似乎形成了一种独特的写作方式，作为与我的多种语言和文化归属进行协商的一种方式。有些书现在只有意大利文版本(*Madri*, *Mostri e Macchine* 及合著的 *Baby Boomers*)或法文版本(*La philosophie*, *là où on ne l'attend pas*)，这些都还没有英文对应的版本。与此同时，我的几篇精选论文也被翻译成多种文字(从芬兰文到韩文、匈牙利文和西班牙文)，形成了一系列挑战任何原本的装配(assemblages)或组合(combinations)。换句话说，我所捍卫的游牧主义既是一种理论选择也是一种存在状况，对我来说，它能转化为一种思考方式，一种写作的关系模式。我的计划是在游牧模式下形成和激发一种批判的女性主义主体性的视角，这一模式指的是一种比喻的思考风格，略有自传色彩，可能有时给读者留下一种认识论上的意识流的印象，但它围绕一些关键概念进行了严谨的建构。有些读者甚至认为，在我的写作中我将“女性主义理论家”作为一个造型或概念人物(conceptual persona)激活，以便在哲学形式和内容上进行创新。①

本章我将探讨“游牧主体”这一概念和实践的不同方面,对我来说,“游牧主体”是当代主体性最合适的理论造型。“造型”是一种政治知情的思想形象,它激发或表达了另一种主体性视角。学会以不同的方式思考主体性的概念和实践,确实迫在眉睫。它需要创造新的框架、新的形象、新的思考模式,超越二元概念的限制和菲勒斯中心主义顽固的单一思维习惯。我认为女性主义者和其他批判知识分子的任务就是要有勇气去勇敢面对这一挑战的复杂性。黑人女性主义作家和诗人贝尔·胡克斯(bell hooks),在她关于后现代黑人性的著作中,从“渴望”(yearning)的角度描述了这种意识。她认为“渴望”是一种情感与政治共通的感性,它跨越了种族、阶级、性别和性取向的界限,而且“可以为实现共情(会促进对共同义务的承认的联结)创造肥沃的土壤,并用来构建团结和联盟的基础”(bell hooks 1990a, b)。本着同样的精神,游牧意识对本千禧年开端的批判思想来说在认识论和政治上都是当务之急。

与对“游牧主义”这一术语的流行用法相反,我把

---

① 感谢克莱尔·科尔布鲁克(Claire Colebrook)。

后现代性当作历史上的一个特殊时刻。在这一时刻，经济生产体系的深度变革也改变了传统的社会象征结构。对唯物主义思想家来说，更重要的是它们改变了我们社会交往的条件。在西方，从制造业到以服务和信息为基础的产业结构的转型需要在全球范围内重新分配劳动力，世界上的其他地区，尤其是发展中国家提供了大部分的低薪劳动和境外生产。这种转变意味着以福利国家、阶级和劳动分工为基础的传统社会象征系统的衰落。正如因德帕尔·格鲁瓦（Inderpal Grewal）和凯伦·卡普兰（Caren Kaplan）所指出的（1994），后现代性以跨国流动的方式对资本积累的重组做出了回应，但这不能直接解决权力分化的问题。由于"跨"国流动的这一新历史趋势，批判理论家和文化批评家必须在这一方案中重新思考他们的处境和实践。我的任务是尝试重新定义女性主义主体性的跨流动（transmobile）唯物主义理论，这一理论专注于处理后现代困境中的问题，既不将它浪漫化，也毫不怀念所谓更美好的过去。正如我在《不和谐的模式》一书中所说，女性主义后结构主义者陷入的历史矛盾在于，被支配性主体视作引发价值"危机"因素的事物，对我而言却开启了新的可能性。你死，我活（Mors tua vita mea）：同样的历史状况根据个人所处的位置可以被分别视作积极的或消极的。

随即产生的问题是：在哪里可以找到这种新的理论和政治创造力？“新”从何而来？什么范式可以帮助我们制定新的思想体系？科学理性的模型是完全不可信，还是仍能提供一些启发？艺术创造的模型是否会更好？根据后结构主义一代的一些见解，我通过强调逻各斯中心主义方法的局限，将重点转移到再现的其他方式和模式来回答这一问题。我们需要女性主义政治想象力实现质的飞跃。

女性主义理论擅长的一点是抛弃知识分子的线性思维模式，这种目的论的论证风格是我们大多数人被训练来尊敬和效仿的。根据我的经验，它的结果是助长对一个强行宣扬某些文本所谓神圣性的规范传统的重复和服从：伟大的哲学人文主义传统的文章。我想以一种后人类主义的激情形式来反对它们，这种激情形式建立在女性主义游牧伦理的基础之上。尤其重要的是，我认为女性必须克服特瑞莎·德·劳拉提斯（Teresa de Lauretis）这位意大利裔美国女性主义理论家所说的理论工作中的“俄狄浦斯情结”（1986）。对于女性主义者来说重要的是，要打破高级理论所主张的男性认同模式，从排他性的学术风格的僵死结构中走出来（Miller 1991）。游牧主义是一种邀请,让我们从哲学思维里定居的菲勒斯中心主义的独角戏中解脱出来,开始培养不忠诚的艺术,或者更确切地说,游牧主义由第二次女性主义浪潮所开创和传播,是一种亵渎学术和知识传统的建设性的方式。

我相信如露丝·伊利格瑞(Luce Irigaray)和唐娜·哈拉维(Donna Haraway)这样的女性主义者所提出的不同的政治虚构具有一样的赋权力量(Braidotti 1991b)。前者强调借鉴女性形态和性征中的意象,如暗示亲近同时又避免闭合的两片嘴唇。后者则提出了"赛博格"(cyborg)的造型,即一种高科技的意象,其中电子回路唤起了相互关联性(interconnectedness)和亲和力(affinity)的新模式。然而,两者都致力于颠覆对人类再现的传统看法,尤其是对女性主体性的传统看法的复杂而激进的任务,她们都依靠另类的造型来摆脱旧有的思维模式。

这些造型证明了当今女性主义者探索另类主体性形式的许多不同的方式,还有她们为创造肯定性的再现与语言进行的斗争。可以用来描述这一新的女性女性主义的主体性(female feminist subjectivity)的一系列术语正在言说:莫尼克·维蒂格(Monique Wittig,1991)选择通过"女同性恋"的造型来表现它,朱迪斯·巴特勒(Judith Butler)以“酷儿[1]的假面戏仿政治”(1991)来作为回应；至于其他人，引用南希·米勒(Nancy Miller，1986b)的话来说，更倾向于在另一个故事中的女性女性主义主体的意义上，将这一过程描述为“生成-女人”。德·劳拉提斯称之为“怪异的”主体(“eccentric” subject)(1990a：115—150)；另类女性主义主体也被描述为在旅行状态中的“同路人”(fellow-commuters)(Boscaglia 1991：122—135)，或“不适宜的他者”(Minh-ha 1989)，或“后殖民的”主体(Mohanty 1984：333—358；Spivak 1989b，c)。后者从跨国女性主义联结的角度分析性别与其他地缘政治问题的关系。

大多数女性主义者对主体性的重新定义的出发点是一种新的唯物主义形式，它通过强调言说主体的具身化以及因此产生的性别差异结构，发展出肉身(the corporeal)这一概念。因此，重新思考主体性的身体根源是游牧主义认识论计划的出发点。身体或主体具身性不能从生物学方面理解，也不能从社会学方面理解，而应被理解为介于生理、象征和社会之间

① 酷儿(queer)，最初用来形容同性恋者，意为“奇怪的，异常的”。后超越了性取向的范畴，成为一种社会和文化的概念。——译者注

的重叠。我强调具身性的问题，是希望人们对身体有不同的思考方式。身体指的不仅是人类主体性的唯物主义基础，也是生命主义的基础，尤其是因为人类既有扎根又有流动的能力，所以超越了构成我们的变量——阶级、种族、性（sex）、性别（gender）、年龄和残疾。

游牧式的身体观将身体定义为多功能和复杂的，是流动和能量、情动、欲望和想象的转换者。从精神分析中我学会了欣赏主体的非同一性结构，以及主体无意识基础的快乐意蕴。复杂性（Complexity）是理解多重情动层次、复杂时间变量以及内在矛盾的时间线和记忆线的关键，这些因素构成了我们的具身存在。与社会建构主义的二元模式造成的对立不同，游牧身体是一个转变的门槛。它是高度建构性的社会象征力量的复杂相互作用。身体是强度的表面，是与他人互动的情动场域。换句话说，女性主义者对具身性的强调，与对本质主义的彻底拒绝是紧密相关的。在女性主义理论中，尽管“女性”这一主体不是一成不变的本质，不能一劳永逸地界定一个定义，而是由阶级、种族、年龄、生活方式和性取向等交叉变量决定的多重、复杂和潜在矛盾的经验集合，但是一个人能以女性的身份言说。为了赋权女性，在她们的处境里引起社会象征上的改变，人必须以女性的身份言说：这是一种彻底的反本质主义的立场。

游牧者表现了我自身的造型，它是对一般的主体，尤其是对女性主义主体的一种情境化的、后现代的、存在文化差异的理解。这一主体被描述为后现代的/工业的/殖民地的，这取决于人们所处的区位。在如阶级、种族、民族、性别、年龄等差异的轴线在主体性的构成中相互交叉和相互作用，游牧者的概念指的就是立刻同时出现许多这些东西。作为一个女性主义者言说，必须优先考虑性别的问题，或者更确切地说，优先考虑与承认女性之间的差异有关的性差异。因此，这一造型将我的欲望转向探索政治能动性并使其合法化，同时将形而上学中稳定身份的衰落作为历史证据。一个关键问题是，如何将局部性与不连续性，与建构相互关联的新形式和集体政治计划协调起来。

游牧主体是一个神话，或一个政治虚构，它允许我超越既有的范畴和经验层面去思考：不用断绝关系去模糊界限。我选择的这一造型隐含的是对想象的、创造神话的可能性和关联性的信念，来跳出我们时代的政治和知识停滞的状态。此时此刻，政治虚构可能比理论体系更有效果。这里讨论的游牧主义指的是抵抗进入思想和行为的社会化编码的一种批判性意识。不是所有游牧者都是世界旅行者；即使没有从居住的地方迁移出来，一些最伟大的旅行也可以发生。是唤醒一意识的过程和对固化传统的颠覆确定了游牧的状态，而不是实际旅行的行为。

正如卡伦·卡普兰在她的作品中提到关于德勒兹的解辖域化形象和游牧旅行的问题中所指出的，后结构主义者处于浪漫化概念的危险中(Kaplan 1987：187—198)。相反，我发现，德勒兹的思想计划是清醒的、经验的，并抵抗了浪漫化的倾向。它需要从内部彻底批判支配性的构造，抛弃中心的概念，因此也抛弃了任何形式的原初场所或真正的认同。然而，我发现德勒兹和加塔利提醒我们反对后现代系统的风险，它们的碎片化、统一性的缺失，可能会在全球范围内小规模地再生产权力关系。他们指的是"微观法西斯主义"的危险：更小、更在地化但也同样是剥削性的权力构造，正如恩杰拉尔·格雷瓦尔(Inderal Grewal)和卡伦·卡普兰所说，它可以在世界范围内被描述为"分散霸权"的再生产。德勒兹和加塔利提出的激进的游牧认识论是一个抵抗微观专制主义的形式，无论它的规模如何，也无论它有多么"在地化"。游牧认识论专注于摆脱霸权，实现质的转变。

在某些情况下，比喻的模式根据我称为“仿佛”(as if)哲学的东西发挥作用；正是仿佛，一些经验才让人联想到或回忆起他者；从一处经验向另一处经验流动的这种能力是我高度赞美的相互连接性的品质。绘制一股连接流不是一种挪用行为，恰恰相反：它标志着在可沟通状态或经验之间的过渡。德勒兹作品中的逃逸线和生成在这里是很有启发的(Deleuze and Guattari 1980)：游牧式的生成既不是再生产也不仅是模仿，而是强调近似性，强度的相互连接性(interconnectedness)。一些陈述或经验因为它们共享了某些属性可以简单合并。游牧式的转变因此实施了一种创造性的生成；它们是一个操演性的隐喻，允许其他不可能的遭遇和意料之外的经验与知识互动来源的存在。

正如许多女性主义理论家指出的，“仿佛”的实践，还有它的仪式化重复，导致了陷入唯我论的语言游戏和沉迷于自身术语的自我指涉的风险。为了避免这一点，我已经从全球混杂性的绘图学(见前言)角度，而且也从我自己的生活经验的角度，以尽可能具体的方式将其具身化和情境化，来扎实地描述游牧的状态。如其他章节一样，在本章中我将采用自传的语气，这是我在文本中进行的对游牧式转变和操演负责的方式。假如这是隐喻，这正是对我的全部存在区域的置换（displaces）和凝缩（condenses）：它是对我所处地方的回应地图——一个游牧的反谱系。为了避免浪漫化或挪用外来的"他者"，我想要落实自己具身谱系的一套叙述，也就是说，我想要重新调查某些区位并做出解释。正如卡伦·卡普兰指出的，这种定位（positionality）是："一个虚构领地，一个经过了许多版本的解辖域化，来设想一个基于偶然性、历史和变革的区位理论"。（Kaplan 1987：198）为了追溯在我们此时此地的生活中转型的路线，"似乎"的实践是一个进行策略性的重新定位的技术，来营救我们过去需要的东西。

"仿佛"的实践也可以被视作模仿的模式，也就是说，恋物式的再现。这在于同时承认和否定某些特质或经验。在以男性为主流的后现代思想里（Schor 1987a；Modleski 1991），恋物式的否认似乎占据了大部分关于性差异的讨论。从一个女性主义者的视角来看，我更喜欢不把"仿佛的哲学"当作否认，而是当作对流动的边界、间隙的实践、界面和缝隙的肯定。换句话说，与"仿佛"实践一起，重复、戏仿或模仿的要素不能自行终结。连续的姿势或伪装本身的实践没有自动的颠覆效果：正如朱迪斯·巴特勒明确警示我们的，戏仿模式的力量正在于努力避免扁平的重复(flat repetition)，它会引发政治上的停滞。

我在“仿佛”实践里发现的能够赋权的东西，正好是它通过连续地重复和模仿的策略，开启可以形成另类能动性形式的空间上的潜力，换句话说，戏仿可以在被一种批判性意识支持的情况下获得政治上的赋权，这种批判性意识的目的是引起变革(transformation)和变化(change)。然而，我把激进的意识假设为前提条件的时刻，我致力于解决重复、差异和颠覆主流编码的问题，这需要更复杂的解释计划。因此，伊利格瑞的“模仿”(mimesis)策略是一种在政治上赋权的重复，因为它同时解决了身份、认同和政治主体性的问题。

劳里·安德森(Laurie Anderson)在20世纪80年代至90年代的表演艺术是在“仿佛”模式里成功模仿游牧风格的另一个典型的例子(Howell 1992:17)：在安德森的概念宇宙中，情境和人经常是可以翻转的。这一经验的连续之流允许劳里·安德森在经验的不同层次之间描述一种高科技的连续。反过来这造就了她激发悖论的非凡天赋，其中最重要的是基于极简主义方法的一种复杂性。在她诙谐的“仿佛”实践中，劳里·安德森将可逆性的艺术做到了极致：不仅是事件，还有陈述，可以相互内陷并从里朝外掀出来。因此，安德森经常说："杀死你的不是子弹，而是那个洞。"这意味着，内部和外部之间的界限，以及因被子弹击中而死亡形成的时间链，都不是一个单轨的序列。因此，它们的意义不能局限于单向模式。

通过类比，我想说的是：戏仿政治或"仿佛"政治实践的政治有效性不在于模仿扮演或重复主流姿态的能力，而在于这些实践在多大程度上打开了可以探索政治主体性另类形式的居间空间。换句话说，不是戏仿本身将会扼杀菲勒斯中心主义的姿态（posture），而是戏仿政治可能会引起的权力真空会扼杀。

游牧主体是一个操演的形象（image），一个让我能够将自己不同层次的经验编织在一起的政治神话：它还反映了一些自传的方面，同时也表达了我自己对后形而上学的主体观的概念偏好。最重要的是，它让我将我的女性主义政治和各种其他政治和理论问题和位置结合起来。这种游牧主义的比喻方法使我能发挥游牧状态的联想性质，从而挖掘它的隐喻的丰富性。我将继续探索游牧者形象在认知和情动上的一些共鸣，可以说，我是骑在游牧民的背上，朝着我始终无法预测的方向前进。自始至终，在游牧主题上探索的许多变奏（variation）中，我将强调游牧状态为打开生活和思想的新可能性在多大程度上拥有积极的重新命名的潜力，尤其是对于女性，更具体地说，是对于女性女性主义者而言。

这与帕特里夏·雅格（Patricia Yaeger）所说的“有远见的认识论”（visionary epistemology）（1988：31）不谋而合：她指出，一个新形象“能够为我们提供接近伟大思想的一般方式”。因此，雅格督促女性主义者去思考我们当下言说形象的力量，以充分评价其赋权的潜力。游牧主体能够将思维活动从菲勒斯中心主义的教条束缚中解放出来，使思想回归自由、生机和优美。对另类游牧造型的追求具有强烈的美学维度，而女性主义理论，正如我付诸实践的那样，受到这一快乐的游牧力量的启发。唐娜·哈拉维说，我们需要女性主义者的人文形象，抵制字面上的造型，继续激发有力的新比喻、新的言说形象、新的历史可能性的术语。在这一过程中，“在危机的转折点上，所有的比喻再次回来，我们需要狂喜的言说者”（Haraway 1992：86b）。

游牧民作为多语言者

多语言者是个游牧民，是不忠于任何自然语言的专家。语言不会以静止的方式追随它们自己的轨迹。它们来来去去，追寻预先的语义路径，留下声音、图像或无意识的痕迹。在《爱丽丝镜中奇遇记》中，汉普蒂·邓普蒂（Humpty Dumpty）巧妙地提醒我们，定义词语意义的关键在于是谁说了算。[①] 这句话经常启发我这个时常处于不同语言之间的人。

边界

我出生在意大利，更确切地说，是出生于 13 世纪威尼斯人殖民的那片东北部土地上。威尼斯是在游牧主义的旗号下建立的，当地人为了躲避匈奴及其强大的东方战士，走上了水路。它为环球旅行者、探险家、征服者和商人提供了源源不断的机会，其中最为人所知的是马可·波罗，他至今仍然是世界上最伟大

① 参见中译本《爱丽丝镜中奇遇记》，吴钧陶译，上海译文出版社，2012 年，第 98 页。——译者注

的外国语言的翻译者之一。

我出生在意大利东部边境（离当时的共产主义世界边界南斯拉夫不到100公里）。1954年，冷战正火热进行：我所在地区的首府的里雅斯特，仍被不同的盟军占领，像柏林一样被划分为不同的区域。A区为西方国家，B区为其他国家。我的家乡（拉蒂萨纳）与美国在意大利北部最大的核飞机基地（阿维亚诺）近在咫尺。当美国的喷气式战斗机起飞向东时，我们家的窗户发出不祥的响声。我和所有战后的意大利年轻人一样背对着铁幕长大，尽管有美国的战机，但我还是因获得自由松了一口气。

但这里是古老的大陆，还记得吗？历史的层叠是有厚度的、复杂的。想想看：如果我在五十年前，也就是1904年出生在同样的地方，我就会处在奥匈帝国的中心。这意味着，卢布尔雅那、萨拉热窝和布达佩斯会让我感到比罗马或那不勒斯更熟悉。事实上，从某种程度上说，它们仍然是如此，而且是非常麻烦的。意大利方面的第一次世界大战基本上是在我的家乡进行的：为了扩大年轻的意大利王国的领土，成千上万的人死去。如果我早出生三十年，即在1924年，我就会目睹像达农齐奥（D'Annunzio）这样的超民族主义（hypernationalist）知识分子的谵妄，他们主张意大利为了自身的文化霸权和种族一致性占领南斯拉夫半岛的部分领土。

如果我早出生十年,也就是1944年,我就会发现自己身处第三帝国,接受希特勒为边境地区(即亚得里亚海库斯滕兰)任命的一名特别高级指挥官的统治。1944年,盟军已经开始占领意大利——但美军却在数百公里外的南部登陆。他们花了一年多的时间才到达我们这里。意大利被划分为了三个区域:盟军解放区;墨索里尼占领区,称为萨洛共和国;希特勒军队及其克罗地亚盟友安特·帕维利奇仍占领的区域。我的家乡就位于墨索里尼和希特勒占领区交界的河边:这是当时欧洲军事化程度最高的地区之一。

臭名昭著的纳粹占领者莱纳(Rainer)为我所在土地的未来制定了一个计划:我所在地区的种族和文化多样性(奥匈帝国曾使其更加丰富多样)将被分离并控制。每个民族和语言群体——讲德语、斯洛文尼亚语、意大利语和拉迪诺语的人——都将被分开来。整个地区将成为德国直接军事控制下的缓冲区:普法尔斯塔特斯·弗留尔(Pfufferstaates Friaul)曾是我们土地的名字。然而,铁托将军和他的南斯拉大游击队也在向东部边境推进,准备与纳粹法西斯战斗到底。1945年5月解放时,共产党军队显然想占领整个亚得里亚海库斯滕兰地区，一直到标志着与意大利其他地区交界的河流：我的河流，塔利亚门托。他们被盟军一路击退到的里雅斯特，但政治局势多年来一直动荡不安，一直持续到我的童年。

这就是古老的欧洲大陆边境地区的命运：跨越地理、种族和语言多条分界线的过渡地带：它们从未安定下来，而是因为不断发生难以置信的暴力而变化。我所在的边界是通往巴尔干半岛的门槛——在这个战火纷飞的大陆上，巴尔干半岛是最暴力、最饱受战争蹂躏的地区之一。一个人可能生活在同一个地方，从未移动过，最终却居住在三个甚至四个不同的国家，国籍也随之发生改变。更严重的是，一个人可能会被强行驱逐、驱赶、追捕、赶出境或“消灭”。

没有比这三个重要的概念更能概括我们的处境：第一，领土是强大的位置，它的社会地理是一个关键因素。第二，所有社区都是想象建构出来的——它们在很大程度上都是“被想象”的。然而，这并不意味着它们是可以轻易改变或可以协商的。第三，它们是密集的物质结构，压在我们身上，给我们打上烙印，尽管有时是用看不见的墨水。因此，我的欧洲人身份的第一个标志是多种语言和文化的归属感，还有对边界和跨越边界的敏锐意识。第二个标志是战争、入侵和大屠杀在我们戏剧性的集体历史中造成的复杂、持久和暴力的影响。我还从家庭中继承了对法西斯主义的强烈抵制，以及对民主政府风格的深深敬意，自解放后我的祖国仍在学习实践民主政府。

通道

然而，这仅仅是个开始，复杂的事情才刚刚开始。1970 年，我的意大利生活被移民席卷一空。靠经济的因素，我与家人一起搭乘了一艘名为“阿奇勒·劳罗”(Achille Lauro)的新远洋轮船，前往澳大利亚墨尔本。当时由于政治危机，苏伊士运河关闭了，所以我们不得不绕道非洲大陆，中途停留特内里费岛以及南非种族隔离制度最严重时期的开普敦(它是可怕且令人难忘的)。我们花了 40 个刻骨铭心的日子，对我来说，则像是一生。

后来，在“澳大利亚白化政策”(White Australia policy)结束、多元文化主义的趋势流行之前，我在澳大利亚的政策文化大都市长大。移民和原住民之间的接触不被鼓励；事实上，即使在北菲茨罗伊(North Fitzroy)和卡尔顿(Carlton)这样的内城移民区，与原住民文化的接触也不存在。意大利移民正处于“白化”过程中，但在前文化时代的澳大利亚，他们很难算得上一个主流群体。他们处于社会边缘位置的现实因上一代人（“二战”结束后迁移到澳大利亚的成千上万移民）的叙述而变得更加复杂。他们遭受了恶劣的种族主义的残害，幸运的是，对我们来说，这只是一个苍白的记忆。然而，对原住民现状的掩盖，欧洲移民和澳大利亚主流文化对种族主义、阶级分化、殖民怀旧（colonial nostalgia）问题的沉默，以及本地人的困境一直萦绕在我耳边，这是澳大利亚人心理和生活方式内在动荡的持续、无言的信号（Morris 1988）。这让我流泪，感到深深的悲伤。

文化认同是外在的和回溯性的，澳大利亚的经历对我最直接的影响是让我发现我的欧洲性的程度之深。我的欧洲人身份，这远不是一个简单的概念或单一的经历。与原住民相比，我是一个白人移民，但是与管理这个国家的英裔澳大利亚人相比，我是一个非白人（一个外国佬或拉丁佬）。那么，我要如何做正确的事情呢？正是通过与澳大利亚人对立的心理和文化身份，我才发现，往往是以我自身为代价，我才认识到实际上我多么像是一个欧洲人，而且确实是一个欧洲人。我常常想，如果我没有经历过移民失去欧洲之根，这种意识是否会如此强烈。文化认同可以从内部动力中产生吗？还是说它总是外部的，也就是说，是对立的?

我的意大利东部边境出身,已经让我认识到所有文化身份的关系性。可以说,移民击垮了我的文化身份。现在可以肯定的是,“欧洲人”一词在我耳边响起,就像一个充满内在和外在矛盾的概念,从未停止对我的诱惑和折磨。对我来说,“欧洲人”与边界(Border)和边境(Borderland)、文化混合和跨文化冲突等问题密切相关。欧洲人代表着通过无止境的移民浪潮进行的身体流动,而这在欧洲各国的国家叙事中却很少被考虑到。欧洲人还指一种特殊的历史政治记忆,无论它对殖民主义的认识是怎样的,都不能轻易就后殖民状况达成共识;也不能轻易摆脱法西斯主义的后遗症。在澳大利亚的意大利移民社区——还有加拿大和程度较轻的美国,在法西斯主义和抵抗的问题上存在着严重的分歧。

我对“欧洲性”的回忆和外部感知具有许多矛盾的方面:它首先代表了大陆性(Continental),与英国殖民者在澳大利亚的霸权态度相对立。在这一方面,他们希望我贬低自己的身份,我称自己为欧洲人是对我身份的一种捍卫方式。另一方面,我对欧洲历史有足够的了解,知道这种欧洲身份在过去不是统一的,也从未能统一:它所谓的统一性充其量只是一个拙劣的虚构。由于无数小意大利区、小希腊区和西班牙区的存在，欧洲在它的散居性中揭示了它的真实面目，即一个由不同文化、语言和种族群体组成的混合体，其中存在大量冲突。并非所有的侨民都是平等的，尽管他们在殖民观察者的注视下被同化了。所以，我发现自己的欧洲性并不是对主权身份自豪的假设，而是使自己放弃对主权的认同的祛魅化的经历。此外，当我意识到“英国人”和“大陆人”的欧洲性标签可以在多大程度上使他们放下敌意，联合起来排斥澳大利亚原住民和其他黑人及亚洲移民时，我失去了所有的幻想。在这种霸权模式下，欧洲人的身份在历史上想方设法地玩弄它的把戏，也就是把自己视作规范、理想的中心，将所有“他者”局限在边缘的位置。将普遍主义的野心与资本密集型的努力结合起来，以对所有边缘“他者”进行文化同化，这是一种赤裸裸的阴谋。对我来说，作为一个欧洲人，就意味着身处这样的历史矛盾中，而且切身体验到一种迫切的政治需要，也就是将其转化为对各种霸权身份进行批判性抵抗的空间。因此，我可以说，我陷入了移民的困境，但我选择成为一个游牧者，也就是说，一个过渡的主体，然而又充分固定在一个历史位置上，接受责任，从而使自己对它负责。

移民给我带来的一个特别深刻的变化，就是英语进入了我的生活，并把其他一切都撇到一边。在此之前，法语一直是我最主要、最喜爱的第一门外语，但标准英语（Queen's English）是我无法抗拒的。于是，我在各种不同的语言之间安定下来，因此这成了我偶然的（contingent）新“家”。我只能在家里说母语，就像所有移民的情况一样，母语被时间冻结，停止了成长。作为一个青少年，语言的转换给我的情感生活造成了影响。即使到了今天，我也觉得自己缺乏一套完整的词汇来表达情感和欲望。爱的“翻译”并不容易，从一开始它就让我感觉很不真实。从某些方面上说，更换语言让我的青春期提前结束了。多年后，我才能重新拾起我的母语，并与它共同成长。

在我的文学学士导师吉纳维芙·劳埃德（Genevieve Lloyd）的启发指导下，我决定专耕哲学领域。不过，为了实现这一计划，我搬到了另一个大洲。哲学一直是我的求知热情所在：在意大利和在法国一样，哲学都是高中的必修课，所以直到移民之前，我一直以阅读经典著作为乐。来到澳大利亚后，我有幸得到了一位导师的远程指导，让我接受了哲学教育。我的舅舅罗马诺（Romano）——一位受过祝圣的牧师，在瑞士与意大利和其他南欧移民一起工作了约四十年——给我寄来了无数关于哲学的书，其中一些是他自己以前的教科书。这些书让我在澳大利亚度过了艰难的早年岁月，让我在思想和精神上保持活力。直到今天，我还珍藏着每一本书。像吉纳维芙·劳埃德这样杰出的思想家和教育家的启发和指导帮助我完成接下来的学习。早在 1976 至 1977 年间，她就在堪培拉向我介绍了米歇尔·福柯等人的著作，并在此基础上进一步拓展我的视野。在澳大利亚国立大学读本科时，阅读福柯的著作（当然是用法文）对我而言就像触摸了带电的电线：它触发了我的思维过程，并成为我的一部分。我利用法国政府当时向澳大利亚学生提供的奖学金（1985 年“彩虹勇士”事件[①]后，他们中止了这项计划），甚至没有参加我的毕业典礼就搬到了巴黎。我只是必须过去。

我在索邦大学用法语写了第一篇重要的学术论文，也就是我的博士论文。在 1968 年后的氛围里，哲学课，尤其是吉尔·德勒兹的哲学课，吸引了许多外国人（英国人、伊朗人、柬埔寨人、美国人、巴勒斯坦

① 彩虹勇士号（Rainbow Warrior）是一艘在荷兰注册的三桅机帆船，是非政府环保组织绿色和平的船队旗舰。彩虹勇士号在全球范围航行，从事反对捕鲸、核试验、砍伐原始森林等主题的宣传和抗争活动。1985 年彩虹勇士号开往南太平洋抗议法国在该区域的核试验，途中遭到法国特工袭击沉没。——译者注

人、阿尔及利亚人、澳大利亚人、喀麦隆人等),比巴黎本地学生还多。后来,我在意大利语、法语和英语(在英式、澳式、美式和其他语种变体里)之间进进出出,不是直线前进,而是在混杂程度上无限变化。即使当我决定将英语作为主要表达工具时,也只是形成了一个英语方言的连字符网络:意大利语—澳大利亚语、法语、纽约语、巴黎土语、荷兰语,等等。

以无意识为例

法语永远铭刻在我的脑海、心灵和灵魂,原因除了它是我的第一门外语,以及我在索邦大学用这门复杂的大脑语言撰写论文之外,还有一个完全不同的原因。法语也是我做个人精神分析的语言,也许是最重要的语言。在第三个千禧年功能主义的时代背景下——一方面是合法的精神药物(尤其是百忧解和哌甲酯),另一方面是各种快速"疗法"占据着中心位置,很难解释精神分析作为理论和实践对我们这一代人意味着什么。

拉康技术的影响不可低估,因为它们将精神分析实践的目标和结构本身去病理化了。症状不是疾病,也没有什么需要"治疗"的。正如弗洛伊德所说,症状是你的内在结构(你的"灵魂")的一部分,但这些结构在理性自我、认知，甚至在情动机制里，是不可衡量且不可理解的。另一种逻辑在起作用，它需要不同的解释工具和交流准则。无意识的结构就像一种(外语)语言——这是拉康派分析师的公理之一，这一概念在我的多语种耳朵里就像音乐一样动听。七年来，每周三次，我给自己的任务是先去解读语言，然后尝试学着说这门陌生却又异常熟悉的语言。

在当时的巴黎(20 世纪 70 年代末 80 年代初)，学习精神分析并不是什么稀罕的事，它甚至只是理所当然地完成高等教育的一步。对于哲学专业的学生来说，这一点尤其明显——这种话语同时也是最接近精神分析的，因为它承认欲望在主体性、知识和智慧的生产中的首要地位，从它的负面作用上看，它是以菲勒斯中心主义的话语和个人行为编码为中心的。此外，学习精神分析的费用在当时是非常便宜的——只要你不去找那些声名狼藉的“明星”，即使研究生也能负担得起。

游牧的风格要归功于精神分析，它表达了我对高级理论的质疑，来反思我认为重要的问题：菲勒斯逻各斯中心主义、民族中心主义、差异的积极性。哲学作为一门思想学科是高度菲勒斯中心的和反游牧的：它与统治、权力和暴力有着密切的联系；因此，它需要将排斥和统治的机制作为其标准实践的一部分。哲学通过它所排除的东西和它所主张的东西来创造自己。高级理论,特别是哲学,通过排斥许多人——非男性、非白人、非受教育者等,来假定它的价值。这些贬义的他者形象在结构上的必要性使我怀疑理论话语在非霸权、非排他性行为上的理论能力,更不用说理论话语的道德和政治意愿了。

更具体地说,我对游牧主义的精神分析研究使我意识到传统理论,特别是哲学中的一种结构性缺陷。话语,在后结构主义意义上是指思想、知识、文本和科学的生产过程,是理论与之相关并赖以存在的东西,以便将其多样性编纂成可接受的科学规范并使其系统化。然而,高级理论的规范性也是它的局限性所在,因为话语是一个相互关联的真理效果的复杂网络,超过了理论的编纂能力。因此,哲学必须"追赶"各种新的话语(女性、后殖民主义主体、数字媒体和其他新技术等),以便将其纳入并编码。正如唐娜·哈拉维提醒我们的那样,高级理论是一台吃人的机器,旨在同化所有新的,甚至是外来的身体。幸运的是,游牧民可以比大多数人跑得更快,忍受更长的旅程;因此他们不能轻易被同化。

对我来说,精神分析一直是一种非常原初的欲望哲学。它谈论的问题对我来说非常重要，也是我学习规划的重点。第一，主体不是一个整体，而是分裂的、打结的、复杂的概念；第二，欲望是一个无意识的过程，在诱惑和恐惧的双重束缚下把我们和对方联系起来；第三，权力不是消极的，而是一个赋权的生产性过程。对我来说，很快就能看出，精神分析理论为差异性、性和非同一性的主体性哲学留下的遗产，这都是我当时研究的核心内容。福柯将权力复杂地重新定义为权力（potestas）和能力（potentia），就像德里达对逻各斯中心主义的解构和伊利格瑞的性差异理论一样，都是建立在拉康精神分析的扎实概念基础之上的。这种观点和立场的分歧内部的连续性——通过德勒兹和加塔利在《反俄狄浦斯》中对拉康主义的激烈批判达到极致——我这一代人明确地在概念上接受了它们。以至于另一条不言而喻的原则是，除非你在这个领域中获得了一手经验，否则不应该对精神分析的概念进行评论。我认为这是一条金科玉律，即使在今天也要坚持这一点。最后，拉康精神分析赋予女性以特权，使其成为对菲勒斯主体的宏大妄想进行清醒抵抗的生产场所。我是在巴黎的理论界中长大的，当时关于女性的赋权论述层出不穷，其中大部分是由非女性思想家提出的，更不用说女性主义者了。值得重视的是，我的博士论文的主题是比较分析不同的女性理论，以及对“女性”概念的不同理解。这一概念来自开创后结构主义的思想家，尤其是德里达、德勒兹和伊利格瑞。

对我来说，女性主义是一种实践，也是一种创造性的动力，它的目的是主张性差异是一种积极的力量。支撑这一设想的新女性主义游牧主体是一个认识论和政治实体，它由男人和女人在面对阶级、种族、年龄、生活方式和性取向的多重差异时得到界定和肯定。因此，我认为今天的女性主义是这样一种活动，它的目标是将个人的、具身的、性别身份的问题与政治主体性相关的问题联系起来，将它们与知识和认识论上的合法性问题联系起来。具身唯物主义是我的政治本体论。这一计划的核心问题之一是，如何调和历史性、能动性与(无意识的)想要改变的愿望。最困难的任务是如何将想要改变的意志与对新事物的欲望结合起来，这就意味着要建构新的欲望主体。

这种困难在于内在的、心理的或无意识的结构是很难靠纯粹的意志(volition)来改变的。精神分析正在于要求承认和尊重改变和转型过程中的痛苦。深入的改变是痛苦的，因为它们是缓慢的。如果女性女性主义者想要提出有效的政治，她们需要注意有意的

(willful)政治选择和无意识的欲望之间的层次区别，并试图制定适合于每一种复杂性的策略。将意志(will)和欲望相混淆，或者将其中一方置于另一方之上，都同样是不恰当的举动：每个层次都必须在其复杂性中得到尊重，但必须在它们之间发展出过渡点和重叠点。一个人不能在自己的无意识中走捷径；那些试图欺骗自己的人是在玩火。批判性的游牧计划允许内部矛盾，并试图在无意识的欲望结构和有意识的政治选择之间进行协商。在这方面，游牧主体制定了一个多层次的复杂意识。

精神分析也教会我，主体是一堆破碎的部分，由对菲勒斯中心主义象征的依附或认同这样的象征性胶水凝聚在一起。一群乌合之众(A heap of rabble)，自诩为创造的中心；一团欲望着、颤抖着的“肉”，把自己投射到一个帝国意识的高度。我被这种暴力的姿态震惊到了，这一姿态将一个破碎的自我与统一、主宰、自我透明化(self-transparence)的操演幻觉(performative illusion)紧紧凝结起来。我对这种统一性幻觉那可怕的愚蠢和难以理解的力量感到震惊。也许我只是把自己视作是处于不同语言之间结构性位移(displaced)的人，并在后结构主义思想中(包括精神分析)找到了对这一状态充分的概念再现，其中我亲身体验到一种我自身的独特存在方式。

通晓多门语言的人以最大的临界距离(critical distance)来调查这种情况;一个在各种语言之间穿梭的人,既不在这里也不在那里,能够对稳定的身份和母语产生一些建设性的怀疑。在这方面,多语言者是批判性游牧意识主题的一个变种:处于语言之间构成了一个解构身份的有利位置。正如出生在越南、受过法国教育的加利福尼亚电影制片人和女性主义学者郑明河(Trinh T. Minh-ha)所表明的,如果多元文化主义仅仅被理解为文化之间的差异,那么它不会让我们走得太远。它应该被视为同一文化中的差异,即每一个自我。

然而,这并不是说,所有根据经验掌握多语言的人都自然而然地具有游牧意识。恰恰相反,对"母语"神圣性的强调,对文化起源地的一种怀念——往往是幻想的而不是现实的,在讲多种语言或生活在多元文化环境中的人身上,这种感觉往往更加强烈。是不是因为他们的母语,战争中一些妇女被系统性地强奸并被关押在集中营?因轮奸被迫成为母亲是讲"错误的"母语所要付出的代价吗?难道不是每一个对"正确"母语的诉求都是恐怖、法西斯主义和绝望的母体吗?是不是因为多语种者在不同的语言基础上温和地滥交，所以她早已放弃了任何语言或种族纯洁的概念？我最喜欢的人当中有一位是已故的扎拉娜·帕皮奇（Zarana Papic），她出生在塞尔维亚，在祖国解体之前、期间和之后的时间里都积极参与了南斯拉夫妇女运动，她是一个榜样。当她在边境被拦下时，有人问她是塞尔维亚人还是克罗地亚人，她立即回答说："先生，我是一名社会学家！"然而，在北约对塞尔维亚的袭击结束后不久，曾经光芒四射、才华横溢的扎拉娜就丧失了勇气，她没能坚持到那场特殊恐怖结束的时候。

没有母语，只有语言场所，人们从那里得到她的起点。多语言者没有国语，但有许多过渡（transit）和僭越（transgression）的线路；他身上的一些常见的习惯消失了，例如，能够回忆起他用什么语言唱童谣，用什么语言做梦、爱或幻想。在多语种者身上，那些在语言生产过程中联合起来的复杂肌肉和精神装置结合在一起，产生了奇怪的声音、语音连接（phonetic connections）、声乐组合（vocal combinations）和节奏衔接（rhythmic junctures）。一种多形态的变态伴随着多语种者的口音，它体现了在各种语言之间滑行的能力，在这里偷窃声音的痕迹，在那里偷窃双元音，在一个持续的、像孩子一样的游戏中，不停地变换。这种转变是无法翻译的，但也不是不能言说。给任何人最好的礼物，特别是给一个多语种者最好的礼物，就是一个新词，一个她还不知道的词。

游牧民知道，语言不仅仅是交流的工具，甚至不是交流的工具，而是一个象征性的交流场所，它把我们联系在一起，形成一个微妙含混却可以交流下去的中介化误解网络，我们称之为文明。自弗洛伊德和尼采以来，西方哲学已经论证了意义与意识并不一致，我们的大部分行为都有一个无意识的基础：我思故我在（cogito ergo sum）是西方人的执迷、堕落和愚蠢。在他们的家里没有主人：我欲望故我在（Desidero ergo sum）更准确地描述了创造意义的过程。

换言之，在力比多或情动的基础与可用来表达它们的符号形式之间存在着一种根本的不平衡。正如在巴黎墙上一幅涂鸦所说的那样“它来自我们知道和不知道的同一个地方”——在同一地点，你既能看到，又不能看到。所有的知识都是有位置的，也就是说，是局部的；我们都在努力寻找词语，即使我们说得很“流利”。

许多当代批判性思想家（Deleuze and Guattari 1972；Deleuze 1973；Irigaray 1974）把情动视作一种力，能够将我们从霸权主义的思维习惯中解放出来。

在这个计划中，情动代表着前意识和前话语的：欲望不仅是无意识的，而且在我们思维的核心中保持着非思维，因为它是维持思维活动本身的东西。我们的欲望是逃避我们的东西，在推动我们前进的过程中，作为我们是谁的唯一指标（indicator），留下了我们已经去过的地方的痕迹，也就是说，我们已经不再是什么了。身份是一个回溯性的概念。

多语言者作为一个在各种语言之间穿梭的游牧民，将情动层面（level）作为他的休憩地；他知道如何信任痕迹，并抵制固定在一个主权身份的观念。游牧者的身份是一张已经去过的地方的地图：总是可以在事后把它重构为旅程中的一系列步骤。但没有胜利的“我思故我在”来监督自我的“偶然性”（contingency）：游牧者代表着可移动的多元性；游牧者的身份是一份痕迹的清单（inventory）。如果我写一本自传，它将是一个集体的自画像，与路易莎·帕塞里尼（Luisa Passerini）的典型作品《一代人的自传》（1988）[①]类似。

理解多重身份的关键概念是欲望，也就是说，无意识的过程。精神分析作为一种欲望的哲学，也是一

① 路易莎·帕塞里尼，意大利文化历史学家，在学生时期就积极参与政治活动。《一代人的自传》记录了20世纪60年代政治运动中个人和社区经历的错综复杂的网络。——译者注

种文化权力的理论。主体的真相总是在自我和社会之间。事情的真相是，从你出生的那一刻起，你就已经失去了你的“原初”。由于语言是构成主体的媒介和场所，因此，它也是我们文化的累积符号资本。如果它在“我”出现之前就存在，并且在“我”消失之后仍将存在，那么，主体的构成问题就不是一个将给定的符码“内化”的问题，而是一个在不同层（layer）、沉积物（sediment）、话语领域（register of speech）和能述框架（framework of enunciation）之间进行谈判的过程。欲望是生产性的，因为它在流动，它一直在移动，但它的生产力也包含了权力关系、矛盾域（register）之间的迁移、重心的转移①。

多语言者也非常了解索绪尔明确教给我们的内容：语言符号之间的联系是任意的。语言的任意性，在几种语言中的体验，足以让人感到无奈或绝望。因此，多语言者成为后现代言说主体的原型：深受关于语言的意义的任意性这一令人抓狂和暴躁的观点的打击，但又抵制陷入犬儒主义的自由中。正如德国的澳大利亚女性主义者斯奈娅·古妞（Sneja Gunew）在

① 指将重心从思想的命定内容转向了指控他们所表达的内容的质量和强度。参见第九章。——译者注

她为来自非英语背景的澳大利亚移民作家的选集所做的介绍中所说的那样(Gunew 1982:1):“吊诡的是,是语言言说了我们,随便问个移民就知道了。”

作为一个多语言者,我的精神分析经验教会了我面对这种任意性的勇气,但仍不至于跳到相对主义的结论,即什么都可以。任意不等于荒唐,多义性不意味着无政府状态。在某些方面,我的多语言主义强迫我在某些方面需要一种伦理,这种伦理可以在语言和文化地点的多次转变中生存下来,并使我“忠于自己”,尽管我们讨论的自我只不过是一个复杂的碎片集合。我努力使自己认识到,符号的互换性不是中世纪的死亡之舞,而是一种精心安排的重复模式,来产生可持续的结构。我们必须尊重复杂性,而不是淹没在其中。因此,多语言者最终可以成为一个伦理的实体,面对复杂性,但又避免相对主义。1988 年我搬到荷兰,由于临时安置的永久化,以及建立在偶然性基础上的舒适,这种不断变化的图景成了一种生活方式。

多年来,我逐渐对单语种的人产生了强烈的幻想:那些在单语言符号系统里出生的人,他们的余生只使用一种语言。仔细想想,我并不认识很多这样的人,但我可以很容易地想象他们:母语给予了他们熟悉感，他们在熟悉感带来的幻觉里舒适地生活。在一种既嫉妒又不屑的情绪交织下，我想到了拉康对主体的看法，它证实了我在这个问题上的内心感受，对此我很感激。拉康的精神分析告诉我们，不存在所谓的母语，所有的语言都承载着父之名，并盖上其语体的印记。精神分析还告诉我们，随着语言的习得，稳定的原初意义已经不可挽回地丧失，任何语言都是如此。

稳固的基础（firm foundations）不仅不是有效的政治机构所需要的，而且往往也阻碍了游牧意识的旅程。只需考虑到这样一个事实：安定的（settled）、固定的（anchored）、定居的（sedentary）的人是最没有同情心的，最难以动容的，最自然而然地“非政治化”的。法国电影制片人阿涅斯・瓦尔达（Agnès Varda）在她在青少年离家出走的出色影片中，展示了扎根于此的人们的冷漠，“没有庇护所，没有法律”（Sans toît ni loi）。其中法国家庭被表现为不受欢迎的资产阶级堡垒，将无家可归的女孩关在外面。今天有多少无家可归的人曾亲身经历过这种如此扫兴的情况？更别提要感同身受地理解他们了。相比之下，游牧主体作为一个接力队：她连接、循环、持续前进；她不形成认同，而是不断地定期回来。游牧民是一个越界的身份，其过渡的性质正是她能够从根本上建立联系的原因。

游牧政治是一种联结、联盟和相互联系的基础。保加利亚裔侨居法国的理论家朱莉娅·克里斯蒂娃(Julia Kristeva)在《我们自己的陌生人》(*Étrangers à nous même*)中充分说明了这一点；她因此认为语言和翻译之间的状态是所有思考者面临的共同境遇。

大多数欧洲学者倾向于将美国人视为单语种者，但只要踏入任何一个美国大都市的空间，就会发现自己被压倒性的各种语言和种族身份包围。矛盾的是，一般美国人(如果我们将 WASPs[①] 除外)都是移民，在他们自己所适应的英语之外至少还说一门其他的语言。在我看来，在美国学术界的走廊和大厅里，单语主义似乎比在美国普通城市的任何一条人行道上更广泛地传播。因此，我的问题是，维护美国人民"单一语言"的整体形象，最符合谁的既得利益？

对统一性幻觉和形而上学存在的政治抵抗仍然是最重要的事情。在我们周围，在这个千禧年末的文化中，人们仍然如此强烈地信仰着神授的严肃性和母语的基本价值。在见证了所有古老问题的新欧洲里，在被压抑物报复式地返回浪潮里，在这个民族中心主

① WASPs 为盎格鲁-撒克逊族裔的白人新教徒(指社会上拥有强大权力和影响力的白人)。——译者注

义的森严堡垒里，母语的概念比以往任何时候都要强势。它再次加剧了民族主义、区域主义、地方主义的现象，它标志着我们历史的这一特殊时刻，重复了游牧主体所拒绝的一切。

在多重生成的门槛上写作

游牧多语言者的实践风格不是一种装饰，而是基于他对所使用的多种语言的不一致性、重复性和任意性的理解，把玩位置政治的一个实用工具。对多语言者来说，写作是一个消解固有身份虚幻稳定性的过程，戳破本体论安全的泡沫，这种安全感来自对一种语言场所的熟悉。多语言者揭露了这种虚假的安全感，并强调了将他与多位他者联系起来的关系纽带——他是克里斯塔·沃尔夫（Christa Wolf）笔下的卡珊德拉（Cassandra）："迄今为止，每件降临于我身之事物，均激起应答的和声（answering chord）。这就是环绕我并将我凝结起来的全部秘密：我身上有每一个人身上的事物，所以我完全不属于任何人，我甚至

理解他们对我的仇恨。”（Wolf 1984）[①]

以这种集体意识、非个人化的模式写作，就是要脱离文字的定居性，颠覆一般的理性意义，解构既定的意识形式。在这方面，作家可以是同一语言中的多语言者；你可以说英语，也可以写出许多不同的英语。弗吉尼亚·伍尔夫、格特鲁德·斯泰因，或者我最不喜欢的詹姆斯·乔伊斯等伟大的现代作家，除了发明一种新的英语方言之外，还做了什么？爱丽丝·沃克和托尼·莫里森除了重新设计英语这座城堡的边界，还在做什么？用自己的母语成为一个多语言者：这就是写作。现居巴黎的比利时女性主义理论家和作家弗朗索瓦丝·科林（Françoise Collin）[②]已经创造了

---

① 参见中译本《卡珊德拉》，包志星、孙坤荣译，上海译文出版社，2006 年，第 3 页。译文略有改动。卡珊德拉的身份为女祭司，这里的感受应带有巫术式的神秘感。——译者注

② 科林的祖国比利时有两大语言和行政区域，讲法语的瓦隆和讲荷兰语的弗拉芒。科林作为讲法语的布鲁塞尔知识分子，身处于丰富的多元文化环境中。布鲁塞尔也是与瓦隆和弗拉芒并列的大区。她在法语中实现游牧化强调法语的地区差异内部断裂，利用每个单词的语音和声学特质。作为欧洲人她只说一种语言，不过这只是因为她会说几种不同的法语，而且不断提高对法语的细微差别的敏感度。她的单语能力源于丰富，而非匮乏。她真正的家是法语，但她与法语的关系是开放的。她既不说巴黎方言也不用法国人表达自己崇高感的古典正式语言。她采用一种更谦逊的法语用法。法语是家，但家不是一个熟悉的地方，而是多重差异的所在地。（参见 Thinking with an Accent: Françoise Collin, *Les cahiers du Grif*, and French Feminism。）——译者注

“白人移民”(l’immigrée blanche)这一说法,来描述那些在最熟悉的语言里穿梭的人的情况:她自己也位于比利时和法国本土的法语之间。白人移民的陌异感(singularity),如非孤独感的话,是很强烈的。

沉迷虚空中的孤独感可能显得做作,甚至可能带有激进时髦的意味。然而,我坚持认为,这种游牧风格作为一种实用的关系模式,与反抗霸权形式的政治相对应。换句话说,我不相信你能把风格问题与政治选择分开。接受我们所面临的全球文化和跨国经济的矛盾,需要精心设计适合我们历史状况的风格和表达形式。游牧的、多语言的作家对主流传播方式持怀疑态度;在城市大门前等待入场的意义“交通堵塞”,造成了一种以常识为名的污染。舆论(public opinion)是游牧政治的关键因素,来抵制谬误(doxa)①的愚蠢。但这不能被误解为是对民主和协商程序的漠视。相反,一个根茎式的民主政治要求深入的协商和持续的对话交流。然而,这都是建立在对被接受的意见提出疑问的基础上,而不是对常识性观念的被动接

① 在柏拉图的对话录《高尔吉亚篇》中,柏拉图将诡辩家描述为语言大师,他们毫无羞耻地诱骗并利用大众的可塑性信念来为自己谋取利益。在这篇著作和其他著作中,柏拉图将“doxa”视为一种与理性无关的信仰,存在于灵魂的非理性的较低部分。——译者

受。民主是一种心智状态,它要求批判性的思考,对知识的好奇和对威权主义的不断批判——但也需要批判庸俗的简单化和危险的过度概括。“生成—民主”是游牧政治过程的一部分。

游牧写作渴望的反而是在嘈杂的官方声音之间的沉默地带,同绝对的无归属感、荒漠中的禁欲主义和局外性强烈连接起来。柯莱特在《流浪女伶》中一语道尽一切:“没有人在指望我,我处于一条既不通往荣耀,也不通往财富,也一定不通往爱的路上。”游牧主义:通过解构自我的多变化前进运动;自我的分子化。正如郑明河所说(1989:19):“写作是去生成。不是去成为一名作家(或诗人),而是去生成。不是在写作采用既定的基调或原则的时候,而是在它追踪自身的逃逸线的时候。”

写作不仅是一个不断翻译的过程,也是在不断适应不同的文化现实。妮可·沃德·乔夫(Nicole Ward Jouve)特别提出了这一点,她是法国出生的英国文学理论家,她在讨论自己的多元文化主义之前,也写了大量关于柯莱特的文章(Ward Jouve 1991)。这是一项艰巨的任务,相当于需要把握好你的方向,将你话语进行语境化,以流动的方式绘制地图。作为一种思维风格,游牧主义与其说是无家可归,不如说能够在任何地方重新创建自己的家。游牧民无论走到哪里都会带上她的重要归属，在任何地方重新创建一个家园基地。

游牧民和绘图员携手并进，因为他们都有着共同的情境需求，只不过游牧民知道如何阅读不可见的地图，或者是写在风中、沙石上、植物中的地图。环球旅行的作家布鲁斯·查特文(Bruce Chatwin)在《歌之版图》(1987)中，令人钦佩地说明了吉卜赛人、澳大利亚原住民和其他部落的游牧民身份在多大程度上是由记忆口头诗歌形成的，口头诗歌详细而精确地描述了游牧者在永无止境的旅行中需要穿越的地域。图腾地理学标记了这种身份。对于那些知道怎样解读沙漠的人来说，对于那些可以唱着歌一路穿过沙漠的人来说，沙漠则是一张巨大的符号地图。意大利作家伊塔洛·卡尔维诺在巴黎度过了大半生，在他的《看不见的城市》(1972)一书中，主人公马可·波罗表现了他记忆那些难以察觉到的地图的游牧技能。马可·波罗解读了他与忽必烈汗对弈的棋盘。从棋盘木头上的一个小划痕开始，他就能够重建棋盘的谱系，追溯它是由哪种树木制作的，它们的来源和结构，以及用来制作棋盘的工艺类型。这张地图是不可见的，或者说，只有那些接受过阅读不可见“墨水”训练的人才能够看到。

我认为我写的很多东西都是绘图学（cartographies）。也就是说，定位的地图：一种知识景观的园艺（gardening），为我划定一个视野、一个参照系，其中我能够找到方向、四处移动并搭建我自己的理论帐篷。因此，地图或者绘图学的形象在我的文本中如此频繁出现，并非偶然。空间指涉的频率体现了游牧状态与绘图需要的同时性；每个文本都像一个露营地：它追踪了我在不断变化的奇异风景中到过的地方。无家可归作为一种被迫选择的状态，也体现了对异质性情境形式的主动选择。我倾向于在我的写作风格中表现这种异质性。然后，每个文本似乎都通过一个缓慢的增殖过程从其他文本中生产出来，这有什么奇怪的吗？我的思维通过将微小的碎片或多彩的灵感瞬间逐渐添加进现成的画布中来成长。因为我的思维是一步步连续展开的，所以文本增殖的过程有时会超过我，以至于想法就像一些惊人的变形虫一样生长，这令我再惊喜和高兴不过了。

伊利格瑞，一位出生在比利时、住在法国的哲学家，作为位于同一语言环境内的移民，她在书中仔细记录了她写每一篇文章的地点和日期。我欣赏这种绘图的精确度，并把它视作一种情境伦理。如果我对本书收录的文章也这样做，我必须记下法国巴黎的勒马莱、芬兰中部的于韦斯屈莱、澳大利亚的墨尔本、意大利北部的维罗纳、荷兰中部的乌得勒支、伦敦中部的布鲁姆斯伯里等地方。这种写作模式也受到与其他跨国流动人群的交流和交易的影响，要不是有这些外国人，世界上许多大都市的知识分子的生活就会走到尽头：在巴黎的美国人、各个地方的荷兰人、意大利人、加拿大人、南非人和澳大利亚人；非洲裔美国人以及各种带有连字符变体（hyphenated variations）的美国人；犹太裔美国人和犹太裔巴黎人，后殖民时代的英国人，巴勒斯坦人和以色列人，以及各种多语言的亚洲人。

这些游牧的知识分子中最优秀的是女性主义者——她们构成了“跨大西洋”代表的核心，在巴黎组成了研究生学习小组，后来成了亲密的同事和机构盟友（见第二章）。令我十分触动的是，有许多来自不同文化背景，且积极参与女性主义运动的女性。在我的生活经验里，女性主义社会运动在多变的局势和变化的语境当中提供了稳定性。有时我认为这种激进知识分子的流动是一个时代的标志，然而这种流动在过去十年已经减少。例如，英裔加拿大人南希·休斯顿（Nancy Huston）已经幸福地安居在法语环境中，成为一个多产的散文家和小说家,法国—阿尔及利亚小说家莱拉·塞巴(Leila Sebbar)温柔地写下了 20 世纪 70 年代他们与巴黎的大多数知识分子同事和朋友形成的多元文化组合。在整个 20 世纪 90 年代,随着全球化的到来,知识工作者、作家和学生的流动性加强了。这也陷入了地缘政治的矛盾变迁,尤其是在欧洲重新统一后,陷入了更多越来越暴力的歧视形式。特别是在"9·11"事件中双子塔遭受袭击后,旅行的学生和访问学者的处境变得很危险。在之后的反恐战争中,乔治·布什总统将学术界视为"反恐战争中的薄弱环节"。在社会空间军事化的氛围中,更严格的签证选择和边境管制措施,明显减少了所有人的流动性,尤其是具有批判性思维的人。

这里收录的文章在实际出版的地址上也经历了几次迁移:它们大多数都在少数族裔和妇女研究期刊或以"女性主义特刊"闻名的特殊空间以及具有政治意识的学术期刊上看到了希望的曙光。所有这些作品全都是在我当时碰巧居住的地方以外的国家发表的。我有时认为,甚至连我在女性主义批判理论领域内选择的位置,也反映了我对游牧主义的渴望,也就是说,放下对建制话语的全部依赖,去抵抗主流话语:也许所有的游牧民都有少数派的使命?多年以来变得更清楚的事情是，如果没有这种地理上的流离，我根本就无法写作，我所写的也不会是旅行文学。不过我确实对伴随旅行的交通地点有特殊的感情：车站、机场休息室、有轨电车、穿梭巴士和登机处。在居间地带（In-between zones）里所有的联系都被中止，时间被拉伸为一种连续的当下。这里是无归属的绿洲，超然的空间，无（女）人的陆地。

也许这就是为什么我意识到这些开放的、公共的过渡空间是创造当代艺术的特权场所。1990 年在纽约新当代艺术博物馆（New Museum of Contemporary Art）举办的十年展上，艺术家玛莎·罗斯勒（Martha Rosler）展示了一件名为《在公共场所》（*In the Place of the Public*，1983 年至今）的装置作品，其中包括有过渡、通行场所的大型照片，特别是机场休息室和行李传送带，并附有受马克思主义哲学家亨利·列斐伏尔启发的大量评论。就罗斯勒来看，公共空间是标记过渡仪式（rites of passage）的地点，受制于文化上的特殊要求，如对时间表、生产节奏、准许方向、装载和卸载、通行区和交易空间的不同规定。空间是一个被市场经济逻辑规定的抽象概念，因此它“渗透了社会关系”。罗斯勒艺术的优点在于捕捉到了这些通行区的两个方面：它们的工具价值以及它们特有的吸引人的匿名性。机场休息室是一个人们可以通行而“无需登记”的地方，因此，它们是当代社会的一个缩影，它可能是非常“后工业的”，但是，尽管如此，它还是体现了一个更赤裸裸的，也就是说，比以往更残酷的资本主义的侵略形式。

在公共空间通行区域内的装置也是其他重要的当代女性艺术家作品的核心。例如，芭芭拉·克鲁格(Barbara Kruger)的大型广告牌策略性地立在了西方都市中心的大十字路口上。她们以激动人心的力量宣称“我们不需要另一个英雄”和“监视是他们的瞎忙活”(Kruger 1983，1984，1990)。在城市空间经历了后工业化衰落的这些日子里，像克鲁格这样的艺术家设法让艺术作品回归它的纪念价值(这曾经是艺术品的特权)以及它的政治承诺本质。克鲁格具有冲击力的信息也因其强烈的女性主义风格、幽默感和极致美感而令人焕发活力。

同样，珍妮·霍尔泽(Jenny Holzer)的电子面板闪烁在我们城市充斥着广告的天际线上，传达了非常政治化且意识觉醒的信息：“金钱造就品位”，“财富引发犯罪”，“酷刑是野蛮的”，等等。霍尔泽利用了机场空间，尤其是行李传送带的信息面板，来传达她那惊人的信息，如“缺乏魅力很有可能致命”，以及充满讽刺的“如果你讨厌穷人,你应接受什么国家呢”?

罗斯勒、克鲁格和霍尔泽的作品是20世纪80年代和90年代作品中的完美典型,出于创造和政治的目的,他们对公共空间进行了充满深刻洞察的、非怀旧式的挪用。在他们手中,通行区成为当代沙漠的对等物,不仅是因为通行区具有庞大、疏离和孤独的特征,而且也因为它们被大量的标识和面板标记,标明了多种可以通行的方向,艺术家则在其中加上自己意外的、破坏性的意图。因此,公共空间作为一个创造性场所,凸显了一个悖论:它们既承载着意义,又是匿名的。它们既是超然的过渡空间,也是灵感、洞察力和创造性的场所。布莱恩·伊诺(Brian Eno)“机场音乐”的音乐实验强烈表达了同样的观点:它是对在公共场所这个略带幻觉的区域里的死角进行的创造性挪用。然而,艺术家并不是唯一关注通行区的人。

因此,城市空间是一幅巨大的地图、一种开放的重写本(palimpsest)[①],需要特殊的解码和阐释技巧;在艺术家手中,城市也变成了文本、一件有意义的艺

① 重写本(palimpsest)实际上是指古代在已有文字上的纸或羊皮纸上擦去原有的文字,重新书写新内容的一种做法。在此比喻城市空间具有多重历史、记忆和文化层次的特点,就像古代的纸面上被重复书写、擦除,留下多重痕迹。——译者注

术品。20世纪80年代，巴黎周围的特定地方第一次出现了一位伟大的壁画艺术家的标签和模板（stencil）：提克小姐（Miss. Tic）在世纪之交成了艺术界的重要人物。她的早期作品将巴黎的城市墙壁变成了自我忏悔的私人篇章，倾诉着欲望与缺失："我梦见没有记忆的躯体"，"驱散你留给我的空虚"和"这就是生活，它会过去的"。然而，由于哲学本质上是一种漫游实践，她也捕捉到了开放评论前沿理论和日常生活政治的一些乐趣。例如"俄狄浦斯，滚回你的地方去！"和绝妙的"就让拉康享受他自己的缺失吧。"像提克小姐这样的当代艺术家利用城市墙壁的表面，将城市墙壁当作羊皮纸或古老的卷轴，模糊了公共和私人之间的界限，"你写在墙上的东西，墙会写回到你身上"。由于意识到这种活动的过渡性本质，壁画家们玩耍空间和时间："无-地方/现在-这里"（No-where/Now-here），他们深知"时间是完美的犯罪"。

在铁幕的另一边，在南斯拉夫，萨尼亚·伊维克维奇（Sanja Ivekovic）也在质疑公共/私人之间的区分和公共空间里政治性的过度编码。她是1968年南斯拉夫身体艺术运动"新艺术实践"的创始人之一，她批评了作为官方艺术风格的现代主义传统。早在1979年，伊维克维奇的经典表演作品《三角》，揭示了公共和私人边界之间的可渗透性以及它由此带来的危险和利益。《三角》是一个18分钟的表演作品，被总结为四张大照片。行动发生在铁托访问首都的那一天，艺术家本人在她的阳台上；一名安保人员在她公寓对面的楼顶上，她家前面的街道上有个警察。艺术家这样描绘她的作品（Pejic 2001：96）："因为阳台是水泥建成的，只有楼顶上的人可以真正看到我并跟随行动。我猜测那人有双筒望远镜和手提无线电话机设备。我看到街上的警察也有手提无线电话机。当我走进阳台在椅子上坐好时，我开始行事了。我抿着威士忌，读着书，撩起裙子，摆出自慰的姿势。一段时间后，一个警察按了我的门铃，命令我收拾东西离开阳台。"

在她精彩的解说中，博亚纳·佩伊奇（Bojana Pejic）强调了伊维克维奇20世纪70年代行动的理论策略以及女性主义特征，认为《三角》以换喻的手段揭示了南斯拉夫妇女特殊的社会位置。例如，南斯拉夫的国旗在视觉上是突出的，是在空间和时间上进行意识形态定位的鲜明标志。南斯拉夫是东欧的一个国家，结合了"消费主义和共产主义、合法堕胎和一党制、李维斯牛仔裤和统制经济"。但是"同性恋们"享有的仅仅是一种形式上的平等主义，并没有挑战或者改变父权制文化等级。就像许多 1968 年后的艺术家，伊维克维奇强调了官方意识形态在涉及女性和性（sexuality）的问题、同性恋权利和生活方式等问题时的虚伪性。在这个问题上，男性目光的无处不在的权力组织了社会空间和具身主体栖居其中的生活方式，资本主义是与之完全合谋的。

伊维克维奇的公共艺术生涯将继续探索这些紧张的矛盾，最后于 2001 年在卢森堡州首府的战争纪念馆中安装了一个代表战争受害者的孕妇形象"卢森堡的罗莎女士"——显然是指伟大的马克思主义行动家——站在一个 100 米高的柱子上，柱子的底座上用法语、德语和英语铭刻了关键的思想。这些思想分别是：用法语写的"反抗、公正、自由和独立"（la résistance，la justice，la liberté，l'indépendence）；德语的"媚俗、文化、资本、艺术"（Kitsch，Kultur，Kapital，Kunst），英语的"妓女、婊子、圣母和处女"（whore，bitch，Madonna，virgin）。

自 1989 年以来，随着冷战正式结束，以跨国为结构的全球化的世界秩序到来，公共空间的定义已经发生变化。伟大的壁画家班克西（Banksy）比大多数人走得更远，他既强调日常生活的政治变革的本质，又赞美它的抵抗和快乐的潜力，从"一堵墙总是发表作品的最佳场所"(Banksy 2006:8)这一基本前提开始，他在全球城市的结构的缝隙(interstice)中出击，强调基于金钱、警方监视、种族和性别边缘化的权力关系的顽固存在(见《快乐警察》系列)。城市衰落也是一个持续的主题:"城市的存在没有得到允许。它们被厌恶、追捕和迫害。它们在污秽中悄无声息地绝望生存着。然而，它们能够使整个文明屈从于它们。如果你是肮脏的、无足轻重的、不受欢迎的，那么老鼠会是最终的榜样。"(95)环境危机和世界和平是两个常年被关注的议题:"我们不再需要任何英雄，我们只需要有人把可回收物拿出来"(202)。

"品牌主义"(Brandalism)也是班克西进行文化干预的特殊方式。他鄙视艺术界的商业化。因此，他重新设计了华特·迪士尼的人物形象，做出更强烈的政治表达:"记住，反贫困的犯罪不是真正的犯罪。人们看一幅油画，欣赏的是用笔触来传达意义，人们看涂鸦画，欣赏的是用排水管来通行。"[①]壁画艺术是优秀的游牧艺术，它的空间既不是公共的也不是私人的，既不是娱乐的也不是信息的——它访问的地方在两者之间，在空间和时间中不断地移动。

① 班克西在《卫报》上的文章，2009年6月14日，第33版。

班克西在评价用巴勒斯坦隔离墙制成的优秀艺术作品(2005)中指出,流动性的本质是你遇到的障碍和阻挡你的物或边界。这些作品设置在违法的墙上,是以色列政府在被占领区上建造的,被一系列的检查站和观察塔控制。班克西在视觉上“打开”了这个被隔离的空间,画面上有玩耍的儿童,有蓝天和开阔的假日场地,与周围环境的暗淡形成对比。在这一过程中,这堵墙的密度和耻辱感得到了强化。

正如巴里巴尔(Balibar)所指出的,欧盟就是要扩大边界和加强边界控制。今天,在任何一个国际机场上,都会看到来自世界各地的移民所占据的边境地区和移民管控办公室。他们已经抵达,但不被允许入境,所以他们在这些豪华的入境区扎营和等待。新欧盟死气沉沉的全景中心会仔细检查他们:边缘地区很拥挤,无归属的地方可能是地狱(Aronson and Swanson 1991:165)。正如保罗·吉尔罗伊(Paul Gilroy)在他对作为常年控制制度的“安全体制”(securocracy)的拓展分析中所指出的,今天大多数机场都是不受欢迎的移民或寻求庇护者的大规模拘留中心。

荷兰艺术家艾尔诺·米克(Aernout Mik)在2007年代表荷兰参加威尼斯双年展时,我有幸与他合作,他把边境管制和新欧洲的反移民政策作为他艺术行动的起点，该行动令人印象深刻。[①]在“公民和主体”（Braidotti, Esche, and Hlavajova 2006）的总标题下，米克制作了一些视频装置，对当代种族主义扩散的社会关系进行评论。《训练场》通过几十个即兴演员的模拟角色扮演重新建立了监禁中心的条件，这些演员重现了选择、排除和抵抗的模式。这种创造性模仿或策略性重复旨在表明这种政治游戏的非理性、任意性，以及由此产生的暴力和无情的因素。艾尔诺·米克在视频影像中穿插了真实的镜头——主要是来自废弃的电视新闻短片，在现实世界和艺术再现之间创造了一个连续，这履行了他的道德承诺。我们如今生活在充满焦虑、缺乏信任和恐惧的世界中，这个世界是一种自我复制的社会病毒，没有任何人和物不受其影响：它是有形的，即使它声称是抽象的规则或法律，然而它不可避免地导致对他人的非人化。

许多当代的艺术实践和文化活动都属于空间和游牧的类型。例如，名为“跨欧洲性”（Trans-Européennes）的计划说明了原南斯拉夫妇女的新后民族主义政治和跨国行动主义。该计划在 2002 年召

---

① 感谢 2007 年威尼斯双年展荷兰馆策展人玛利亚·赫拉瓦耶娃（Maria Hlavajova）。

集了一队游行的激进女性主义者,以一种朝圣的方式穿过南斯拉夫战争的发生地和领土。之后的书面和视觉记录都很有说服力(Deschaumes, Glasson, and Slapsak 2002),因为它们记录了国内流离失所者(internally displaced people)在南斯拉夫这个古老的多文化和宗教内文化的领土上的持续存在。这个曾经统一的国家不同部分之间剧烈增加的内部边界,使极端民族主义的疯狂以及它所带来的暴行暴露无遗。

正如旅行队的女发言人在穿越马其顿和科索沃之间的边界时写道:“我们并不知道我们刚刚经过了什么,就离开了:一个战争国家的检查站?一个和平国家的边界?两个非国家之间的非边界?两个新国家之间的新边界?……我们只是路过……我们不知道是什么。”(Deschaumes, Glasson, and Slapsak 2002:236)这种当代的游牧行动主义是一种生产性和具身性的政治实践。只是在那里,见证、接受和容纳他人的痛苦——这些都是生命的基本姿态,无论多么伤痛和痛苦,都要越过伤痛,肯定联结。

游牧艺术与具体领土或地缘政治坐标相联系,但它也指出了一个人的谱系感或历史记忆。因此,厄休拉·比耶曼(Ursula Biemann)调查了“在一个变化的世界秩序中特定人类经济链条的逻辑:印度的女性电信服务行业、进入地中海的非法难民船、欧洲工业监狱综合体(complex)、跨越西班牙—摩洛哥边境的走私路径。这些地点和非地点重新说明了社会和领土情况之间的关系”。这导致了对历史的空间化解读,在全球流动的政治中追踪了新流动形式的主体性路线。它产生了一种另类的关系地理学,将一个多地点主体的散居身份作为起点并尝试在构成它的许多变量中解释它。卫星监控(Parks 2003)、巡逻队、边境巡逻视频和电子设备等技术在比耶曼的具身和嵌入的权力关系的新地理学中发挥了核心的作用。

有两个具体计划说明了这种跨越多重边界的策略:一个是名为“欧洲南部边界的真实远程和虚拟时间”(Frontera Sur RRUT)的艺术计划。它涉及欧盟在西班牙—摩洛哥的飞地,即休达[1]和梅利利亚[2]的规模扩大所产生的影响。而这两块飞地恰好位于非洲大陆。该计划既探讨了欧洲占领北非的殖民遗产的延续,也探讨了为维护新的欧洲身份对南部边界的改造。

厄休拉·比耶曼吸引我们关注的第二个重要艺

① 摩洛哥北部港市。——译者注

② 摩洛哥东北部港市,1497 年起被西班牙侵占。——译者注

术计划是艺术团体 Multiplicity 的“固体海计划”(solid sea project)，关于地中海作为一个不可通行的新殖民主义经济关系的集团，一个由游客、移民、难民、军人居住的不透明表面(nontransparent surface)。这是一片难以逾越的水域，被先进技术和欧盟成员国的海军高度控制。石油钻井平台技术人员、游轮游客、水手、宗族移民、渔民、走私者、军人：他们都在这个坚实表面上确定自己的路径。这个艺术计划通过描述港口、军事巡逻路线、烟草和其他走私者路线，以及使这个系统得以运作的复杂的电缆和远程通信网络系统，来追踪这个坚实空间(solid space)的各种穿越方式的不同路线。

游牧行动主义和艺术证明，边界的真正功能是确保对人口和货物流动性的控制并因此被穿越。这个艺术计划提供了一个非常详细的日志，记录了跨越边界的各种类型，它发生在这样一个阈限的而非中心的空间。这反过来又设计了一个具身性越界的地理学，包括有集装箱船的路线、怀揣梦想的移民乘坐的夜船路线、为欧盟市场采摘蔬菜的工人的流动路径，不能忘记的还有家庭佣工、走私者、性工作者，以及“在丹吉尔(摩洛哥北部港市)为荷兰公司剥基围虾的摩洛哥人”(Biemann 2003：90)。这个地图绘制了一个同时具有地方性和全球性的权力关系的微观地理学。他们的跨国能力依赖于控制人类流动性的先进技术，其中包括雷达和卫星技术、录像机和红外摄像机，以确保人口的安全流动。这种世界观的本质是世界经济秩序的合法与非法方面：当地居民、游客、军事人员、商人和其他人的过境、入境和走私是并存的。匆忙地把其中一些归结为"非法经济"，这就没有看到其中许多利益活动的深度共谋和相互牵连。他们都实施了一种斗争的绘图学，但手段不同。

既不是移民也不是流民：作为游牧民的女性主义者

当今欧洲的多语言游牧知识分子必须为排他性的、民族主义的传统提供思想资源，这一传统正形成欧盟这一概念和所谓的欧洲民族身份的形象。在当今流行的跨文化他者性（otherness）和流动身份的形象里，在谈到游牧民之前，我先讨论流民和移民。

早在1938年，弗吉尼亚·伍尔夫就提出了这个问题："作为一个女人，我没有国家；作为一个女人，我不想有国家；作为一个女人，我的国家就是整个世界。”（Virginia Woolf 1978）对女性身份的认同与一种星球化的流放（planetary exile）已经成为女性主义研究的传统主题，像阿尔及利亚出生的巴黎犹太人埃莱娜·西苏（Hélène Cixous 1975）和比利时裔法国人露西·伊利格瑞（Luce Irigaray 1977）等作家都强调了这一点。犹太裔土耳其哲学家塞拉·本哈比（Seyla Benhabib）为流放（exile）这一概念进行强有力的辩护，反对她所视为的后现代主义者退出政治领域，因此她澄清了若干要点（Seyla Benhabib 1992）。她强调了知识分子的形象在历史上的持久性，他们占据着城墙外的空间，生活在一种社会流放中，因为他们拒绝社会固有的价值观。本哈比用乌托邦的概念定义了这一空间，乌托邦的字面意思是“没有地方”（nowhere）或“没有地点”（no-place）。根据本哈比的说法，如果在一个批判性的“无-地方性”（no-whereness）空间没有一些乌托邦的信念，任何政治或社会批评都无法成立。她坚决反对后现代主义对失去边界和加强领土不安全的歌颂，她认为这在政治上是无能为力的，她认为在这个时候，我们能选择的最好方式是一种情境化的批评，也就是说，一种临时的流放。当提及主体性时，我们最好去提供一种自治自我的观点，它天生具有流动的自我边界，具有能动性并承担责任。

虽然我赞同本哈比的伦理冲动，即在不落入本质主义者的主体观的情况下赋予女性政治能动性，但我不认可流放。根据我前面所做的区分，后现代主体性的核心造型不是一个脱嵌的边缘流民，而是一个积极的游牧民。在城门口扎营的批判性知识分子并不是谋求阅读的任务，而是要在穿过下一片沙漠之前稍作休息。

批判性思维不是少数人的离散（diaspora），而是有思想的存在者对逻各斯中心主义城邦（polis）的一种大规模的放弃。对本哈比来说，菲勒斯中心主义政体的规范性是可以协商和修补的，但对我来说，它是无法修复的。因此，游牧主义也是一种质疑的姿态，它不相信城邦能拆解它所依赖的权力基础。

因此，后结构主义者所追求的乌托邦，或者说非地点，是一条根据不同的规则和设计发挥功能的游牧道路。我将这种后人类的乌托邦定义为一种政治上的希望，即迈出菲勒斯中心主义的一个出口：它是游牧意识的基础。游牧思维是这样一个表达和命名这种去中心化主体性不同造型的计划。然而，我对这种流放的隐喻并不完全满意：成为“世界公民”起初可能很有吸引力，但它也可能是一种逃避的策略。仿佛所有女性的共同点是她们的无家可归,没有国家,没有一个共同的锚点的感觉。不管是历史真相——还是女性甚至女性民族主义的痛苦案例,或者对 2010 年女性地位的调查分析和对女性角色可能性的展望,这些方面都难以让我感到满意。根据艾德丽安·里奇的“位置政治”(the politics of location)(Adrienne Rich 1984)的概念,我认为关于女性的普遍性应该替换为绘图的精确性,它关注不同女性之间的差异并为此负责。正如爱丽丝·沃克在对弗吉尼亚·伍尔夫的回应中指出的:这种不冷不热的疏离难道不是高种姓和白种人的特权?这对那些从来没有家或记忆中没有家国的人来说意味着什么?就像美国的菲利斯·惠特利(Phillis Wheatley)星球(planetary)流放的高贵隐喻是不是非常民族中心主义?在 20 世纪末,当欧洲和世界其他地区面临来自东方和南方的难民问题,以及逃离贫困和战乱的故乡的人口迁徙时,流放和归属权、准入权、庇护权等议题过于严峻,不能仅仅被隐喻为一种新的理想。

在这方面,重要的是恢复位置政治这一概念的激进政治的功能。它指的是许多不同女性的具身谱系之间的对话实践。在里奇的意义上,位置既是一个地缘政治的概念,也是一个只能以语言为媒介的概念,因而成为想象关系的对象。因此，虽然我赞同卡伦·卡普兰对这个概念的跨国分析中所表达的关切，也赞同她用位置政治批判霸权的主导模式的冲动，但我想要说明，没有一种社会关系是不以语言为中介的，因而也没有一种社会关系能摆脱想象的建构。在这方面，一个激进的女性后现代主义实践要求关注作为一系列认同的身份，以及寻找抵抗场所的政治主体性。

除了流民之外，我想激发的另一个造型是移民。移民不是流民：她有一个明确的目的地和固定的路径；她为了一个非常明确的目的从空间的一个点到另一个点。今天的欧洲和世界是一个多文化的实体。经济移民现象在欧洲的每个城市都创造了一套外来的“亚文化”，在这些亚文化中，女性通常扮演着原来家乡文化的忠诚守卫者的角色。这些古老或传统文化的小块区域出现在超现代(hypermodern)城市的中心地带，这一共存现象是发达全球资本主义的一个显著特征。这就像多个时区汇聚在同一空间共存。我认为在“白人”知识分子和今天居住在欧洲的许多“外国人”之间并不存在充分的联系。在种族主义和仇外心理日益严重，民族主义意识形态复苏的时候，这一问题就更加紧迫了。移民与阶级结构和阶级分化有着密切的联系：在大多数国家，移民是经济上最弱势的群体。经济移民是当今欧共体新阶级分层的重心。相比之下，流民往往是出于政治原因而流放，尽管她最终处于社会底层，但是她并不经常与劳工阶级重合；至于游牧民，他通常是无法分类的，是一种无阶级的单位。

相比于移民和流民的形象，我想强调的是游牧民的形象。游牧民并不代表无家可归或被迫性的流离失所：而是一种主体的造型，他们放弃了所有对固定性的观念、欲望或怀念。它表达了对一种由过渡、连续转移和共同变化组成的对身份的渴望，而没有一个本质的统一性。然而，游牧主体并非完全没有统一性：他的模式是通过相当固定的路线进行明确的、季节性的运动。这是一种由重复性的、周期性的移动、有节奏的位移形塑的凝聚力。在这方面，我将把游牧民视为“思想的男人或女人”(Spender 1982)的原型；正如德勒兹所说，作为一个知识分子的游牧民的意义在于跨越边界，在于前行的行为，而不顾及终点。“游牧民的生活是一首间奏曲，他是一个解域化的向量。”

游牧民在没有目的论[1]目标的情况下进行过渡；德勒兹也给出了这种游牧模式的例子，即根茎的形象。根茎是一个在地下横向生长的根。德勒兹将其与树木的线性根系相对比。进而，根茎模式"似乎"表达了一种非菲勒斯中心主义的思维方式：秘密的、横向的撒播，与西方知识之树可见、垂直的树形相对立。再则，根茎代表了一种游牧的政治本体论，与唐娜·哈拉维的"赛博格"一样，为后人类主义的主体性观点提供了关系基础。游牧意识是对霸权主义的、固定的、单一的和排斥性的主体性观点的一种政治抵抗形式。

游牧意识也标志着一种认识论的立场。在当代科学的工作中，伊莎贝尔·斯唐热（Isabelle Stengers）谈到了"游牧概念"在后现代认识论中起到的作用（Isabelle Stengers，1987）。斯唐热认为，概念之所以是游牧的，是因为它们已经具备了从一个科学话语向另一个科学话语转化的能力，而这种跨越学科边界的能力是当代科学独特的历史特权。概念的这

① 目的论（Teleology）是对自然的哲学研究，试图根据事物的明显目的、指导原则或目标来描述事物。基于目的论的"宏大叙事"被后现代传统所抛弃，在后现代传统中，目的论可能被视为还原性的、排他性的，并且对那些故事被削弱或忽视的人有害。——译者注

种跨学科传播具有积极的效果，因为它允许概念的多种相互联系和转换，主要是从“硬”科学到“软”科学。只要想想如“复杂性”这种概念的命运，我们就能体会到一些科学概念在当代文化中获得的隐喻性共鸣。在消极方面，斯唐热认为，这种形式的概念游牧主义会导致隐喻过度，从而造成混乱，对此她持坚决的反对态度。游牧思想在后结构主义法国思想中十分典型，而斯唐热在一种最不游牧的行为中，最终严厉批评了曾一直支持她思考的概念。游牧主义从而被淘汰，一种新的“规范认识论”(normative epistemology)则得到了呼吁，它将避免混乱，并提供更清晰更可靠的跨学科交叉点。这种对新的认识论签证系统(epistemological visa system)的呼吁，将游牧主义置于不恰当的概念地位上，它似乎只是为了去合法化才被提出。然而，这种否定有一个好处，那就是将游牧的概念置于当代科学辩论的中心，无论它有多简短。

在更普遍的层面上，思想的历史总是一个游牧的故事：思想和人类一样是会死亡的，和我们一样受制于历史疯狂的迂回曲折。与流民不同，游牧民的形象让我们思考跨国离散(dispersion)和思想的撒播(dissemination)，不仅是在旅客或游客的平庸的霸权模式上思考，而且它也可以作为抵抗的形式，作为保存思想的方式来思考。否则，这些思想可能会被刻意抹除或被集体性地遗忘。

我所捍卫的移民、流民和游牧民之间的区别也对应于不同的风格、体裁和与时间的不同关系。流民风格的模式和时态是基于一种尖锐的外来感，加上对东道国的敌对感。例如，流亡文学的特点是与母国的失落感或分离感，而母国往往由于政治原因，是一条消失的地平线：它有散居的一面。记忆、回忆和对母语声音痕迹的反刍（rumination）是这种文类的核心，如娜塔莉·萨洛特（Nathalie Sarraute）的《童年》（*Enfance*，1983）。从时间的角度来看，这种体裁偏爱一种回忆之流，我会把它翻译成一种将来完成时："它将会是这样的……"

另一方面，移民陷入了一种居间状态，在这种状态下，对原初的叙述具有颠覆当下的效果。这种移民文学是关于一个悬浮的、往往是不可能的当下；它讲述的是关于迷失、怀旧和封闭的主题。在移民文学中过去是一个负担：它忍受着语言僵死的定义，标志着过去在现在中的阴魂不散。移民们最喜欢的时态是现在完成时。意大利裔澳大利亚作家罗莎·卡皮尔洛（Rosa Capiello）对澳大利亚空前的经典作品《哦，幸运的国家！》（*Oh, Lucky Country!*）做出了破坏性的回应,这提供了一个很好的例子。在这本书中,所有的行动都发生在澳大利亚的白人区,但都是在多元文化社区里发生的,多元文化社区构成了多元化的城市景观。构成这幅人类图景的各种连字符主体(hyphenated subjects)都是纯粹的移民,他们维持着自己固定的文化身份,行为举止仿佛仍然还在原籍祖国一样,他们讲的语言既不是母语,也不是标准英语,而是他们自己创造的混合语言。随着情节展开,澳大利亚人几乎很少被描述出来,甚至从未接触过:他们是一种遥不可及的存在,从而变成一种永久渴望和恐惧的对象。至于澳大利亚本土原住民,他们只是被限制在不可见的状态中,就陷入了无法救赎的他者性里。整体上是一种绝对的隔绝和混杂,没有快活的解脱。

与移民体裁相比,"后殖民"文学有不同的处理方式,因为他们通过抵抗异乡环境的政治形式或其他形式,唤起了对母国或原文化的感觉。因此,对后殖民主义主体来说,时间没有被冻结,对过去的回忆也不会成为阻碍变化的现在的绊脚石。恰恰相反,维系后殖民模式的伦理冲动使原生文化成为一种活生生的经验,它作为文化的自我风格化的动力,正如安德烈·李维(Andrea Levy)的代表作《小岛》所表现的那样,东道国文化绝不是遥不可及的,而是可以很直接地去面对，有时几乎是身体上的面对面。在对萨尔曼·鲁西迪的《撒旦诗篇》的分析中(Spivak 1990:41—60)，印度裔美国后殖民主义理论家佳亚特里·斯皮瓦克从政治和认识论上区分了大都市的迁移和后殖民主义状况。后者产生了世界上最好的文学作品。

另一方面，游牧意识类似于福柯所说的反记忆，它抵制同化或同质化(assimilation or homologation)到代表自我的主流方式。女性主义者，或其他作为游牧主体的批判性知识分子，是那些具有边缘意识、克服了对不公正和象征性贫困的遗忘的人：他们激活了他们的记忆，反对主流；他们背叛了那些被收编的知识。游牧的时态是未完成时：它是积极的、连续的；游牧民的轨迹是可控的速度。游牧风格关于过渡和通道，没有预先确定的目的地或失去的家园。游牧民与大地的关系是一种临时的依附和周期性的常驻：作为农民的对立面，游牧民采集、收获和交换，但不剥削。

因此，在游牧民和暴力之间存在着一种特殊的联系：无根者的无情令人震惊：从古至今，游牧部落一直是德勒兹所说的“战争机器”，也就是说，训练有素的武装帮派反抗军队在国家结构中的合法暴力，突袭、洗劫城市、抢劫、杀害平民是游牧民与民族国家的定居公民所共有的破坏能力。事实上，在欧洲、亚洲或非洲文化中,一些历史上最伟大的战士,都是游牧民的军阀。我认为值得强调这一点,以便看到游牧民形象的政治密度:因此,人们还必须面对政治暴力、武装叛乱、恐怖主义破坏以及世界上自相残杀的复杂政治等棘手问题。在对欧洲艺术先锋派政治的探索性研究中,从 20 世纪初的达达主义运动到 70 年代中期的意大利大城市的印第安人,萨迪·普兰特(Sadie Plant)重点强调了这一点:“正是在这里,在几代革命者、破坏者、艺术家和诗人的冒险和失败中,已经上演了无数次逃避和颠覆德勒兹和加塔利所理论化的代码的斗争。”萨迪·普兰特的分析强调了游牧性在当代政治运动中的持续存在,从“嬉皮士”到“新时代的吉卜赛人”、和平营、音乐节、女性主义活动,一直到意大利红色旅(Red Brigades)这样的恐怖主义组织正在升级的暴力,它们是反对国家的全面战争机器。

皮埃尔·保罗·帕索里尼在我的家乡南部 40 公里处出生,在博洛尼亚长大,在罗马被暗杀身亡,在他描述恐怖主义年代的意大利阴暗政治时,对国家暴力做出了最令人难以置信的分析(Pier Paolo Pasolini 1975)。帕索里尼指出,在意大利的背景下,国家暴力和恐怖主义暴力之间几乎有着不可思议的相似性,但他又对两者进行了区分,以捍卫激进的非暴力政治的可能性。当代的一些批评家也评论了城中村(inner-city)的反文化所具有的部落特征,包括暴乱和抢劫等现象。根据对后现代困境的分析,即民族国家的衰落(Lyotard,1977;Jameson,1992),人们对国家机构的瘫痪和城市骚乱的新游牧主义(尤其是城中村里的青年文化)之间的相互关系感到震惊。

城市或城市化地区与沙漠空间的对立,的确是理解游牧暴力的一个实用的造型。布鲁斯·查特文将城市描述为一个叠加在羊圈上的花园:一个种植和养羊畜牧的空间,也就是说,一个定居储存和积累财富的空间。因此,它与开放的空间(即 noumos,或土地)截然相反。noumos 是 nomad 的词源,意思是监督部落牧场分配的首领或氏族长老。扩展而言,nomos 是指法律;因此我们有了 nemesis 这样的术语来指正当或神圣的正义。几乎所有的货币表达方式也都来自这种畜牧业起源:nomisma 指通行硬币,从中我们得到了钱币学(numismatics)这个词。与钱有关的词,如钱财的(pecuniary),词根来自羊(pecu/pecus)。德勒兹证实了查特文所说:noumos 是土地的分配原则,因此它代表了与城邦权力(polis power)的对立,因为它是一个没有围墙或边界的空间。它是一个开放的游牧空间,与城市的定居权力(sedentary powers)相对立。大都市空间与游牧的轨迹相互对峙。

游牧暴力因此与国家机器暴力相对立：部落是反军，也就是说，是战士们统治的空间。这就是游牧民总是被国家视作危险的罪犯而受到迫害的原因吗？游牧民的战士反过来成为国家镇压的受害者。这就是那么多吉卜赛人在纳粹集中营中被杀害的原因：是对他们的流动性的恐惧，使他们脖子上的谋杀之手变得更强硬了吗？游牧暴力和国家暴力是彼此的镜像，被一种对立的敌意分裂。暴力种类的不同也是一个不同节奏的问题，也就是说，是强度或速度的变化问题。城中村里青年说唱者强烈、流动的节奏，被美国军队在进攻巴拿马诺列加①时挪用"重金属"和其他形式的摇滚乐作为武器的事情抵消了。如果人们记得摇滚乐最初是一种颠覆性的、反建制的文化，这种节拍或速度的差异就更加悖论了。晚期资本主义以其无限的灵活性，适应了硬摇滚的"革命"，并为其找到了巧妙的工具应用。然而，我希望对说唱歌手剥削到如此程度会变得更加困难。

一个插叙说明了我对游牧民暴力议题的矛盾心

① 1989年12月20日，在"正义事业行动"中，27000名美军在空中掩护下夺取了巴拿马的控制权。总统诺列加躲进了梵蒂冈使馆，但在被摇滚乐和其他心理措施轰炸了十天后，他主动投降。

理。我记得我的祖父——意大利北部受人尊敬的反法西斯抵抗运动成员，警告我说，吉卜赛人会拐卖小孩。我记得当时我看着经过我小镇(那里离南斯拉夫边境只有 100 公里)的第一批吉卜赛人，我既着迷又害怕：他们真的拐卖孩子吗？他们会拐卖我吗？如果他们拐卖了我，我最终会去哪里？认识到那些住在马路边的人的存在，打开了我思考问题的新维度。回想起他们曾给我带来的恐惧，当时我第一次这么可怕地怀疑，那条路，那条在我家门前的熟悉的老路，是一条不可抗拒的道路，它可以抵达墨尔本、巴黎或乌得勒支那么远的地方。我所习惯的理所当然的生活的稳固基础可能在一个痉挛的瞬间被吞没，让我也迈上这条路。踏上那条路可能是场灾难，后来事实证明果然如此。

从克莱斯特在与死亡激情同名的戏剧中对彭忒西勒亚(Penthesilea)的描写，到美狄亚(一个在忘恩负义的土地上的外国人)的悲剧，其他形式的暴力也成为女游牧民的焦点：一种与敌对环境势力交手的粗暴遭遇，对身体抵抗力和耐力的重视，在没有宗教寺庙的情况下对仪式和戏剧的依赖。出生于西西里岛，住在罗马的意大利小说家达契娅・马莱伊尼(Dacia Maraini)在《战争中的唐娜》(*Donna in Guerra*，1975)

中绝望而清醒地描绘了针对女性反叛者的暴力。她们以一种长期的、痛苦的自我封闭的方式，生活在男人的世界里，因此能够爆发出巨大的暴力。

游牧民有一种严酷而残忍的坚韧；我在《印度之歌》中发现，乞丐女孩沙哑的、萦绕于心间挥之不去的声音韵律强烈唤起了这种坚韧，这是法国艺术家玛格丽特·杜拉斯电影的魔力，她在东南亚的殖民地长大。然而，我也在凯茜·埃克（Kathy Acker）的《纪念身份》（*In Memoriam to Identity*，1990）里那如魔鬼般的、无情的节奏中，在她对实现游牧式的转变的真切热情中，在她逆转情境和人的德勒兹式的天赋中，在她假扮、模仿和跨越无数"他者"的边界能力中，也认识到了这种残酷的坚韧。

政治作为一种自我风格化的抵抗

政治之所以是一种不能与文化或美学相分离的主体性形式，仅仅是因为它涉及创造可持续的另类方案和充满希望的社会视角。概念和感知的创造性是关键的问题。游牧民的造型历史性地出现在关于后现代价值危机和主体再现的辩论中，并指出了可能的未来。

批判理论追求和创造新的思维方式。我只对能够帮助我们思考变革、转型和生活过渡的思想体系或概念框架感兴趣。我想要一个创造性的、非反动的(reactive)计划，从传统理论方法的压迫性力量中解放出来。我认为女性主义理论是这样一个变革的场所，从定居的逻各斯中心主义思想转变为游牧的创造性思想。

换句话说，本书侧重于从性差异的后结构主义角度来研究身份、主体性和认识论的交叉性。核心问题是身份、主体性和权力之间的相互联系。自我是一种由相互关联的点组成的网络，那么问题就变成：通过哪种相互关联性、旁门左道(side-steps)和逃逸线，可以生产女性主义知识而不被固化为一种新的规范性？这种形式的意识结合了通常被认为是对立的特征，即一种不是基于固定性(fixity)而是基于偶然性(contingency)的认同。游牧意识结合了连续性和流动性。它的目的是重新思考主体的统一性，不涉及人文主义信仰，没有二元对立压迫，而是将身体和心灵联系在新一组强度的且经常是不及物的过渡中。后现代女性主义的任务是如何尊重文化多样性而不陷入相对主义或政治绝望。相对主义是一个陷阱，因为它侵蚀了潜在的相互联合或政治联盟的基础。女性主义游牧民所面对的挑战,特别是如何将多层面、多文化的视角与对她们性别的责任和义务结合起来。

作为一个游牧民,生活在过渡中,并不意味着一个人不能或不愿创造那些必然稳定和令人安心的身份基础,让人在共同体中发挥作用。游牧意识在于不把任何一种身份看作是永久的:游牧民只是过客;他建立那些可以帮助他生存的必要情境联系,但他从未完全接受一个民族的、固定的身份限制。游牧民没有护照,或者说有太多的护照。这种经过的思路,横跨不同种类和层面的身份的思路,并不是要避免与一个人必须处理的非常现实的、意识形态的和社会控制的对抗。恰恰相反,游牧意识表达了一种处理这些控制的方式。在这一点上,我不同意南希·弗雷泽(Nancy Fraser)和琳达·尼科尔森(Linda Nicholson)的观点(1990),她们认为后现代主义强调身份的偶然性和元叙事的衰落,会削弱政治能动性和女性主义在其中的作用。

游牧思想甚至进一步认为,政治能动性与揭露本体论基础幻象的能力有关。正如朱迪斯·巴特勒所说:"任务是质问既定基础的理论变动授权了什么,以及它预先排除或剥夺了什么。"(Judith Butler

1992:7）从游牧的视角上看，政治是一种同时作用于主体性的话语和物质双重结构的介入形式，因此它与建立多种联系的能力有关。政治正是这种对碎裂的、本质上基于权力的主体构造的意识，以及对抵抗霸权结构的可能性的积极探求。政治是自我风格化的抵抗。

游牧主体并不总是在运动或飞逝——她也需要休息或停顿的时间。德勒兹非常谨慎地指出这些停顿或间隔在生成游牧民或少数过程中的重要性。回忆的时间和临时的稳定是必要的，以便生产可持续的游牧主体性概念的那种综合（syntheses）和联想（associations）（Braidotti 2006）。正是本着这种精神，而不是像凯瑟琳·麦金农（Catharine McKinnon）在《女人是人吗？》（*Are Women Human*? 1996）中非常不公正地将我的理论和个人实践归结为机会主义——我才意识到，直到我找到一些稳定性和部分归属感，得到一份长期工作和一段幸福的关系的支持，我才能真正开始充分思考游牧主义的问题。这并不是说，思考游牧主义实际上标志着它作为支配我的存在习惯的终结；相反，只有当我处于足够合适的环境时，才能使这个观念变得可见并因此可以表达出来。这是所有思维过程的典范：综合是回溯性的；再现它需要我们有能力绘制精确的地图，确实如此，但只有在我们已经去过并因此不复存在的地方才能够做到。游牧民的绘图学需要不断地重新绘制；因此，她们在结构上反对固定性，因此也反对商品化，反对掠夺式的占有。游牧民有一种敏锐的地域意识，但对它没有占有欲。她也有多个地方——所谓的家，在那里她可以休息。

正如哈拉维指出的：你必须身处某个地方，才能发表具有普遍价值的言论。因此，游牧主义不是没有边界的流动性，而是对边界非固定性的敏锐意识。它是一种不断入侵、越界的强烈欲望。因此，作为当代主体性的一个造型，游牧民是一个后形而上学的、强度的、多重的实体，在一个相互联系的网络中运作。她不能被简化为一种线性的、目的论形式的主体性，而是多重联系的场所。她是具身的，因此是文化的；作为一个人工制品，他是人类和后人类的技术复合体；他是复杂的，在非人模式中被赋予了相互联系的多种能力。他是一个赛博格，但也拥有无意识。她是伊利格瑞的"黏液"(mucus)或"神性"(divine)，但被赋予了一个多文化的视角。她是抽象的，也是完全真实的。他的其中一个历史任务是，恢复一种主体间性的意识，允许以一种包容性(即非排斥性)的方式承认差异，去建立一种新的联结。我认为，女性主义者可以用这种方式将这一多重差异化的、情境化的视角变得可见，这形成了具有多重读写能力的形象，即一种集体的生成—多语言者。女性主义者需要熟练掌握各种各样的风格、跨学科的角度和许多不同的方言、术语和语言。放弃将所有女性视作第二性的全球相似性意义上的姐妹形象，而是承认女性所处的符号和物质条件的复杂性。

政治学和政治理论既是批判性的，又是创造性的，相当于重新创造了一种适于游牧主体的新理论风格。跨学科性是一个重要的特征。这意味着跨越学科的界限，而不考虑将它们组织起来的纵向区别。在方法论上，这种风格接近于结构主义者——特别是列维-斯特劳斯所主张的"拼贴"(bricolage)；正如埃莱娜·西苏所说，它也构成了一种"偷窃"的实践，或大范围地借用观点和概念的做法，故意脱离语境和它们最初的意图。德勒兹将这一技艺称为"解域"或思想的"生成-游牧"(becoming-nomad)。

这一风格的一个特点是混合的言说声音或模式：我故意将理论与诗意或抒情的模式混合在一起。我声音上的这些变化是抵抗索然无味的、拙劣的学术语言的一种方式。在我接受训练的哲学圈里，无视风格在传统上被视为是一种"严肃性"和"科学性"的标志

(Kofman 1982)，好像优美地写作是一种“软”的表达，也就是一种非哲学思想的表现。这种态度让我感到既好笑又愤怒，同时它固有的实用主义令我十分失望，因为它建立在“理性-密集型”(logos-intensive)话语(哲学)和“感性-密集型”(pathos-intensive)话语(文学)之间的范畴划分上，我对此提出了强烈的质疑(Braidotti 1991b)。我更愿意将我的理论虚构化，将我的虚构理论化，将哲学践行为一种概念创造的形式。这种风格与女性主义的集体计划相关，这意味着承认和认可其他女性的声音。女性主义理论家卡罗琳·海尔布伦曾表明，在改变男性的学术教条来公正对待女性的才华天赋上所经历的困难。卡罗琳·海尔布伦认为，这不仅是因为男性为争取知识上的认可在政治上打压女性主义者，而且也是因为大多数女大学生接受的训练是用男性的语言向男性对话：一种西方人文主义恋物的、虚假的普世模式。

按照同样的思路，另一个策略是引述或引用的原则，正如斯皮瓦克提醒我们的那样(Spivak 1976：ix—xxxvii)。因此，让他者的声音在我的文本中回响，是实现“我”思想计划的非中心性的一种方式，同时将它/她与一个集体计划和政治时刻联系起来。我想收回他们为我的思想生活所提供的一切，尽管受到现有机构的激烈反对。因此，正如我之前提到的，我的风格以位置政治为基础（Rich 1984）；它建立在关注女性之间的差异的基础上。我将这种风格视作构建女性主义谱系过程中的一个重要步骤，女性主义谱系作为普遍共享的话语和政治实践，主要是一种反记忆或抵抗的空间（Irigaray 1989；de Lauretis 1987：393—403）。

这个计划的一部分涉及对“高级”理论和“流行文化”之间的传统区分的批判。这种区分在欧洲特别有效，因为在欧洲，在知识生产过程中学科的壁垒相当严重，而像“文化研究”这样的跨学科和打破传统的领域并没有得到充分发展。我在几篇文章中对低级或“流行文化”的关注，也是源于我对高级研究传统的不屑一顾。我所追求的是与流行的、女性主义的思维方式相结合，并整合进主流话语，但不是以将前者同化为后者为代价。这也解释了这里所收录的论文在语气和风格上的变化。这些变化对本书而言非常重要，在这里，比较传统的学术论文与比较具有挑衅性的文章交替出现。这种变化的游戏也是为了构建传统知识分子以外的或超越传统知识分子的阅读立场。在这个过程中，我希望将我的潜在读者也构建为游牧实体。

我认为，我在本文集中探索的游牧主体性的新造型可以被视为多种地图，通过这些地图，批判性读者可以识别走出菲勒斯中心主义思想图式的出口。将一个人的抵抗进行自我风格化是游牧读者接触文本的方式。他们试图修通既定的再现形式，并从内部吸收它们。我把这种技艺称为对旧事物的新陈代谢式的吸收，以便产生新的事物。也正是在这个意义上，我为“似乎的实践”(practice of as if)辩护，它以重复的颠覆性潜力为基础，把模仿视作一种政治和知识策略。

新陈代谢式的吸收，从内部攻击累积的形象和主体的概念的库存，比如已经从内部被文化编码的形象和主体。女性和其他批判理论家需要重新拥有她们主体性的多层面结构，作为意义和再现的场所或历史性的沉淀物。女性主体需要重新审视这些多层次的复杂性，并吸收为女性主义政治计划的目标，无论该过程多么短暂。与瓦尔特・本雅明的历史天使①不

---

① 本雅明描述的历史天使在《历史哲学论纲》第 9 节，历史天使正是逆历史的形象：“克利一幅名为《新天使》的画表现一个仿佛要从某种他正凝神审视的东西转身离去的天使。他展开翅膀，张着嘴，目光凝视。历史天使就可以描绘成这个样子。他回头看着过去，在我们看着是一连串事件的地方，他看到的只是一整场灾难。这场灾难不断把新的废墟堆到旧的废墟上，然后把这一切抛在他的脚下。天使本想留下来，唤醒死者，把碎片弥合起来。但一阵大风从天堂吹来；大风猛烈地吹到他的翅膀上，他再也无法把它们合拢回来。大风势不可挡，推送他飞向他背朝着的未来，而他所面对着的那堵断壁残垣则拔地而起，挺立参天。这大风是我们称之为进步的力量。”——译者注

同，游牧女性主义者已经踏入了下一个世纪，同时也看到了她们正在努力挣扎着出现的那个过去。

因此，寻找走出菲勒斯中心主义的出口的行为仍在持续，女性主义的游牧旅程也必然持续下去。在渴望变革的欲望鼓舞下，就连她们经验中最熟悉的，甚至是最亲密的方面也要毫不怀旧地进行改变，大多数女性主义者将不得不同意凯茜·埃克尖锐的、毁灭性的认识，也就是说，到目前为止，"我有我的身份，我有我的性：但我仍还不是新的"（Acker 1990：49）。

第二章　背景和年代

作为第一代后结构主义者,我接受了开创这些哲学体系的人的引导,我不打算否认,我在 20 世纪 70 年代末于巴黎经过德勒兹、利奥塔、福柯和伊利格瑞的培养,作为一名哲学家来研究女性主义理论。因此,我属于那些亲身经历了 1968 年的重大事件遗产的最后一代人,经常被形容为“错过机会的一代人”。因此,我将“1968”视作我这一代的基本政治神话,也就是确定了那一时代的政治本体论,并规范了从性(sexuality)和亲缘制度,到宗教和话语实践各个领域的社会互动的事件。68 精神对于塑造法国女性主义理论和后结构主义的动态互动十分关键,我不想把它与整个后现代主义混为一谈。

为了探索 1968 年的遗产和后结构主义与法国女性主义的年表(chronology),我选择将理论和个人情况结合起来,以便为我这一代人提供合理的绘图。由于世代的快速变迁,作为女性主义和批判理论特定年代的成员,采取明确的立场是存在风险的。然而,我想要成为一个对青年一代负责的见证者,这种感受要比任何个人抗拒心理要强烈得多。那就让我排除万难——告诉你我的故事吧。

二战后法国的批判理论

在 1948 至 1984 年之间,巴黎是知识分子的首都,它如磁铁一般吸引着当时许多年轻知识分子。这与战后欧洲历史及其社会文化反响有关。

这里可能值得回忆的是,二战不仅对无数信犹太教的欧洲人而言相当于一场种族灭绝,而且对欧洲而言也是一种道德和政治的自杀。历史上,美国成为被迫流亡者的主要受益者,也因欧洲犹太裔知识分子逃离纳粹的迁移而闻名。因此在战争中美国出现了许多令人尊敬的批判性思想家,其中有些学者——如阿多诺和布莱希特回到了欧洲,而其他人——阿伦特、马尔库塞、爱因斯坦和赫希曼则继续留在美国。另一方面,在战争期间,欧洲却沦为哲学的荒漠。只有萨特和波伏瓦这样的伟大人物——战后欧洲的哲学巨匠——是一个例外。一般来说,正是这些之前被流放的异见者——他们大多数是马克思主义者、犹太人或共产主义者,这些知识分子的回归确保了欧洲批判思想传统的延续,它本被法西斯主义以暴力和强制手段强行中断。

在法国,20 世纪 60 年代标志着批判理论回到一个曾经野蛮摧毁它们的大陆。它们重回公共讨论的再植术(reimplantation),成为后结构主义一代的关键,也推动了对所有形式的极权主义的批判。法国充当了一个自我反思和批判性的欧陆哲学传统的变革者。法国理应与法兰克福学派、南欧(尤其是意大利)和南斯拉夫的马克思主义学派一起,充当复兴战后欧陆哲学和批判理论的发起者,这与二战结束后法国的道德地位有很大关系。

西蒙娜·德·波伏瓦和萨特作为存在主义责任伦理学(existentialist ethics of responsibility)的旗手名列前茅,这也为 20 世纪 60、70 年代的一些新女性主义哲学铺平了道路。自 1989 年以来,出现了大量这方面的新学术成果,在这里我无法充分介绍。它足以表明,这种历史性的"巧合",或者说事件的转折,赋予了法国哲学一种内在颠覆性的倾向。这一将法语与"激进"等同起来的表述,一直持续到 20 世纪的最后十年。

像提出批判理论的法兰克福学派一样，20 世纪 60 年代末的法国阿尔都塞派和拉康派预示着通过马克思主义和精神分析到欧陆哲学的唯物主义根源的一种“回归”。当然，这不是对马克思和弗洛伊德的简单回归，而是一个更复杂的现象，它也恰好与这些年代的变化相吻合。

1968 年一代对主体性的强调，作为解释欧洲历史近期事件道德和政治走向崩溃的一种方式变得更发人深省，更具道德紧迫性。首先是二战和法西斯主义带来的长期阴影。示威者高声喊出类似“我们都是德国犹太人”①的口号，反映了 68 一代始终对法国作为所谓纳粹主义的反对者所扮演的角色抱有怀疑。一般来说，它打破了前几代人（包括哲学家）对参与二战事件的沉默。具有自我反思性的质疑，随后体现在像德勒兹这样的哲学家更明确的主张中，这些哲学家通过揭露思想与现实事件的联系，来完成欧洲哲学的去纳粹化。

然而，1968 年在许多地方，包括巴黎，都是暴动

① 1968 年 5 月 21 日，学生运动领袖丹尼尔·科恩-本迪特被禁止留在法国，他于 1945 年出生，父母是德国人，因为是犹太人而在法国成为难民。抗议者在示威活动中喊出这一口号。参见 https://journals.openedition.org/variations/262? lang=enhttp://j.poitou.free.fr/pro/html/voc/cohn-bendit.html。——译者注

和反抗的一年:例如在布拉格,“布拉格之春”被苏联“红军”的暴力镇压。暴乱和镇压的不断升级,在冷战舞台上达到巅峰。这相当于加利福尼亚的“花之力”(flower power)的欧洲版;这是欧洲利用结构性特权,掩盖内部分裂和不停生产负面差异(pejorative differences)无休止的闹剧。然而,这也是一段有待讲述,渴望公之于众的全新故事。当时,欧洲批判思想家尝试在冷战的两股超强势力之间斗争出一条中间道路(Clément 1991; Roudinesco 1997),在此过程中经常生产出普遍形式的反美主义(anti-Americanism)。

欧洲政治社会历史的第二个方面是殖民主义,它深刻影响了五月风暴和后来的激进哲学。法国殖民历史中那自吹自擂、种族中心主义的神秘化姿态,早已受到法农、热内、萨特和波伏瓦——这些上一代的批判性思想家的批评。毫无疑问,1968 年 5 月的一代人于阿尔及利亚独立战争期间,在政治化的环境中历经了磨炼,还在反殖民主义的集会和运动中首次遭受了政治暴力(Hamon and Rotman 1988)。在后结构主义者的研究中,不可否认,殖民的问题仍在持续,德里达和埃莱娜·西苏对成为阿尔及利亚犹太人的评论(Cixous 1997:70),以及德勒兹对生成-欧洲的少数的概念,以及福柯对伊朗革命的热情参与皆为明证

(Afary and Anderson 2005)。

关于欧洲历史在世界历史上的表现,第三个重要方面是马克思主义。为了对这一点做出评价,重要的是记住,在冷战的背景下,1968 年一代的激进主义,批评了存在威权主义和政治保守主义倾向的机构,这些机构代表着马克思主义和精神分析的教条。同当今的修正主义思想家相反,激进主义直接将其和纳粹主义等同,后结构主义者则尊重这些历史事件的特殊性。他们并不拒绝马克思和弗洛伊德的大部分思想,而是努力恢复并发展他们思想的激进内核。1968 年在政治环境中成长的一代人——与阿尔都塞一起,对苏联和(西)欧共产党发起的正统马克思主义进行了激进批判,苏联和(西)欧共产党扮演了反法西斯主义的角色。他们也与拉康一起挑战了国际精神分析协会的权威,这一协会以极其正统的僵硬方式管理弗洛伊德的遗产,在 20 世纪 60 年代晚期的法国发展出的新形式的哲学激进主义,直言不讳地批评了某些左派和精神分析的思想和实践中的教条结构。为了恢复反体制的批判立场,后结构主义者一代直接唤起了马克思主义和精神分析文本的颠覆性潜力。

在他们看来,问题关键在于这些理论中隐含的主体理论:在无意识或历史唯物主义的大部分内容的掩盖下,欧洲批判理论的主体作为人类历史的动力,保持着统一的、霸权的和尊贵的地位。这是引发福柯、伊利格瑞和德勒兹等思想家批评的顽固的人文主义。因此,对人文主义假说的拒绝采取了强调主体的非同一性思想(nonunitary vision)的形式。主体分别从受俄狄浦斯情结嫉妒支配的力比多的独裁和将理性与革命联姻的历史目的论的线性中解放出来,这两者都宣扬暴力。这种反哲学人文主义的创造性批判立场将造成长期的话语和政治影响。

"不要苦恼,组织起来!"研究小组

1979 年至 1981 年,正是在这种特殊的背景下,一群来自澳大利亚、美国、英国、加拿大以及各欧洲国家(特别是当时处于恐怖袭击的阵痛中的意大利)的外国研究生在巴黎相遇。他们人数众多,无法一一列举,但在女性主义者中,有米娅·坎皮奥尼(Mia Campioni)、克莱尔·杜肯(Claire Duchen)、安娜·吉布斯(Anna Gibbs)、南希·赫斯顿(Nancy Huston)、爱丽丝·雅尔丁(Alice Jardine)、米汉·莫里斯(Meaghan Morris)、简·温斯托克(Jane Weinstock)、特雷莎·布伦南(Teresa Brennan)、简·盖洛普(Jane Gallop),以及许多其他人,还有我。稍微年长的一代也出席了会议:丹妮尔·哈斯-杜博斯克(Danielle Haase-Dubosc)、多姆纳·斯坦顿(Domna Stanton)、凯特·斯廷普森(Kate Stimpson)、内奥米·肖尔(Naomi Schor)和南希·米勒(Nancy Miller)经常出现。这些日子里,劳里·安德森刚从拉丁区的边缘地带来到万众瞩目的地方。简·温斯托克向我们介绍了一位令人印象深刻的年轻摄影师芭芭拉·克鲁格,而玛丽·施耐德(Marie Schneider)则经常和她的女朋友在女性主义电影节上闲逛。

像我们这一代的许多人一样,我们只是被巴黎吸引。在那里我们/他们与当时的伟大人物——那些将被载入历史的后结构主义者一起学习。然而,由于巴黎的伟人从来没有太多的时间来监督或照顾他们的学生,我们自己组织了研讨会来帮助我们完成各自论文的研究。我们相信人多力量大,所以在理解当时我们周围发生的激烈变化时,我们也互相支持。

这一特殊的研究生研讨会是在经历巨大变革甚至是更大的动乱时举行的,这样说也是轻巧了。但我们完全意识到的一点是,这是我们的集体荣誉。事实上,在 1981 年弗朗索瓦·密特朗当选总统的前几年是一个关键的转折点。它们为后冷战的世界格局奠定了基础。试想一下这三个关键事件：首先，1979年，阿亚图拉·霍梅尼从他曾流亡过的巴黎基地发起了他最后阶段的伊斯兰革命。伊朗革命创造了一个历史先例，并开启了一场关于政治神学的辩论，这在今天仍然具有极大的现实意义。第二，1980年夏天，在波兰的格但斯克造船厂，一个由莱赫·瓦文萨(Lech Walesa)领导的“团结”(Solidarność)工会引发了一场危机。第三，在密特朗和科尔(Kohl)的推动下，欧盟在整个20世纪80年代不断发展，带来了1989年德国意义重大的再统一。这些事件重塑了左派的议程和结构。它们标志着欧洲马克思主义的式微，并在“欧洲批判理论的未来是什么(如果有的话)”这一问题上渲染了新的焦虑。他们也看到了政治右派围绕着仇外和偏见问题的复兴，也就是以一种负面且基于肤色的理解方式对待“差异”，还有那些不幸成为“差异”的标记对象的人。

知识的较量是充满活力的：后结构主义者在灵感方面深得尼采的真传，在政治上则属于最左派的范畴。他们解构，并建立与历史唯物主义的教条相冲突的谱系方法。他们拿无意识来举例，说明它不是黑箱或一些充满罪恶感的缺失主体(subject of lack)的令人难以理解的上帝，而是把它作为一个唤醒者，从内部唤起无端的反叛，从外部掀起快乐的起义。在《字母表》(*Abécedaire*，1994)中，德勒兹从怀有一种特殊的敏锐、一种创造性的想象力和一种变革的欲望的方面谈及20世纪60年代和70年代的欧洲左翼，本质上就与维持现状的卫士们相冲突：那些真理的法官和管理者，以及清晰度恋物癖(clarity fetishists)[①]。

德勒兹与革命纯洁性的邪恶幻觉和马克思主义的普遍主义乌托邦都保持距离，前者导致暴力，后者则将知识分子抬高到代表大众的角色。对元话语的批判始于对政治乌托邦的拒绝。德勒兹和加塔利以一种更接地气和禁欲主义的口吻，将对转型(transformations)或生成的欲望置于议程的中心。政治最终是一个在主体性结构中带来变化的问题：它是关于产生和维持"生成-少数"的过程。这种特殊的感觉将强烈的历史记忆与意识和抵抗的欲望结合起来。它摒弃了主流意识形态神圣、教条的语气，不管在政治光谱上是左翼还是右翼，都支持一种快乐的变革行动的生产。这种实践的自发性和相当无政府主义的方面与一种禁欲主义的形式相结合，也就是说，关注并

① 感谢斯皮瓦克提出这一概念。

立足于行动主义的微观实例,这一决心避免了无所不包的普遍化。然而这种既谦逊又具有实验性的方法,改变了我们与环境、社会和他者,与我们的文化规范和价值观,与我们的身体、我们自己相关联的集体模式,这是基于激进内在性的概念最务实的政治表现。

后结构理论家们所开创的对主体性的哲学批评中,有两个关键的论点。首先是强调主体的具身性和嵌入性的本质,这导致对生活经验无条件的信心。这能转化为日常生活的政治并重新激发对当下的兴趣。第二个关键的论点是,关注同一性和差异性的动态互动。差异并非是一个中立的范畴,而是一个指示被排除在主体性权利之外的术语:与他人“不同”意味着价值“比较低劣”。将差异等同于恶,这是建立在将主体定义为与意识、理性和自我规划的伦理行为一致并变得与之相同的传统上的。进而言之,他者性被消极地定义为主体镜像对应。正如我在其他地方所论证的,这导致这部分生物整个变为边缘且可弃置的身体:这些是被性化的、种族化和自然化的他者(Braidotti 2006)。

差异性作为贬义是同一性的自我肯定的权力的组成部分,这种观点是后结构主义者的公理。自1968年以来,这个概念对批判理论具有指导的作用;

它构成了批判理论的主要创新之一，并在他者性、边缘性和排他性的过程和社会实践里引发了全新的关注点和理论兴趣。对作为否定的差异的关注，既应用在如欧洲殖民主义和法西斯主义的世界——历史性事件中，也应用于内在于哲学自身的历史的话语事件中。因为在欧洲，差异的历史已经成为致命的排外主义和去资格化之一，自1968年以来，批判性的知识分子和活动家就已经使自己对其影响负责。

拒绝将实际的生活经验从理论关照中脱节，并决心将它们放在一起解读，是1968年的魔力唯物论(the enchanted materialism)和激进内在性政治的核心。这种唯物主义不再是正统马克思主义，它关注具身性和生活经验，引发了一种认真对待情动、性、和平主义、人权和可持续未来的政治。这种政治最明显的表达，与其说是1968年5月的快乐起义，不如说是当时发起新行动主义运动(new activist movements)的更具有反思性的生命政治思潮，不仅有女性主义、同性恋权利和和平运动，而且还有无国界医生等等。

德勒兹和福柯既公开批评了马克思主义的解放潜力，也批评了左派(gauchiste)或左翼(left-wing)政治假设的局限性以及政治建制的惰性(Foucault and Deleuze 1972)。然而，它们同样怀疑呼吁普遍人类权利的人文主义假设，或声称人类理性具有普遍的、自我纠正有效性的康德思想。相反，他们强调揭示权力关系的必要，在这里权力关系是最起效、最不可见的：在一个人自身的知识和社会实践的特殊位置中。我们必须从具身性和嵌入性的自我，和构成自我的社会关系的复杂网络的微观-实践开始。我们必须有全球化思维，但要在本地行动。

由此推论，后结构主义理论的核心是对官方知识生产的机构——特别是大学，但也包括媒体和法律机构惰性的、压抑的伪善，以及根深蒂固的保守主义——展开批评。福柯把矛头直指古典哲学，它自诩为研究并组织其他话语的主导学科（master discipline）。在他的考古学和后续的谱系学工作中，福柯（1977b）反对这种对哲学功能的抽象而普遍的理解，而是将哲学视作一个工具箱。哲学的目的是在哲学理性自身的实践中生产一种非常务实的（pragmadic）、在地的（localized）对权力关系的分析。哲学家不过是一个提供分析服务的人：一名知识的技工（technician）。本着同样的精神，德勒兹（1953，1962）将"问题"模式（"problematic" mode）下的哲学，重新定义为对我们大多数思想中的人文主义所运作的"思想形象"的持续质疑，目的是在"游牧"模式下解构它们。

德勒兹反对哲学的元话语倾向，他将哲学重新定义为一种内在性的激进形式。在法国后结构主义者们提出的这种批判模式下思考，包括识别（locate）维系理论化过程的情动，尤其是政治激情。福柯和德勒兹都接受理性作为主体的主导幻象和人类理想的衰落，但他们强调传统主体性的危机并非一场灾难，而是一个思想生命力不可抑制的表达，也就拒绝了落入认知和道德相对主义的陷阱。拒绝怀旧的忧郁模式和对绝境的美化，相反，德勒兹激进地重新定义了思考（thinking），思考在于重新构想主体性的基础。哲学是对新思想形式的创造，是对实现它们的方式进行的集体实验。

社会想象的议题是这代人政治计划的核心。如何分析社会想象，并使其朝着对权力的激进批判方向进行改变，也是68一代哲学和实践的一个核心关切，他们与那些高呼“让想象力夺权”的人，还有将约翰·列侬的《想象》（*Imagine*）选为圣歌的人是同一批人。法国思想中的关键术语，如哲学的危机、人之死、基于平等或解放的女性主义的衰落——对于后结构主义一代来说，所有这些都与欧洲中心主义的危机，以及欧洲批判哲学的位置有着内在明确的联系。宣称人之死的哲学一代，同时是反法西斯主义者、反殖民主义者、后共产主义者和后人类主义者。此外，他们拒绝欧洲中心主义和欧洲人身份在人文主义、理性和普遍性方面的传统定义。相反，他们强调，我们需要通过重新定位多元性，把它当作欧洲主体性的结构性组成部分，来向“内在的他者”(others within)开放。

“我们有勇气，但缺少谨慎”

我并不打算对20世纪后半期的女性主义最重要的方面做出全方位的理论解释。这种工作的规模按大多数历史学家的标准来看都令人望而却步。在过去十年里，世界范围内的女性主义思想家和活动家团体已经成功将激进女性主义最重要的部分纳入正典(Crow 2002)并出版了关于女性主义哲学主题的标准参考书目(Jaggar and Young 1998)。我只想强调在欧洲(当时的西欧)第二次女性主义浪潮复杂网络的一个独特特征，即那个年代的女性能在多大程度上摆脱父权制家庭的支配模式，摆脱战后女性解放的传统制度，以及当时欧洲激进左翼提出的男权主义解放模式。这变成了一种从所有运作中的社会化模式中脱离的激进去认同化的经验，导向生成-政治的深层独异性(singularity) 的集体发现。从中脱离的经验，以及将主体性重塑为一种复杂独异性，这两者构成了女性主义激进内在性政治的内核。

变革政治涉及对认知主体而言的一种彻底的重新定位，它并不简单，也不是不言自明或免于苦痛的。没有一个意识-觉醒(consciousness-raising)的过程会这样。过去三十年来，女性主义理论从位置政治的最初口号“个人即政治”(Rich 1984)，发展为今天的多重位置视角。在后结构主义女性主义这里我们从这一方面讨论了该问题，即我们从熟悉而令人舒适的价值观和身份中走出，将自身去认同化(de Lauretis 1990a:115－150; Braidotti 1994b)。身份在很大程度上是一个想象的故事，它投射了一种令人安心、但不过是一种虚幻的同一感，它建立在大量构成它的脱节的、碎片的以及经常是不连续的内外部的断裂之上。开发一系列潜在另类的、非菲勒斯的、反种族主义和后民族主义的主体位置，这一计划与摆脱既定霸权身份的去认同化过程相关。埃蒂安·巴里巴尔(Etienne Balibar 2001)认为去认同化是民主政治的关键，它暗示了对自我的非一致性结构的认识，以及面对他者的开放性。这种错位是维持激进政治的学习过程的关键因素之一。

我们今天往往忘记，激进女性主义不仅反叛传统权力形式和形象，如家庭、国家和社会中的父权。而且还抨击革命首领或领袖的神秘，他们的大男子主义在女性行动者看来是毋庸置疑的。在这方面，1968年的运动既是一种社会实践，也是再生产社会控制机制的微观世界。这些机制包括在关键领导职位上的男权统治。激进女性主义者是第一个抨击革命领导者的神秘及其所延续的传统男权主义的人（Millett 1976）。这场与有组织的左翼引发的争执，遍布于当时的每一份文件和理论文本，而且贯彻了当时整个西欧各种不同的政治文化，仍保留了女性主义实践的典型特征。这是一个特别复杂且痛苦的争执：认可政治分离主义的女性主义实践，必须要根据这一特殊语境来解读；它表达了所谓激进左翼的失败，他们未能审视和推翻其根深蒂固的男权主义。

去认同化（ Disidentification ）意味着失去以往思考和再现的宝贵习惯，它会引发恐惧、不安全感和怀旧感。正如保守党所劝告的，改变是一个痛苦的过程，但这并非不参与其中的理由。强调追求变革政治的困难和痛苦，这相当于强调这一计划的重要性，还有提高它涉及的复杂性意识。去认同化的过程是尤其正确的，它触及一个人的身份的内部—深层的结构的内心框架。然而，考虑到无意识所起到的作用，改变我们的想象性认同并不是像换衣服一样随心所欲。

精神分析告诉我们，想象中的重新定位是复杂的，完成这些任务就像是蜕去一层旧皮肤一样耗时。此外，正如精神分析所指出的，这种质的改变更容易发生在主观层面。将它们转化为公共话语和共同社会经验，既是成问题的也是冒险的。莫伊拉·纪登斯(Moira Gatens)和吉纳维夫·劳埃德(Genevieve Lloyd，1999)这样的斯宾诺莎-德勒兹女性主义政治思想家认为，这种变革是“集体想象”的结果，也就是说，一种实现变革目标的共同愿望。

让我给你举出一些具体案例，说明从主体构成的支配模式中去认同化，如何成为生产性和创造性的事件，以及它们如何支持民主政治。我在更早的时候已经表明，女性主义理论在多大程度上是建立在对男/女性气质的支配制度和再现的彻底脱离之上，以便进入生成-少数或改变性别(transforming gender)的过程。在这一过程中，女性主义把批评和创造结合起来，探寻体现和体验我们性别化自我的另类方式。

种族话语也是一个重要的领域。对种族歧视和白人特权情况的长期认识，严重干扰了我们对主体构成的公认观点。这一方面导致批判性地重估黑人性

(blackness)(Gilroy 2000; Collins 1991),另一方面彻底重新定位白人性(whiteness)(Ware 1992; Griffin and Braidotti 2002)。各种离散主体也都表达了同样的洞见。多地点性(Multilocality)是对这一消极失落感的肯定性翻译。按照爱德华·吉利桑特(Édouard Glissant,1990)的说法,生成-游牧民标志着将丧失的苦痛积极转化为多种形式的归属感和复杂忠诚(complex allegiances)的主动生产的过程。其中每一个事件都包含着被克服或被超越的可能性——它的负面一极可以被转置(transport)。最后,我将提到埃德加·莫兰(Edgar Morin)对于他如何放弃马克思主义者的世界主义,作为一个新欧洲人来拥抱一种更"谦卑"的视角的解释(1987)。这一过程既有积极也有消极的影响:对马克思主义无法履行承诺的失望,与对战后欧洲在美苏之间左右为难的不安、挣扎和边缘立场的同情相吻合。这产生了一种新的关照和责任感,使莫兰去拥抱一种后民族主义对欧洲的重新定义,即欧洲是调和和变革自身历史的场所(Balibar 2002)。

此外,由于女性主义思想强调女性对日常压迫的共同经验,它引发了我们重新评价情动(affectivity)在政治上的价值。受 1968 年的启发,女性主义可以被重新定义为，不再将自己视作“第二性”的女性对差异的积极性的热情信仰。因此，女性主义者可以被定义为渴望并倾向于其他社会实践的赋权，以及她“生成——个—女性”（being-a-woman）的再现。男人可以参与这一策略中，只要他们同意去批判男子气概的支配模式。

因此，女性主义不仅可以从任性的选择方面，也可以从欲望的方面来描述，也就是说，无意识的动机和倾向。这强调了一种情动的政治分析，以及对欲望概念本身展开批判性重估的重要性。1968 年遗产的一个重要方面是，女性主义在多大程度上相信，欲望是一个人渴望完满和幸福的积极肯定。女性主义者希望在女性身上——在广泛的社会范围内——释放她们对自由、公正、自我成就和幸福的欲望。目标是将菲勒斯逻各斯中心主义已消极编码的女性特质（femininity）带入积极的再现中，并因此为所有女性主持公道，在她们美妙的多元性中，所有女人都可以生成。女性主义给我们一种可能的方案。在这一计划中隐含的目标是在我们死气沉沉、深陷泥潭的文化中注入一丝快乐的可能性，以一种集体的而非个人的方式，恢复我们追求幸福的尊严，养成一种常常对未来无条件抱有希望的心态。

跨大西洋的失联

我们的研究小组处于这一历史关头。但事情远非表面所见。我们资本主义世界的整个政治经济正在全面从工业社会向信息社会转变。对我们这一代人来说，这一变革的时代让我们首次接触到思想进出口(import-export of ideas)这一前景广阔的新事业，这将使“旅行理论”(traveling theories)成为未来二十年的主导生产模式。在某些方面，我们见证了文化全球化的发生。它开创了女性主义学术和出版市场的商品化，这一市场在20世纪80年代爆发为明星文化，并在90年代变得制度化。

无论在过去和现在，西方思想进出口的文化事业，都以美国(世界的帝国中心)为中心。我们过去知道，今天我们也都知道，谈到法国女性主义理论，不论从历史上，还是理论上，都不可能不意味着跨大西洋的联系。在法国文化典型的事件转折点中，政治氛围迅速变化，法国学术机构拒绝了一些非常激进的思想家，而这些思想家在世界其他地方却受到欢迎。一股新民族主义的“自豪”浪潮席卷了左岸[①]，导致曾启发福柯、德里达、埃莱娜·西苏，也部分启发了伊利格瑞的世界主义的、游牧的和跨国的理想遭到拒绝。在这一转变期间，克里斯蒂娃转而采取了明显的保守立场，而伊利格瑞转向了拉康的左翼政治，西苏则创作出一批优秀作品，将对一种新宇宙城市的行星性愿望与女性性（feminine）的系统探索结合起来。后结构主义思想先驱在美国都有稳定的教职，显然除了德勒兹外，后结构主义陷入离散的状态。后结构主义的争论本质上并不在法国发生，而是在英语世界，法国对美国人挪用法国创造的社会、政治和文化理论，滋生了长期的怀疑态度。

这种离散现象的进一步例证是德里达解构主义获得惊人的商业成功，这一成功受到美国各地大学的法语系（如《耶鲁大学法语研究》）的推动和助力，以及围绕法国女性主义三位代表人物的大肆宣传——伊利格瑞、西苏、克里斯蒂娃，如今我们都知道，她们分别是比利时人、阿尔及利亚人和保加利亚人。在我们研究小组中，我们也注意到，对那个年代最重要的法

---

① 左岸（the Left Bank）指的是巴黎市内塞纳河的左岸，即塞纳河左侧的一片地区。巴黎的左岸在文化、艺术和知识领域有着悠久的历史，以聚集了许多知名的文学、艺术和学术界人士而闻名。——译者注

国哲学家德勒兹的承认存在莫名其妙的延迟——德勒兹对思想市场经济的拒绝可能是他被跨大西洋争鸣忽视的原因。毕竟，这可能也是福柯预言“总有一天，我们的世纪会是德勒兹的世纪”的原因。自第三个千年开始，虽然后结构主义已经式微，但实际上，德勒兹研究正在全面爆发。

在研究小组的那些日子里，为了抨击正在兴起的全球化趋势和跨大西洋的旅行理论，我们重点关注的作品是伊莎贝尔·德·库蒂夫隆(Isabelle de Courtivron)和伊莱恩·马克斯(Elaine Marks)(1980)出版的具有议题导向的文选，该文选有一个引导话题的标题《新法国女性主义》(*New French Feminisms*)。我们决定集体撰写一篇评论，其中我们试图一一列举这种文化和理论的营销造成的错漏和误导，抵制我们所认为的肤浅营销行为，以及造成认识论暴力的思想。

历经大多数美国杂志的拒稿后，我们写出的书评最后在澳大利亚出版：没有人敢违背这一迅速扩散的潮流，它随后形成一种流派：“法国女性主义”(French Feminism)显然属于这个世界。不过我们具有自我反思意识，而且明白作为法国(外国)的女性主义者，我们处在一个独特而复杂的位置。这意味着我们并不是主张对原创或原初文本的绝对忠诚。我认为，大多数人简单地认为在将我们的思想“应用”到美国语境和学术市场之前,应该对知识输出的适用条件进行探讨。但我们追求的是清晰,而不是纯正。二十年后再读这些评论,已经是一种不可思议的体验,这同时印证了我们当时政治判断的正确,以及我们年轻时试图通过跨大西洋路线抵制思想进出口的绝望。因为如果不首先考虑国际上的对话形式,特别是与北美社会和文化理论的关系,今天对欧洲批判理论、后结构主义或法国女性主义的讨论是不能成立的。换言之,这场争论已经写入“跨大西洋失联”和思想交流的历史中。这个说法是由多姆纳·斯坦顿(Domna Stanton)在美国引进法国后结构主义的高峰期时提出的(1980),后来被爱德华·萨义德(Edward Said,1978)提出的理论旅行思想取代。

我认为即使在今天,我们也需要推动这种跨大西洋对话,这里主要有两个原因。首先,在一般的美国学术讨论中,似乎存在一种对欧洲的话语建构,认为它与高级理论,特别是与解构主义或后结构主义等同。保守的政治氛围把所有的“高级理论”,尤其是欧洲的舶来品,视作激进的、相对主义的、多余的,而且无论如何都是外来的(Sprinker 1992; Neilson 1995)。例如,杰弗里·威廉姆斯(Jeffrey Williams 1995)指出，拒绝解构主义和后结构主义是“文化战争”的其中一个主要方面。如巴特勒和琼·瓦拉赫·斯科特(Joan Wallach Scott)所说，对“后现代主义”的抵抗，已经变成了一种更普遍的对丧失认知能力的恐惧。其次，这种特殊的建构由于过于理论化和社群主义受到了右派的猛烈攻击。然而，它也受到来自美国女性主义民众(the rank and file)的内部攻击，因为它过于抽象、“民族中心主义”和“难以理解”。这种批评的多方交锋主要针对的是，尤其以美国为基准来重新建构所谓的“欧洲思想”或者“欧洲女性主义理论”的做法，这对身处欧洲且对他们位置负责的批判性思想家来说是成问题的。

后结构主义方法建立在精神分析的这一概念上，即由欲望驱动的一个开放的或非同一的主体。德勒兹和加塔利尤其重视无意识，不是将其视作黑箱、神秘的神或缺失的罪疚主体，而是视作一个无预设方向和相互关联性形式的接收者和唤醒者。在当前对非同一主体政治的讨论中，这使感性、情动、同情和欲望成为其核心价值。对这一代哲学家来说，同样重要的是关注作为压抑性(potestas)和生产性(potentia)力量的权力。这意味着权力的形成既是遗迹(monument)也是文件(document)，因为它们在社会机构以及再现、叙事和认同模式的系统中得以表述。这些记录既不连续也不理性，而它们权宜的本性，远没有削弱它们的有效性，反而对其霸权力量至关重要。对无意识过程的认识，转化为构成社会文本叙事的不稳定性和不连贯性的认识。这种政治敏感远不会导致政治和道德行为的停滞，相反，对于后结构主义者而言，它成为精心构建政治抵抗场所的起点，这些场所需要应对我们历史状况中的悖论。

在一个非常严谨、可考据的案例中，科内尔·韦斯特(Cornel West)将跨大西洋理论旅行的地缘政治纳入社会理论的议程，并将其与种族理论联系起来。在此过程中，他精准地将这些议题重新语境化(1994：125)："后现代主义……是由于欧洲的去中心化而产生的一系列反响——从1492年开始，我们生活在一个不再依靠欧洲在政治、经济、军事和文化方面的霸权和统治的世界中。"科内尔·韦斯特忠实于他的方法，强调有必要将后现代主义和欧洲中心主义的讨论置于历史和语境之中。同斯皮瓦克一样，韦斯特捍卫后结构主义哲学中政治和理论的关联性。他的理由是，首先，因为它们重新提出了知识分子职能的问题，还有"在一个左翼的选择和替代性方案日益减少的世界中"(87)，如何在政治上获取信任的问题。其次，因为它们有效地描述了当前的资本主义的重组方式:自动化、计算机化、工人阶级的去技能化,以及在新的全球经济中产生了一个不断扩大的专业管理人才的阶层。

在这一点上,值得再次强调的是认知失调的情况,这已经出现在“跨大西洋失联”部分。令人遗憾的是,欧洲后结构主义哲学家实际上并没有在欧洲的社会和政治理论中,更不用说在文化实践中,享有在美国所拥有的高地位,但这一情况也具有重大意义。然而,后结构主义者这一代,并不像主流媒体形象所呈现的那样——仅仅由白人、欧洲中心主义、霸权主义、男性大思想家组成。相反,他们给我的印象是更多元化和边缘化的思想家,他们同时与欧洲社会主义的左翼正统信念和右翼泛欧排外主义日益激化的思潮作斗争。在评价后结构主义一代的政治影响时,我再次呼吁对不同位置、文化差异以及因此涉及的复杂性给予更多的尊重。我发现,对法国性差异女性主义的指控(Felski 1997),与对跨越大西洋鸿沟的后结构主义提出的普遍批评十分类似。这些批评基于这三个关键点:本质主义(性差异据称是非历史的、决定性的,因而没有为社会变革留下空间),普世主义(它提出过于概括的论断,且忽视文化多元性)和异性恋中心主义(这被认为低估了酷儿欲望的创造性颠覆力量)。我确实认为,停下来仔细思考反对这些法国理论的本质很重要。

此外,在美国的历史语境里,这些哲学理论的接受相当不受欢迎。然而,20 世纪 80 年代在欧洲是一个稳定的社会民主的时期,这一时期见证了柏林墙的倒塌。而在美国,则是里根和星球大战的时代:一个暴力的、有强烈反叛情绪的时期,对批判性思想几乎没有好感。但在欧洲大陆,女性主义转向了关于情色的写作实验,并在社会政策和法律方面探索不同的方法和手段,而在美国,那正是"性战争"的时代。正如赫丝特·爱森斯坦(Hester Eisenstein,1983)、卡罗尔·万斯(Carol Vance,1984)和安·斯尼托(Snitow, Stansell, and Thompson 1983)等学者所记录的,以及帕特·柯丽菲亚(Pat Califia,1988)等其他人所雄辩的,在美国,关于性的讨论发生了非常负面的转向。性被色情和卖淫的话题占据,导致性变得与暴力和统治的议题挂钩,因此,性要不就是负面的——这种看法可以从像安德丽娅·德沃金(Andrea Dworkin)①

① 安德里亚·德沃金(1949—2005),美国激进女性主义者,以她对色情的观点著称,认为色情与强暴和其他针对妇女的暴力密切相关。——译者注

这样的活动家那里得到印证——要不就是历经激烈论战得到重新评价,这由女同性恋 SM 者和其他性激进分子(sex radicals)发起。像 NOW(全国妇女组织)这样的主流“自由女性主义”组织越来越回避这个议题,而是重点关注社会政治和经济的议程。

这导致与身体、快感、情欲和认知人类肉体的特殊方式有关的所有议题悬而未决。简·盖洛普(Jane Gallop 1997)在关于性战争时代的一份精彩绘图中,谴责了当时对身体的性恐惧之强烈,导致某些反色情的女性主义活动家与右翼道德多数派结盟,以取缔色情并将卖淫定为刑事犯罪。盖洛普还指出,这种斗争的浪潮不可避免地会影响到女权运动的内部。盖洛普捍卫了一个我部分认同的立场,即到了 20 世纪 90 年代,在美国,性骚扰取代色情成了关键的女性主义议题。这两者都产生了一种我认为是将性污名化的、教条且保守的女性主义实践。

我和盖洛普一样相信,这实质上是压迫女性欲望的另一种形式。盖洛普提到的另一个重要观点——尽管她得出的结论我并不完全赞同——女性主义对知识的追求调动了女性的全部自我,从身体和心灵上。女性主义者的意识,将父权制下已断裂的事物重新连接起来;知识和快感是一体的,或者说,知识本身就是快感。“我了解到，欲望，即使是未付诸实践的欲望，也可以让你感到非常具有力量。在我探索欲望的地方——让我充满活力和动力的地方，我称之为女性主义。”(Gallop 1997)然后她强调，将女性主义的知识实践和性实验的目标设置为性骚扰诉讼是多么有问题。毕竟，这种法律行动有意要制止权力的滥用、克服权力的缺陷，而不是以性欲和快感为旨归。一位欧洲人阅读了盖洛普对女同性恋学生指控她们的双性恋教授性骚扰事件的描述之后，感觉她好像是降落在了一个不同的星球上。事实上，在整个 20 世纪 90 年代，尽管“性”在美国政坛上看起来失去根基，但在法院里却取得很高的分数。从迈克·泰森、O·J·辛普森，到莱温斯基事件的白宫丑闻中达到高潮，都表明性诉讼的愈演愈烈。

假如我尝试用女性主义理论的语言对此进行翻译，我会说，在美国女性主义中，无论是批评话语还是公共话语，“身体”都不可能与性欲积极地联系起来。性欲，是精神分析和后结构主义的批判理论的基本范式，在美国政治话语中根本没有立足之地：它被扼杀了。那么，“法国女性主义”有什么机会呢？性(sex)/性别(gender)的二分法复仇般地转向性别(gender)这一极端，在自由个人主义“权利”和社会建构主义

“改革”的共同掩盖下脱离了身体。这时，留给男同性恋、女同性恋和酷儿活动家的任务，是尝试扭转这一趋势，将性欲重新纳入女性主义者的议程。例如，劳拉提斯回到了精神分析的欲望议题，提供了一个女同性恋身份的基本理论(1994)。朱迪斯·巴特勒颠倒了性/性别二分法的优先次序，支持前者，并设法将福柯和维蒂格结合起来。到目前为止，观察家们开始提到美国后结构主义作为一场独立的运动，具有它自身的具体特征和概念目标。大多数法国后结构主义先驱在美国担任常规教学职位，这一事实使后结构主义得以开始它的第二次生命，而后结构主义同时在欧洲消亡，尤其是从法国学术界中消失。到 21 世纪初，“法国理论”以一种离散而不是普遍主义的模式归属于世界。后结构主义中的法国性确实在翻译中遗失了，就像它在跨大西洋的迁移中经历了概念突变一样。

另一方面，对于居住在欧洲的知识分子而言，后结构主义仍然是回应现代主义乌托邦衰落的一个答案，主要是回应马克思主义和各种后马克思主义专家的政治叙事。这是一次旨在重新阐明一些激进的唯物主义观念以及实践需要的尝试，应对来自“新”社会运动(主要包括妇女、男同和少数族裔)的挑战，并将它们置于去殖民的框架和后结构主义兴起的背景下进行解读。科内尔·韦斯特指出,一旦这些理论跨越大西洋并在美国得到采纳,它们的政治影响力就会减弱。他认为我们需要质疑对这些理论的非政治性接受,并分析“为什么有些理论会以某种方式得以传播,而另一些理论只留在原地,或者说那些理论的变体留在原地”。(West 1994:123)我认为这是有用且恰当的观点。事实上,在整个20世纪80年代和90年代早期,主流哲学和女性主义哲学领域都花费了大量笔墨来互相抱怨和指责,争论对某一个流行理论的真实解释或版本。“法国女性主义”作为一个论战对象无疑名列榜首,然而本质主义、后结构主义、相对主义和解构主义的情况也好不到哪里去。

当然,这并不是否认后结构主义的政治影响问题是复杂的。也不是说在20世纪90年代法国没有将这些本土理论进行一定程度的去政治化。正如安德烈亚斯·许森(Andreas Huyssen 1991)指出,很可能是后结构主义中的唯美(aestheticist)趋势,在某种程度上推动美国对这些哲学的接受并将其整体去政治化。我认为,在女性主义领域,这导致一种全新的两极分化:一方面是深受后结构主义影响的文化研究方法,另一方面是对任何“后”学都抱有敌意的社会和政治理论方法(Fraser 1998)。这确实是一个有问题的分工。正如我们研究小组在20世纪80年代早期指出的，我认为有必要放下争论，转而就学术界某些理论的引进和商品化展开严肃讨论。这需要一个最低要求的出发点，我们抵制对所涉及的概念和讨论中的术语进行概括和统一定义。因此，我呼吁知识分子对自己的立场和位置持有批判意识，以便不将任何事物——甚至是他们自己的分析工具——视作理所当然。我们需要意识到我们所运用的概念是如何在历史中扎根，并在实际经验中具身体现的。意识到我们所涉及议题的多层次结构和主体的非同一性结构，是一个很好的认知优势。最佳的策略是在不同类型的知识分子之间形成横向联盟，实现知识分子自身的跨学科转变，以便我们可以跨越学科的鸿沟进行对话，并流利使用彼此的术语：生成-游牧主体。

结语：
他们可以耽搁你，但他们不能清除你

尽管法国理论的遗产复杂且时常矛盾，我仍然忠于我的根源，并希望继续捍卫法国后结构主义的遗产。这部分是由于，在批判理论里，尤其是在女性主义领域里，它具有复杂的、丰富的历史和理论遗产。在负面的、更具有争议性的方面，这包括一些我们现在已经放弃的讨论，比如平等与差异、本质主义和普世主义。另一方面，在积极的方面，我看到一些概念仍然对女性主义计划具有重要赋权意义。后结构主义方法建立在精神分析的这一概念上，即由欲望驱动的一个开放的或非同一的主体。在当前对非同一主体政治的讨论中，这使感性、情动、同情和欲望成为其核心价值。对这一代哲学家来说，同样重要的是关注作为压抑性和生产性力量的权力。这意味着权力的形成既是遗迹也是文件，因为它们在社会机构以及再现、叙事和认同模式的系统中得以表述。这些事物既不连续也不理性，而它们权宜的本性，远没有削弱它们的有效性，反而对其霸权力量至关重要。对无意识过程的意识，转化为构成社会文本叙事的不稳定性和不连贯性的认识。这种政治敏感性远不会导致政治和道德行为的停滞，相反，对于后结构主义者而言，它成为精心构建政治抵抗场所的起点，这些场所需要应对我们历史状况中的悖论。

我也不可能完全放弃法国遗产，因为它以多种方式巩固和完善了对权力的批判。在这一创造性的理论活动中,话语和权力之间的联系起到了重要作用。到 20 世纪 90 年代中期,女性主义理论进入了一个集中分类、纳入正典和研究元话语的阶段。各种不同流派的女性主义思想的文选、词汇表和批判性辞典开始出版,以英语为主。让我喜出望外的是,阿莉森·贾格尔(Alison Jaggar)、艾丽斯·杨(Iris Young)合著了一本《女性主义哲学指南》(*Companion to Feminist Philosophy*,1998),在这一领域里,这对任何学者来说都像做梦一样。甚至连妇女研究的百科全书也得以出版。这种异常的进步让我不禁想起了一个笑话,这得归功于弗朗索瓦丝·皮克(Françoise Picq),她提到文明的历史可以分为三个重要的阶段:母权社会、父权社会和官僚社会。最后一个阶段相当于,一个对原本不守规矩而生机勃勃的领域,以官僚主义的方式进行彻底重新组织的年代。某种程度上,在第三个千年早期,女性主义以这种秘书处(sécretariat)模式运作——没有以前那么无政府主义,但在生产和传播自己的象征资本上却超级有效。

然而,不可低估的是,我这一代人从主导权力基础中脱离所带来的长期影响。正如罗汉(Rohan 1988)指出,1968 年 5 月的这一代人中,有些人再也没有倒退回"原来的状态"。这是生成-游牧民或少数旋律的基调：彻底的陌生化，放弃自己所习得或继承的价值观和信仰，以生产一种向外拓展的、多重关系的主体性实践。这一生成过程的有益或积极方面，与消极方面相平衡。这里的好处是认识论意义上的，但超出这一范畴；它们还包括对我们现实-生活条件的一种更充分的绘图，因此达到更高层次的自我-认知(self-knowledge)。这是一种祛魅化的富有生产力的形式，它加强了批判性思维的清晰度，从而为更充分和可持续的关系铺平了道路。

可持续性(Sustainability)表达了在时间和空间上持久存在的欲望。在斯宾诺莎-德勒兹的政治术语中，耐力(endurance)这种可持续的理念与建构可能的未来相关联，因此未来是现在肯定性方面的虚拟展现(unfolding)。因此，在去认同化的激进政治、另类主体位置的构成，与未来社会希望的建构之间可以划出一个等式。这一等式建立在将消极情绪转化为肯定和赋权模式这一转型策略之上，这种模式与我们历史状况相关。为了充分理解其全部影响，我们需要回到发达资本主义的异常时间性(perverse temporality)来进行思考，1968 年 5 月的欢乐精神曾对其展开控诉，后来将它发展为一种关于发达资本主义的精神分裂模式的概念反思(Deleuze and Guattari 1972)。

资本主义的公理破坏了可持续的未来，对它的抵抗需要建构社会耐力水平（即希望和可持续性的水平）的集体努力。这是一种抵抗现状的政治实践，它激活了过去，以生产一种变革的希望和实现它的活力。这样一来，它处理了负面力量，将它们纳入积极参与未来可能的赋权任务中。希望是一种值得期待的品质，它激活了强大的动力：反记忆、想象、梦的工作、宗教、欲望和艺术。希望建构了未来，其中它打开了投射积极欲望的空间；它给予我们处理否定性的力量，将我们从日常例行公事的惯性中解放出来。这是一个质的飞跃，它开拓了积极的生成轨迹，因而可以用一种生产性的方式应对焦虑和不确定性，并协商向可持续的未来转变。也许第三个千年，将找到自己 20 世纪 60 年代时的愿景，让想象力夺权。

第三章　性差异理论

伊利格瑞是迄今为止最有哲理的一位法国后结构主义女性主义理论家，她的作品在英语世界的影响最为持久。我将她的创作分为三个不同阶段：第一个阶段，她创作出了我心目中的代表作，即《他者女人的窥镜》和《此性非一》，它关注女性性（feminine）作为特权他性（privileged otherness）的社会象征位置的变革潜力。这种女性性是一个复杂的、多层级的位置，而不是一个不可改变的、既定的本质；我把这一概念和这一阶段称作非一原则的性差异。第二个阶段，从《性差异的伦理学》开始，关注由一种激进的异性之爱引发新生的创造性潜力，这种爱以尊重文化差异为基础。它重视性别化的"二"（the sexualized two）的形而上学，以及平等的异性之爱作为一种力量的重要性，它不仅能构建和转变两性之间的关系，而且也能够改变社会领域、公共领域、法律理论与实践和政治生活。第三个阶段，是将性差异向其他差异开放的一种尝试，尤其是向多元文化开放，所以它关乎族裔与宗教的议题，尤其强调东方宗教丰富的灵感来源。

我与伊利格瑞的联系在于她创作的第一个阶段——当时她是一位将具身性问题与对复杂性和多重性的敏锐意识相结合的思想家，并捍卫普遍主体，尤其是女性性的非同一性观。性差异属于法国后结构主义的主流，更具体来说，是对人文主义主体观的批判。后结构主义中的“后”，表示在理论上与菲勒斯逻各斯中心主义本质决裂，不仅是支配性的自由主义主体观上的，还有解放计划上的，特别是社会主义和马克思主义女性主义政治和社会理论的解放计划。正如我前面所论述的，后结构主义的焦点其实是权力的复杂结构，将权力与知识结合的多样而高效的方式，以及主体性的构造。

性别化的现代性

一个多世纪前，尼采说，所有颓废、病态和堕落的文化都对“女性性”有兴趣——除了娘娘腔（effeminate）。因此，它描述的“女性性”只不过是一个复杂的隐喻，或者说是一种症状，它体现了深层的不满，而这种不满正是菲勒斯逻各斯中心主义文化的核心所在。这是一种男性疾病，它表达了自我合法化的危机，根据让-弗朗索瓦·利奥塔(Jean-François Lyotard 1979)的说法，这是后现代社会的标志。这种“女性性”对于现实生活中的女性而言并不迫切，甚至没有直接的关系。它是一种典型的男性立场，把男性的失调转换为女性的价值。想到弗洛伊德笔下的施雷伯法官(Freud 1911)，在谵妄时宣称自己既是男性又是女性，而且更像女性，因为是上帝的宠儿，我们很可能对“生成-女性”作为一种现代思想潮流的深度感到惊奇——德里达(Derrida 1967，1972，1978)是法国这一思潮的主要代表。

后结构主义女性主义继续讨论现代性危机这一主题，例如，通过质疑马克思主义“意识形态批评”概念的有效性，尤其是质疑阿尔都塞对于主体与其存在的真实状况之间的想象性关系。在女性主义看来，意识形态指性别再现的父权制系统，更具体而言，是建构女性气质的神话和形象(de Lauretis 1986b；Buikema and Smelik 1995)。女性的女性主义主体从主体性的具身根源开始，拒绝任何普遍的、中立的，从而排除性别的方式来理解人类的具身性。

悖论的是，西蒙娜·德·波伏瓦的经典平等主义范式也表现了一种性别中立观。对于后结构主义者而言,波伏瓦的“解放的女性”,希望能摆脱社会附加于她性别的差异实现超越性。差异的负面内涵是波伏瓦和具有平等意识的女性主义拒绝它们的原因。与之相反,后结构主义者将主体性概念化为一个过程(主体化,assujettissement)①,它同时包括了物质性(“现实”)和象征性(“语言”)的情况,它通过这种方法被构建起来。因此,女性的女性主义主体从重新评价主体性的身体根源开始,拒绝任何以普世的、中立的、从而排除性别的方式来理解人类的具身性。性差异理论包括每个主体内部的差异(在意识和无意识的过程之间),还有“主体(Subject)和他的大他者(Others)之间”的差异。

对伊利格瑞而言,女性主义是一个将女性的女性主义主体——也就是说,那个在主体性的支配话语内部被编码成不可再现的东西——进行再现的过程。以非辩证法的方式将不可再现的东西带入再现是一个想象力的工作,而不是仅仅颠倒男性(Masculine)/女性(Feminine)的性别对立的两极。它要求概念和

① 法语的 assujettissement,在这里相较于英语的主体化(subjectification),指涵盖了主体性的多层次性质,即自我和他人在多重差异关系中的相互作用过程。——译者注

情感的创造性。伊利格瑞把这个问题转化为“女性语言”的议题，即怎样为差异的边缘找到合适的表达，使女性的女性主义主体可以从中重新拜访女性性的场所。在对每个人来说的同一种(one and the same)语言内言说女性的沉默的过程，同时暗示了重拾(记忆)和创造(想象)。困难在于如何深入思考和表达形成游牧旅程的居间空间、过渡区域、过渡和转移。正是这些游牧式过渡的时刻，对理论创造的过程来说至关重要，同时也相当难以表述：一个人如何形成介于A和B之间的事物，不与任何一方重合？在性差异的计划中，重要的是居间的空间、旅程，而不是最终的目的地。我们讨论的“女性”是该旅程的痕迹，而不是它的终点。

伊利格瑞强调了女性性的隐喻和女性话语与实践之间的关系，它要从权力和策略方面去思考。真正的议题是，父权制对女性的预设，和女性的生活与思想的既定现实之间存在正面冲突——女性主义已经允许我们去表达这一点。我已经在别的地方将这种冲突描述为，“女性”的形象和人为再现(man-made representations)与现实生活中女性的多元经验之间存在的紧张关系。这就是后现代主义、后结构主义、“后-明信片”(Post-Postcard)(Derrida 1980)关于现代性危机及其持续遗产的讨论中的关键所在。

对伊利格瑞而言,正如我在本书中所论述的那样,导致逻各斯中心主义主体死亡的危机打开了女性主体性表达的可能性。这一危机仅仅是普遍主体的死亡——一个将它的独异性掩盖在逻各斯中心主义面具下的主体。男性会因此受到冲击,这并不奇怪,然而,该危机使我们终于提出这个对伊利格瑞而言的根本问题,即性差异问题。伊利格瑞对现代性的批判之所以重要,是因为她攻击了理性和男权主义的合谋。话语的主体总是性别化的,"它"从不是纯粹的、普遍的或无性别的。伊利格瑞的工作建立在双重目标之上:首先,通过重新阅读西方本体论的历史,拆解男性气质同理性和普遍性的关联。第二,在她的文本中发声(voice)并具身化(embody)女性自身尚未被探索的"女性性",这与作为"第二性"隐含在逻各斯中心主义经济里的那种"女性"是不同的。

在伊利格瑞的计划里,关键的是表达出一个从未被充分再现的女性身体现实的激进革新性,又不中断与西方哲学大师们的对话的双重愿望。这在她第一阶段的作品《他者女人的窥镜》和《此性非一》中尤为明显,其中她极其独特的风格最为成功地实现了协调批判性和创造性的努力,这是她作品的鲜明特征。

伊利格瑞在这一阶段的文本策略具有明显的政治性：包括拒绝将象征性的事物与经验性的事物分离，拒绝将关于“女性”的话语从西方文化中女性的状况和地位的历史现实分开。换言之，“女性”是所有文本化和理论化过程的“盲点”，这一事实意味着女性的声音是埋藏在别人的、男性自己的话语之下的。因此，对“女性”的隐喻化过程和对女性的历史性压迫的现象之间存在直接的等价关系。伊利格瑞的计划是从西方哲学的主要文本开始，去修复、揭示和表达这种声音。

她追求的“女性性”是由女性定义的女性特质，因此，它仍然是一个空白，它还没有在这里出现。我们以条件模式（the conditional mode）来思考它：在我们文化无性差异的系统中，女人对女性性的拥有、掌握和创造是如何产生的？什么条件可以使女性主体性的首次出现成为可能？为应对这一挑战，伊利格瑞提出的策略是策略性重复或模仿。她把传统哲学的各种文本里为“女性性”指定的位置作为她的阐释场所，因此，她把这些文本解读为，或者不解读为一种对“女性”的再现和关联的功能：这是一个对菲勒斯逻各斯中心话语的内在逻辑进行镜面/推演映射（specular/speculative reflection）的游戏。这一策略性重复的游戏，将文本对“女性”所做的事抛回到文本中，变成一个高度颠覆性的实践和话语批评。伊利格瑞重新定义主体性特性的计划，以及对思维的全部意义的理解，都建立在一个重要假设之上：对性差异的本体论基础的信念。换言之，两性之间的差异是根本的，是人类经验的组成部分；它应该与必死性（mortality）一起，作为人类存在的不可避免的参考框架。无论我们是否承认，性差异总是存在的，就像死亡一样。性差异的本体论主张正是伊利格瑞在理论和政治上如此重要的原因；对本体论差异的本质主义信念是一种政治策略，旨在说明女性主体性、性和经验的特殊性，同时也谴责了菲勒斯逻各斯中心主义话语的无性差异逻辑（与此对照，见 Grosz 1986）。

伊利格瑞提出的代表女性性别的双唇——一起紧密闭合，然后又分开，当下的这一著名形象代表了多重性、剩余性，以及多元性和特异性的独特结合，这也是女性身体的、性别化的现实特征。然而，这种高度暗示性的形象，以及它对女性自恋的精神分析理论的含蓄指涉，是非常矛盾的。伊利格瑞并不是一个具有同性恋经验的理论家；相反，她已经十分清楚地表明，在每一性别的性差异得到充分认识的意义上，她渴望真正的、纯粹的异性恋。这一过程必须从每个女性在一个象征参照系统中承认其他女性开始，即一个对“女性作为他者”的相互自行承认的系统。因此，伊利格瑞的性差异概念强调差异第二层的重要性：它发生于女人之间对多元性的承认，也是对共同经验和关切的承认。

在这一视角中“女性性”既不是一个预设的本质实体，也不是一种单纯的社会建构，可以通过构成它的编码来理解。相反，它是一个政治实体，可以通过旨在改变它的可能性条件过程加以利用。我称它为一种潜在女性性（virtual feminine），在这一意义上，它是这一计划的结果，一个超越了女性作为同一性他者的传统主体位置的政治和概念计划。伊利格瑞旨在将女性表达为大他者中的小他者（the other of the Other）。根据波伏瓦对两性辩证法的分析，她首先关注了男性和女性主体位置之间的差异（1974）。然而，伊利格瑞则凭借后结构主义的理论工具，特别是拉康的精神分析、语言学和文学理论，超越了在波伏瓦那里遍布的黑格尔方案，这一方案重视不对称的权力关系，它导致将女性建构为在主体性的霸权视角下的他者。这一霸权视角被定义为菲勒斯逻各斯中心主义，它指的是这一事实——在西方，思维与存在一致，使意识与主体性相吻合：这是逻各斯中心主义的趋势。

然而,它也指一个持久的习惯,即依据男性气质或抽象的阳刚之气(菲勒斯中心主义)来暗指主体性,与思想主体所有其他的关键特征一样。这两者加起来导致了难以言说却强有效的菲勒斯逻各斯中心主义。它假定男性是一个自我筹划的理性人,女性的“他者”则位于一个混乱和低级的场所。

伊利格瑞批评了这种单一二元论的扭曲,她认为菲勒斯中心主义系统通过组成一系列贬义的“他者”的负面差异性案例来发挥功能。在这一系统中,“差异”在历史上被将它们贬低为劣等的权力关系殖民。此外,它会导致将这种差异视作“自然”,然后使存在的全部范畴贬值,变成可弃置的存在物。根据福柯的观点,我想补充的是,在这一框架中权力是指在多重位置之间的一系列策略性的相互关系:这些位置包括文本的、社会的、经济的、政治的和象征的。因此,权力也赋予了某些观念、概念或一些意义在政治和社会上的流通性,从而使它们具有“真理价值”或科学合法性。以厌女症和种族主义为例:认为女性和有色群体劣等的观念(无论是心智上、知识上、精神上或道德上)都没有严格的科学基础。但这并没有阻止它们在政治实践和社会组织中具有很大影响力。这会导致作为“他者”的女性或有色人种被建构为与预期规范

“不同”的存在：因此，她或他既是贬义的经验性的对象，也是贬义的象征性的符号。然而，正是这个原因，贬义的他者也扮演着一个批判性的意义塑造者的角色。贬值或贬义的他者性（otherness）组织起了不同等级的差异，它允许所有等级的社会差异被管控和治理。因此，进一步说，对差异的贬义运用并非偶然，它对于在结构上维持它的意义、社会秩序和权力的菲勒斯中心系统来说是必要的。性别之间的不对称关系影响了它们各自同他者性的关系。在菲勒斯中心的系统中，女性之间关联的“他者性”仍然是无法表述的，因为边缘的“他者”是在一个男性中心的功能与同它的关系里被概念化的。伊利格瑞将前者称为“大他者中的小他者”，把后者称为“同一性中的大他者”（the Other of the Same）。在“双重句法”（double syntax）的名义下（Irigaray 1984），性差异女性主义者捍卫这一不可简化和不可逆转的差异：不仅是女人与男人之间的差异，由此也是现实生活中的女人们，与作为大他者的女性（Woman-as-Other）的具体形象之间的差异，也是女人自己当中的差异。

性差异女性主义认为，女性生来就在物质和象征上承担了男性能自主自我定义的特权的代价：她们在物质和象征上就被剥夺了一个可以说话的地方。这具有深远的意义:菲勒斯中心主义逻辑是被嵌入在语言中的,它是我们社会里的基本政治结构、象征系统或神话。在后结构主义者的框架里,语言不仅被理解为一种遵循人文主义传统的交流工具。相反,它被定义为关键的社会象征机构:这是主体性得到建构的场所或位置。然而,为了获得语言的使用权,人们必须在男性/女性的巨大分裂中选择一边占据一个位置。主体是性别化的,或者根本就无性。因此,性差异理论家跟随拉康,提出如何将形态学(Morphology)上的男人和女人,与男性气质和女性气质在文化上被编码的角色联系起来的问题。形态学用社会建构主义的性心理学版本取代了对身体的生物决定论解读,因此指向了对身体自我的鲜活经验的理解。我们期望具身主体通过内化这些再现坚持下去。因此,尽管语言被设想为一种先于主体性并构成主体性的结构,但构建身份(男/女)的性别主体位置既不稳定也不本质主义。主体对男性或女性位置依附的基本不稳定性,反而被认为是抵抗任何形式的固定或稳定身份的场所。主体既是性别化的,也是分裂的;既依赖于性二分法的其中一个极点,又脱离于它,不断偏离中心,在结构和社会指标之间运动。

性差异女性主义的理论核心是坚持主体起源的

非-一-性(not-One-ness),因而也是每个主体内部的非一性(Braidotti 2002)。这种主体性的非同一性(nonunitary)或复杂性的视野也影响了女人之间的多元性或多重差异。无论是从政治还是逻辑的角度来看(Frye 1996),有一种假设强调性差异是一种总体化的举措,否定女性之间的其他所有差异,这是错误的。性差异是多重差异的标志,首先是每个人内部的差异(激进反本质主义),然后也是不同“他者”之间的差异(激进的差异政治)。我同意惠特福德(Whitford 2003)和多伊彻(Deutscher 2003:65—75)的观点,即伊利格瑞的概念框架为分析其他差异,特别是种族和宗教的差异提供了重要的交叉参照和应用,尽管这种转变既不是不证自明的,也不是自动的。在这种女性主义计划中,关键的是重新定义主体的全部框架,而不仅是重新定义它的性别(gendered)或者性(sexed)的身份。它是一个具有更广阔吸引力的象征性转变。从自爱,到承认与我相似的另一个他者,再到参与社会和伦理变革的政治计划,一直到一个不再被同一性殖民的新普遍性。建立女性承认女性的联结是这一过程的关键起点。它是一个生成的初级和基本的过程。它是对德勒兹(Deleuze and Guattari 1980)所称的父权制下的小女孩“被偷走的身体”(stolen body)

进行再加工的一种方式。原初自恋(Primary narcissism)以这种方式修复这种本体论的剥夺,以重新确定两性之间的不对称性和差异的生产力。

母性与母女关系

性差异理论依据的象征性支撑之一是物质性(materiality)这一术语。它的词根是母亲(mater)。对矩阵(matrix)的强调预示母亲身体的物质性是主体起源的原始和构成场所。这也是女性具身存在的独特性的典型特征之一,这对伊利格瑞而言是一种不应该被轻视或无视的资源。它当然不能以某种草率的平等主义的名义,把衡量女性身体能产生的差异当作损失而抛弃。对于伊利格瑞而言,女性主体的特殊性反而需要进行系统的思考和解决。伊利格瑞对母性/物质性(maternal/material)的女性性的重估不带感情投入,而是以一种激进的爱的清醒来重估母女关系。她承认,母亲身份也是女性在同一性的镜面逻辑中被捕获的场所,使她屈从于男性的地位。伊利格瑞跟随了弗洛伊德的元心理学工作,强调女性作为社会-符号商品在男人之间流通的交易,处于父权制社会契约的核心。这一性别本体论使女性在社会上被边缘化，也在象征上被去资格化。这一方面的证据，伊利格瑞追随拉康对克劳德·列维-斯特劳斯的继承，强调所有主要的社会和象征功能——宗教、高等教育、军事和立法，在一个父权制社会里是为男人、由男人，且在男人之间专属保留的。这种分离主义形式构成了菲勒斯中心主义系统的核心。这也使伊利格瑞陷入一个双重困境中：一方面赞美母性的女性力量，另一方面强调弑母是男性社会心理契约的基础的事实。然而，伊利格瑞的女性主义政治的要点是，母性是女性的资源。它允许我们探索肉身知识（carnal knowledge）的模式，探索超越菲勒斯中心主义经济的感知、共情和相互联系的聚焦点。因此，伊利格瑞提醒我们，物质性/母性是表达女性性征特殊性的实例（Whitford 1991），是一位女性的人性和神性的感觉。因此，性差异是我们文化的最后一个乌托邦，即 *u-topos*，一个不存在的地方，或者说，至今没有地方能够表达的东西：在从未出现和尚未到来之间。

事实上，伊利格瑞指出重要的一点，乌托邦这一术语也包含了一个时间维度，并指向那些尚未实现的东西。对伊利格瑞而言，这一“尚未实现”是潜在女性性，即“大他者中的小他者”，一个集体赋权的、自我定义的女性主义主体。这蕴含在一种积极的女性主义实践中，旨在创造差异，也就是说，将差异转变为积极的、赋权的肯定，为女性的女性主义集体提供另类的主体位置。伊利格瑞声称，对另一种女性谱系的追求，对这一计划而言至关重要，因为该计划是另一种女性象征系统的开始；她称这一策略为模仿。这相当于集体重新占有女性的形象和表征，因为它们已经被编码进语言、文化、科学、知识和话语中，并因此内化为女性的心灵、思想、身体和生活经验。这是一个重新占有的过程，需要对相互关联的结构进行修改。事实上，正如伊利格瑞指出的，需要创造新的结构。该过程的出发点是，主张活生生的女性具身经验特殊性的政治意愿。

我认为，这相当于拒绝将性差异分解（disembody）为所谓的流体或液体（Bauman 1983）的“后现代”主体性：自我和他者之间的边界是可渗透的，这一事实并不意味着什么都可以。复杂性不是混沌，多重性不等同于相对主义。该计划也主张将解构固定主体性的后结构主义计划与具身女性的社会政治赋权重新结合起来。性差异哲学认为，迫切需要在历史和政治上给出为女性主体性赋权的概念。作为回应，为了避免对身份本质主义的反肯定性（counter-affirmations)，女性主义理论变成了一种策略，即在其历史性的确切时刻，通过围绕女性这一概念的意义和符号的沉积层(sedimented layers)进行工作，由于传统人文主义的衰落，这一概念已经失去了它实质的统一性。女性主义政治因此被重新定义为针对性地重访并重塑具身女性含义的策略。伊利格瑞和德勒兹一样坚信我们只是不知道一个身体可以做什么。

重访女性性的模仿活动，目的是为另类社会实践和女性在预先固定的本质中的再现开辟空间。因为如果在两性之间没有对称性，重复就会产生差异，根据这一逻辑，女性性作为女人所经验和表达的东西尚未得到呈现，就已被男性的想象殖民。在“双重句法”(double syntax)的概念里，伊利格瑞捍卫这一不可简化且不可逆转的差异，并提议将其作为女性主体性和性态的另类版本的可能条件。然后重要的是，创造、合法化、再现一个多中心的、内在差异化的多性别女性的女性主义主体性这一政治和概念任务，而不陷入相对主义或碎片化。因此，女人们必须言说女性性，她们必须以自己的术语思考它并表达它。通过女性的女性主义者进行模仿来重新拥有女性性的策略，一个旨在将“大他者中的小他者”带进再现的政治过程得以建立。这是寻求重塑主体性和相互关系的一种进步。因此,它具有双重的特征,不仅关注新的策略,也关注女性的女性主义者作为中介者扮演的角色。

伊利格瑞是充分强调激进的异性恋和重建一个异性恋的社会-象征契约需求的少数思想家之一,这种契约不依赖于厌女症,因此也并不依赖于父权制社会的无意识。作为一个受过充分训练的精神分析家,伊利格瑞谴责了以菲勒斯逻各斯中心主义的能指为前提的身份妄想本质,并比日常的性别歧视和文化强制歧视的社会表达更深入钻研了这一本质。她的批评触及了厌女症的深层根源,其主体的基础在于拒绝从物质的母亲身体(material maternal body)而来的女性性,这种女性性构成了我们的起源场域,使每一个主体遭受创伤。从自我诞生之初,就存在从作为母体或矩阵的一部分所享受的整体性中的分离。这造成了不可弥补的损失,甚至无法表达的悲痛。这种"不可再现性"的结构是精神分析的主体构成理论的一个关键部分。它基于两个关键的观念:第一,整体性(幻觉)的原初丧失,转化为一种伤口,变成了我们主体性的构成要素。可以说,一个人容纳这一丧失,并通过部署所有补偿的潜在认知和情感形式来折叠它。它的痛苦永远不会消失——它只是被格式化为哀悼和抑郁(弗洛伊德)或感激和互惠(梅兰妮·克莱因)。伊利格瑞认为,原初丧失感必须被自爱取代,还有被对成为女人的爱所取代。

第二,不可表征的东西表达了父权制无意识对所有投射在女性性上的属性、特质和权利的忧虑:具身性、关系、出生率和死亡率,生殖力、情感性和性活力。如何在一个新的社会象征契约中重塑这些元素,是伊利格瑞女性主义政治的核心问题,它呼吁一种女性性态(sexuality)的全新形式。在伊利格瑞的计划中,小他者-女性(the other-woman)(包括母女关系)就像一个女性主义主体可以从中提取丢失信息的数据库。这一交易修复了本体论上的缺失,加速了变革的状态,将政治化的女性之间的集体空间转化为一个生成的实验室。这并不是说,主体仅仅是从其他女性那里索取;相反,伊利格瑞的异性恋计划给予了两性之间的交流以充分余地和高度重视。性差异伦理不仅与每个女性内部和女性之间的差异有关:它也标志着构建主体独异性的不可化约的一系列差异。换言之,对女性性和男性性的认同对于构建相应的女性和男性主体而言是必要但不充分的。还需要更多的东西——比如与种族、宗教和其他变量的具体和想象关系,对伊利格瑞而言,“他者”仍然处在一个移动的、不可把握的地平线上。对他者的渴望——或欲望,也被伊利格瑞描述为对惊奇的激情。

换言之，对伊利格瑞而言，在菲勒斯中心的系统中异性恋和同性恋的身份认同都同样是有问题的，它将一切都化约为评判和选择性别的同一性或"一"的权力的标准。伊利格瑞对异性恋的强调，着重在激进的差异和它在性欲的构成中所扮演的角色；女性主义提供了一种与男性同性社交纽带的断裂，它将所有人类的性(sexualities)归结为菲勒斯模式。伊利格瑞使异性恋和同性恋之间的不对称性变得更加复杂，她引入了不同形式的同性恋中的差异概念——首先是女同性恋和男同性恋之间的差异。

这一激进立场，对于男性重构他们自身对性别认同中菲勒斯特性的依附赋予了重要意义。尽管这听起来与酷儿理论家主张的解构主义和性居间(sexual in-betweenness)相去甚远，但伊利格瑞的政治计划与同性恋、男同和女同的话语既非不相容，也不与之对立(Braidotti 2002)。她的立场拒绝将转型的责任全部放在男同和酷儿群体身上，而是对大多数自我延续(self-perpetuating)的在性上"正常"的个体提出疑问。伊利格瑞说明了在菲勒斯能指的权力下，异性恋爱情的内在功能障碍和持久的暴力，并呼吁对所有相关方进行大幅度的调整。在此过程中，她强调了厌女症在我们世界中仍然发挥作用的程度，以及某些女性主义理论与之共谋的方式。

政治计划

这一过程正是我所称的性差异女性主义的潜在女性性。在后结构主义或性差异女性主义中，唯物主义与具身性和性差异都有联系，而且这种联系是由找到一个更好、更充分的女性物质现实再现的政治意愿和决心促成的，该联系不是被给定的，而是潜在的，也就是说，是作为一个过程与一个计划。在此过程中，伊利格瑞与德勒兹的计划是交叉的，尤其是他的无机身体(anorganic body)或无器官身体的概念。正如蒂娜·尚特(Tina Chanter)所说：伊利格瑞"将身体重新带入游戏，不是作为女性主义的基石，而是作为一组流动的差异"(1995:46)。这里意志和欲望之间的精神分析区分变得根本：具身性是对情动、依恋和分离进行重新加工的一个动态且复杂的现象，正如我前面论证的关于与母亲场所(maternal site)的原初认同的丧失。在此我们必须增加象征系统作为一种再现编码的作用。伊利格瑞与拉康共享了一个语言的参照框架，意思是“再现”不仅是一种文化模式，而且履行着一种本体论的功能。比如说，编码和规则被纹在我们的身体系统上。因为性的菲勒斯逻各斯中心主义制度化内涵写在我们的身体上，它们是复杂的，因为它们是肉体化的（enfleshed）。因此，渴望变革的女人们不能像蛇一样蜕去她们的旧皮。女性主义者们不能指望仅仅像丢掉旧衣服一样摆脱她们的性别身份。因此，话语实践、想象的认同或意识形态信仰构成了具身的主体性。女性主义应该意识到，她们陷入这样一种存在的矛盾性：一方面陷入符号编码中，另一方面又深刻地反抗它，并为此承担责任。想要推翻性别系统并不是那么简单——鉴于我们是它的一部分。这就是为什么我认为去言说不属于菲勒斯系统的边缘地带很重要。人们也必须考虑女人们对羞辱她们的同一系统的相对附属。因此，我们向女人们提出一种质的转变：将女性气质（femininity）从作为社会象征制度和女性身份的支柱，发展为一种女性主义位置，它是对二者的抵抗。

这是性差异女性主义理论的遗留问题变得明确的地方：不管是否愿意，女性的女性主义与她们试图解构的系统是共谋的。这种共谋深入她们主体性的最亲密甚至是前意识的结构中。意识到自己的卷入或共谋是抵抗的激进政治的起点，它将摆脱对纯洁性的要求以及奢侈的罪疚感。因此，我认为性差异理论强调(女性主义的)女人可以创造差异的积极性，同时反对对立身份自动的反肯定性(counteraffirmation)。我将其视为对在不同方面上的女性主义实践而言的一种策略优势：首先，它导向重新思考差异的话语和实践，以便清理它们历史上获得的霸权内涵(Braidotti 1991b)。第二，这种对差异的重新评价是一种政治实践，它与对理性、自我再现、同质性和稳定性等对主体性的人文主义假设的批判相吻合。这些假设在追求平等的女性主义中也是可行的，所以它们需要被解构。第三，性差异取消了关于他者性的传统伦理和政治话语。在它的反动模式(reactive mode)中，它批评了将女性性隐喻化为一个贬值却必要的差异形象的惯习。在一个更肯定性或更积极的方面，它恳求对女性意象的重新挪用，也就是说，对构建一个人主体性关系的形象和再现的重新挪用。因此，他者性的议题对这一过程而言是关键的。

为了实现可持续，这一发展需要把握时机，以避免越过一个人的具身自我的复杂性走上致命的捷径。身份的概念是一个错综复杂的概念，不仅受自我和个性的影响，而且受无意识愿望和欲望的影响。女性的认同不仅基于女人的概念；它也被诸如交叉引用(cross-referencing)这种现代文化实践决定。在这一方面，对与现实-生活的女人（women）对立且共谋的大写女人（Woman）的分析，激发了将制度或再现的大写女人（Women）与经验中的女人（women）的分离。这一区分为女性主义重新拥有或重新定义主体性打开了空间，这不亚于文明、谱系和历史感的改变。女性主义的反谱系（countergenealogies）是女性进入一个新象征系统的途径（inroads）。正如伊利格瑞所说："这不是在已被定义的'我们共同的人性'的视域(horizon)内改变具体计划（items）的问题，而是改变视域本身。"

在这一过程中的关键要素是女性的谱系感，我借鉴福柯将其解读为在政治上激活的反记忆。我想强调该计划的时间维度，也想说女性主义所呼吁的这种变革过程是缓慢且需要时间的，因为它们调动了女性主体性的深刻和潜在的矛盾方面。谱系构成了女性具身和嵌入经验的累积规模，对我而言，这是一种象征性的遗产。伊利格瑞强调了谱系的母性根源，目的是在女性主义政治理论中定位它们，其出发点是身体的肉身化位置。在由性差异的女性主义理论提出的去-本质化的版本中，身体性的自我被定义为许多经验领域和社会力量的交汇。

在我看来，自我的肉身本质（enfleshed nature）很大程度上与时间和记忆有关。正是回忆的能力给主体提供了想象的同一性和连续感，这对于主体在内部和社会层面的运作十分必要。但菲勒斯逻各斯中心的男权系统殖民了女性的想象力，女性主义的计划是去抵抗并为女性集体重新定义她们作为“大他者中的小他者”的独特经验打开另类空间。因此，性差异不能被理解为一个没有问题的范畴，也不能从根本上与阶级、种族、民族和其他编码了的社会差异等范畴的运作分离。然而，它的确继续将性别身份（作为具身女性的事实）特权化为抵抗的主要场所。

最有趣的新视角之一是性差异理论与其他差异的交汇，这一点在伊利格瑞关于性差异的“经典”表述中被大大低估了，她已因她的色盲（color blindness）受到了批评。我倾向于把这归结于一种关于主体性的新普遍主义的思考模式，这是所有后结构主义者一代所共有的（Schor 1995）。法国性差异学派（the French school of sexual difference）通过否定性，将性差异与形而上学相联系，确实将男性/女性的分裂（divide）特权化为所有差异的矩阵。它已继承了结构主义人类学和精神分析概念，如妇女交换（the exchange of women)的普遍性和乱伦禁忌。对于这一观点，我认为有理由为其辩护：首先，它把所有这些观点都导向了为女性赋权的事业，并在这一过程中，赋予了女性主义哲学比任何其他的批判性理论更高的认知、伦理和政治价值。

因此，我同意巴特勒（Butler）和斯科特（Scott）（1992）的观点，性差异理论的政治计划可以且应当从这一交汇地带出发进行重新思考，即后结构主义对身份的批评，与有色女性与黑人女性主义的晚近理论之间的交汇，以揭露女性主义理论的白人性（whiteness）。我认为，在后现代性中，需要后殖民主义、后结构主义和后性别理论之间新的横向或交叉的结盟（Minhha 1989；Spivak 1987：134－153）。这相当于哲学与其他如法律研究、批评研究、电影理论、社会和政治思想、经济学和语言学等领域之间的新的跨学科对话。其共同的主线是，对于要摆脱一个普遍的、连贯且稳定的自我参照，而且仍然致力于自主权，为女性赋权，以及追求理论与方法精确性的女性主义者而言，可以承担哪一种责任？

因为它强调女性的共同经验，这种经验既是语言的一种话语和政治实践，也位于语言之中，性差异哲学促进了对情感政治性的重估。我曾建议将女性主义重新定义为对性差异的激情，也就是说，对于那些不再承认自己是菲勒斯逻各斯中心的“同一性中的他者”(Other of the Same)的女性来说，女性主义是一个欲望客体。因此，一个女性的女性主义者可以被看作某个渴望并倾向于为她“成为-一个-女人”(being-a-woman)的其他再现赋权的人。因此，女性主义不能仅仅从意志选择方面进行描述，而且要从欲望，也就是说无意识动机方面描述。这强调对情感进行政治分析的重要性，它也要求对欲望的概念本身进行批判性地重估。伊利格瑞，如同德勒兹，挑战了欲望和否定性或缺失之间的等式，这一等式构成了拉康精神分析中的黑格尔式的遗产，她反而提出了欲望是一个人对充实与幸福的渴望的积极肯定。一种幸福或快乐的形式。我的结论是，性差异女性主义想要在女性身上释放的也是对自由、公正、自我实现和幸福的欲望。酒神的癫狂笑声与日神的严肃精神相反。这一政治过程是向前看的，而不是怀旧的：它并不美化女性性，而是将其作为肯定另类女性主体性的政治计划，致力于实现它或赋权于它。它旨在将菲勒斯逻各斯中心主义宣称的不可再现的东西带入再现，并因此公正地对待这类女性的女性主义者，她们在自身丰富的多样性中已经成了那种女性。

女性主义伦理学

《性差异的伦理学》是伊利格瑞最为清晰地表达关于女性主体性计划的“他者性”概念的宣言之一。与她更早期的作品相比，该书标志着一种转变，这种转变已经在《海洋的情人》(*Amante Marine*)、《自身的信仰》(*La croyance même*)和《女人的神性》(*Femmes Divines*)中已经可见——也就是说，对话的双层结构(the double-layer structure of address)，伊利格瑞既同古典本体论的名家对话，又同时与实际介入我们文化中“女性性”的转变过程中的女人们对话，如今这一技法变得凝练。在《性差异的伦理学》中，伊利格瑞几乎只和伟大的名家对话。她缩小了对话者范围，再加上声情并茂的言谈方式，创作出了一篇充满诗意的文章，读起来就像一篇关于爱的重要论著。

伊利格瑞的文章重点是激进的异性恋政治。她认为，与小他者的关系，尤其是与作为神性存在(Divine Being)的大他者关系的他异性(alterity)神秘，可以被概括为在性别上不同的他者，也就是说，每个性别的另一个性别。然而，伊利格瑞非常谨慎地强调，女人作为男人的他者（同一性中的小他者）需要首先探索她与其他女人之间的关联、她与她自身性别的（小他者中的小他者，或女性的象征系统）关联，以便为它找到适当的表达。重点在于经典的笛卡尔式“惊奇”的激情，作为男人和女人相遇的完美模式，每一性别都有它的特殊性：两个在性上不同的存在物是完美的。“惊奇”的品质表达了对他者的一种接受性，一种向他者无限开放的可及性（availability）。这是克拉丽丝·李斯佩克朵（Clarice Lispector）在她的《G. H. 的激情》（*The Passion According to G. H.*）中的深切描述。能够接触任何一个人，充分尊重或她的生命的独特性，尊重存在和边界，同时在他者的影响下朝向承认我们不可推测的差异移动和被移动——这是新爱情伦理的基础，是伊利格瑞的性差异实践的一部分。虽然女性主义者对这个乍看之下像是单偶制异性恋夫妻的宣言惊恐地大声抱怨，但伊利格瑞一直很坚定，尤其是在她关于女神和神性的女性经验的作品中，激进异性恋政治作为性差异的基本主题，是确保女性主体性出现的必要步骤，还要确保一种在形态学上适于女性物质现实的想象和象征系统。伦理学对伊利格瑞而言是一种朝向他者的移动，作为与他者关系的新模式的范式，他者包括另一个这样的女人，她在性方面与我相同，但她同时是一个他者，是自我与现实之间的中介者。性差异的伦理学的目的是寻找并实施一个新女性的人性和神性的可行再现。

伊利格瑞热情论证了一种以经验为基础的、介入变革过程的性别化主体的伦理学。正如艾莉森·马丁指出的（Alison Martin 2003），性差异的政治文化不仅仅是左翼的、激进的，因为它的目标是社会公正、公民权利和女性在公共生活上的赋权，而且也是伦理的，因为它的心中有更大的图景。因此，可持续发展、适当的技术和尊重自然的议题进入了议程，但也需要一个伦理系统来衡量由于新的社会符号契约的变化关系所引发的转型——也就是"激进异性恋"。最重要的是，作为一个关注变化的哲学家，伊利格瑞强调了标记变化的限度的重要性，它往往与具身主体可以维持、应对、被赋权且不受伤的程度有关。通过肉体或感性经验来超越的想法对于转型计划至关重要，它在它自己的身体找到了它的场所和局限。

我特别关注的是这一伦理计划的肯定性维度，即如何超越解构的困境，或超越一个后拉康主义对驱动菲勒斯象征的罪咎感和侵略性的戏剧性加剧（Žižek 1992）。我们怎样才能抓住这一历史机遇来创造新事物，并因此避免同一性的重复？肯定性差异是一种积极的激情，它意味着忠诚与其说是关乎一件事物是什么，或它可以是什么，不如说一件事物将会成为什么。这是一种新形式的行动主义，它认真对待情动的活跃之力，这种情动被理解为肯定性伦理的投入。我称它们为积极的生成过程，既不抽象，也不脱离于具体的物质和历史状况。它们是质的转变的现实化(actualization)或物质化过程，发生在一些相互关联或居间的空间：在不同的物种之间、人类/非人类行动者；不同的范畴；男性/女性，或欧洲人/当地人、不同的力量之间，消极的/积极的或被动的/主动的。这一变革计划是乌托邦式的，因为它追踪了生成或转型的一条道路。它暗示了对当下的超越性，不是脱离身体的一种逃离，而是对肉体内在性的激进探索。这反过来意味着一种不同的方法来看待我们已识别为“身体”的时空坐标(spatiotemporal coordinates)及其巨大的生命力——它重新定义了生命、死亡及其之间不同程度的界限。

这是时间问题变得关键的地方。女性主义伦理的其中一个积极方面是，人们习惯于时间循环或永久的时差状态。女性主义的批判立场假设了线性时间的错位，因此有必要同时居住在不同的甚至是潜在矛盾的时区：一种穿越时空乌托邦(chronotopia)的旅行。在理论层面上，女性主义已经发展出关键的意识形态批判，对象征界的修正和各种反模型和范式，来构形（configure）在我们全球化的世界中正在进行的主体性的转变。那些仍希望运用这种内在创造性来纠正父权制秩序过失的人，很快意识到他们在实现目标前时间就会耗尽。“压抑”的其中一个潜在的造型是系统性的落后：生活在一个落后于时代的时区——像阅读昨天的报纸。这与其说它处于次级地位，不如说是负一。以我个人的位置政治举一个具体例子，我是一个于21世纪在一所进步的大学里参与批判性理论学习的特权主体。关键是“我”不仅仅“在这里”（there），甚至不只是“那个”（that）。我不是“一”，因为我被社会符号化象征为一个女人，但我同时在女性主义的位置上索回我的“非一性”（not-oneness）。所以在我身上，我深刻意识到世界上边缘化和排斥女性的顽固模式。如果我把这种意识放在一边，我将成为发达资本主义的一个功能性主体，而且是一个有价值的主体，我自己就是一个女性解放制度上的管理者。然而我不会这么做。我选择抵制这种单一的还原（monological reduction），我承认我可能的位置的多重性，它不仅是空间的，也是时间的。我的记忆相应地碎裂和扩散开来，它带来的数据可能与我的生活经验直接相关，也可能无关，但都是我的意识的组成部分。

每当我没能忘记女性被持续边缘化的模式时，我只是“忘记去忘记”(forget to forget)，这并不意味着我陷入了意识瘫痪状态，而是我正在穿越不同的时间序列迂回曲折地运动。忘记去忘记单向时间旅行的压迫性，我将我的批判意识置于一个时间机器中，它使我能穿越不同的现实或时空坐标。做一个批判性的女性主体，不对称地被嵌进发达资本主义的权力关系中，时间性地分解了我。试图使这些碎片和解将会是疯狂的，更好的做法是习惯晚期后现代性的日常精神分裂，它也被称为全球技术文化。我称其为一种积极的抵抗形式，即应对我们时代典型精神分裂症的一种策略。

精神分裂症意味着内部矛盾甚至不相容的趋势和时区的共存。女性地位是这些现象的有力指标。这些历史时刻，见证了女性处境中最原初的自然化形式，与高科技对自然化秩序死亡的庆祝两者的并存——这时，地缘政治战争正因非基督教的文化中女性的落后地位而得到正当化。性差异问题比以往任何时候都更加恶化和极化。在 2001 年 9 月 11 日的事件后的新世界秩序中，性别角色和刻板印象远没有被消除，反而被加强。因此，女性地位既是社会政治议程的核心，同时也在呈现出悖论式的多重性。在这样一个背景下，女性主义者对内在矛盾，或主体内差异的意识，变成一个相当有利的视角。女性主义对女性特质的再创造，在这一框架下敲出一个不和谐的音符，标志着政治抵抗的形式：多样的、内在自相矛盾的、悖论的、非线性的可能策略。它们不可能是一个统一的党派，而更可能是充满潜在矛盾策略的一种万花筒。正如伊利格瑞的方法强调主体的复杂性和非同一性的本质，而不对相对主义或道德的不可判断性让步。相反，伊利格瑞强调一个具身并因此性别化的主体的负责任结构，主体的身体物质性既构成了赋权和转型的场所，也是其限度和边界的标记。

伊利格瑞的女性主义肯定了政治和伦理的激情。它设计了确立价值的工具和指南，不是以规范性的模式，而是通过与各种其他事物（包括外部对象和计划）的互动式评价来进行。这种对女性主义理论“强度性的”阅读，表达了一种非同一性——在我的术语里，是游牧-主体，它与传统人文主义，或自由主义的个体概念相对立，也与后现代主义对碎片化自身的盲目吹捧相对立。完善规范性的丧失或标记主体的冲动相对立，这一立场也表达了我捍卫它与在历史上被称为

“女性性”的旧制度的相关性的欲望。正如我之前提到的，它既不是一个本质主义的实体，也不是一个能够直接得到的实体；女性性相当于一个“虚拟现实”，因此，它是一个旨在超越将女性作为他者的传统主体位置的政治和概念计划的结果。然而，这一超越性，是在一个肉身化的场所通过肉体发生的，而不是去逃离身体。

女性主义，像所有的批判理论一样，可以表达肯定性的力量，从而解放那些参与其中的人对自由、尊严、公正、轻松和快乐的渴望。这些价值可以转化为教条式的忧郁，也可以转化为更具有建设性的理性信念和政策。无论如何，它们形成了一个情动的基底，激发了最初的运动。在女性主义中，正如其他地方的批判理论和实践一样，我们的赌注是超越负面的停滞，以及一种对抗性文化的奴隶道德。我们必须避免在一个新规范性秩序的鼓动下，教条和舆论联手煽起的如僧侣一般僵死严肃的革命热情。如果政治始于我们的激情，那么我渴望的是一个具有肯定性批判精神的快乐知识。

性差异被理解为“非一”(Not-One)的原则，在列维·施特劳斯的“零制度”(zero institution)[①]的意义上，它履行了在主体的起源处创造出一种根本断裂的重要功能。需要打破的是对统一性(unity)、总体性(totality)和唯一性(One-ness)[②]的妄想。这是精神分析的原初丧失这一概念所代表的事物：它是一个人为了进入社会象征契约需要交出的“一磅肉”[③]。从主体的心灵图景中打破的是对唯一性的妄想，即全能幻想，它依赖的是对婴儿而言最接近的经验参照对象，即母亲。然而，这种依赖以及它运作的象征标记，不可能与它所实施的象征功能相混淆。后结构主义、拉康精神分析和其他精神分析学派(如客体关系理论)之间的区别正在于这一点：在拉康派的术语中，实在界(the empirical)并不等同于或完全包含象征界(the symbolic)的事物，它仅仅是支持它。母亲是一

---

① 可参见张念《性别之伤与存在之痛——从黑格尔到精神分析》中第五章对性别零制度的论述。——译者注。

② 唯一性(One-ness)，大写的 One，具有神学意义上的“独一”或“一”的内涵，故这里译作“唯一性”。——译者注

③ 一磅肉(a pound of flesh)，来自拉康的精神分析理论，是对“原初丧失”(original loss)的形象比喻。这个比喻源自莎士比亚的戏剧《威尼斯商人》，其中夏洛克要求安东尼奥支付“一磅肉”作为债务的偿还。在这里，“一磅肉”引申为个体为了进入社会象征契约而必须牺牲的一部分自我，特别是与全能幻想相关的部分。——译者注

些结构化的象征功能的逻辑操作符(logical operator)[①]。因此,仅仅关注到这一实在层面,很可能会完全错过重点,并因此忽视象征系统的问题。认识到这一基本的、自我贬抑的原则,是标记着进入语法的必要性的手势(gesture)[②],在一个零水平(zero-level)里主体的互动视角开始出现。在对他者的不可计量的丧失,和对他者无可偿付的债务的意义上,对他异性的承认,关乎这样一种意识,即人是不可抑制的遭遇、互动、情感和欲望流动的结果,这一流动是不可控制的。

这种非唯一性(not-Oneness)的谦卑经验,远非打开朝向相对主义的大门,而是将主体锚定在对他异性的、多重的和外部的他者的一种伦理纽带中,它们由这样一种实体构成,出于怠惰和习惯,我们称之为"自我"。主体的分裂,或主体的非一本质,需要承认"自我"的前话语结构,承认某个总是预先存在的事物

① 逻辑操作符在这里是一种比喻的说法,在精神分析里"母亲"相当于父与子之间权力传承的"中介",拉康认为人通过镜像阶段经历与母亲"小他者"的挫折后,走入象征界实现对父亲的认同,这一过程中,"母亲"是认同机制开启的"技工"。——译者注

② 手势,器官学和技术哲学的基本术语之一。手是主动发出动作,实现功能的器官,是意志、心理与功能、意义的联结器,在这里指沟通企图的行为标志。——译者注

的一种必要的缺失——它是一个被赋予理智肉体和具身心灵的情感的、互动的实体。身体自我的完整性和总是预先存在的特性(always-already-thereness)是必须被排除的，因此它不会进入那被简化的、但更功能化的、将成为社会化主体的单位。因此，根植于欲望的肉身化的具身主体的完整性和优先性——根植于欲望，是在思想主体的核心中仍然未经思考的东西，因为它是首先驱动他/她的东西。

在技术身体(technobodies)的年代，母亲身体不仅生育未来，而且背负着将未来寄托于当今市场经济运作的高科技商品化体制的负担。这意味着，母性的女性性(the maternal feminine)处于双重模式中，一方面是被整合进电子电路的生育机器，另一方面，它作为一系列抵抗的身体是一个多层级的场所。用德勒兹的术语来表达，它可以同时表达为多数群体的专制面孔(despotic face)，和努力抵抗的少数群体的脆弱面孔(pathetic face)。无论如何，正是在这种女性性受污染的、创伤性的身体里，后工业文化才为了自己的生存打响这场战争。挑战在于如何加入母亲的女性性，以更好地让她的后代传承。

在这个框架内，我想为作为政治计划的性差异辩护，理由如下：第一，作为当代地缘政治关系的一种绘图学，它见证了性别二元对立的本质主义形式的回归，因此也见证了全球范围内对女性歧视的复苏。第二，作为一个政治平台，它阐明并赋权于女性的女性主义主体，使其进入另类的社会象征空间。我将性差异视作一个政治计划，因而是主体转变的一个场所。我称这一计划为“潜在女性性”和“潜在男性性”的计划。第三，这一另类主体位置是多层的，并牵涉到表达它的复杂性的复杂位置。在无数的内部自我区分和差异化中，它是相互关联和相互交叉的，但也在自身内部分裂。它是一个坚决的非统一性的主体。这一魔力的(enchanted)、反本质主义的、高科技的生机论与伊利格瑞的观点相呼应，即作为具身人类存在(entity)的主体，皮肤包裹着的敏感的肉体(sensitive flesh framed by the skin)。我发现伊利格瑞转向非基督教宗教的重要性，尤其是列维纳斯哲学中的犹太教，以及她晚近作品中印度教瑜伽之类的实践。在阅读列维纳斯的过程中，露西·伊利格瑞主张将抚摸(caress)作为一种亲近他者的方式——对对方皮肤充满情欲的(erotic)、尊重的触摸，她明确将这种抚摸视为性差异伦理的基础。这种对他人生活中可容纳的(contained)边界充分尊重的沉思——他的皮肤-云(skin-cloud)、肉身的存在——也是对巴塔耶的过剩哲学(the philosophy of excess)的一种回应,他的哲学的残忍和暴力、他试图超越具身自我封闭空间的残酷和暴力的尝试,使他将不可避免的暴力和可欲望的超越性理论化,它要求——本体论上的——对他人身体的消耗(consumption)。正如巴塔耶保守的菲勒斯逻各斯中心主义一样,他人的身体首先是他者的身体,是作为"同一中的他者"的女人的身体——镜面的、必然的、必被贬值的他者——巴塔耶的超越性理论也是主张牺牲女性的声明。

伊利格瑞对女性形态学"魔力唯物论"的强调,构成了与德勒兹的游牧的反基础主义(antifoundationalism)并行但并不一致的计划。性差异的伦理学和可持续的游牧主体性的伦理学是同一硬币的两面:也就是关于一个肉身的、内在性的生成的主体,生命为之而具身化、嵌入化和色情化。将它们描述为互不相容对任何一方都不公正。相反,我认为,将伊利格瑞的性差异伦理(以及感性的超越性的概念)和德勒兹的可持续的游牧伦理(先验经验主义)放在一起阅读可以相互启发。两者都主张扭转辩证否定性的趋势,支持一种肯定的、积极的欲望伦理学。

德勒兹的经验先验论(empirical transcendental)和伊利格瑞的感性超越论(sensible transcendental)

是阐述具身的、情境的可持续性伦理的身体场所。激进内在性的差异哲学提出的另类伦理的政治，如伊利格瑞的、德勒兹的，或我的哲学游牧主义的个人女性主义，意味着相互关联的或主体间性的非等级制的超越性观念和非二元模型。为了赋权女性，伊利格瑞选择重点关注女性想象力的重建，而德勒兹将女性假设为通往一个更普遍的生成-少数的门槛，这不会改变两个计划之间的共性。

伊利格瑞对潜在女性“象征”的讨论，无论是在理论上还是伦理上，都表达了为这种女性性的声音寻找一个可传达的形式的欲望。这一计划的关键是赋权于具身女性主体，在肉体和语言上。当在生成他者的过程中坚持一个女性主义主体的经验基础——而不是作为男人的永恒女性——时，性差异的女性主义实践将主体游牧化。女性被重新定义为一个移动的视野，一条波动的道路，一种转型、移动和生成的秘诀(recipe)。这种对重新定义女性性的女性主义过程的非目的论的理解，在伊利格瑞的作品中，结合了对身体和身体形态、对女性具身性的血肉以及与之相关的特定知觉经验的密切关注，包括触摸和感觉相对于观看和视觉的重要性。这一激情的、智慧的且由记忆驱动的肉体是伊利格瑞的肉身唯物主义的核心。然而，

"潜在女性性"的计划打开了普遍性和超越性的议题。伊利格瑞将这一肉身的普世性(corporeal universal)定位于女性的女性主义主体的情境化努力,即将女性的时空领域重新概念化为她们之间的过渡空间。

提出"普世性"是一个质的飞跃,从个人经验到集体实践,它的目的是生成具有普世关联性的再现。换言之,普世性处于一个内在性主体的独异性之内。更重要的是,女性主义的政治计划在于构建不同女性之间的空间,意识到她们的差异,她们既承认彼此的努力,又赋予彼此力量,以走得更远。换言之,伊利格瑞的"潜在女性性"是一个集体计划,它至少要依赖于另一个主体的存在,首先是另一位女性作为门槛,通过这个门槛去以另类的方式激活生成-主体的道路。它作为一种伦理上和政治上的追求,是一个适合第三个千禧年的计划。

第四章　论女性的女性主义主体：从“她-自我”到“她-她者”

任何被人格解体(de-personalization)触动的人，能在任何伪装下认识他者：走向他者的第一步是在自己身上发现所有人中的人，每个女人都是所有女人中的女人，每个男人都是所有男人的男人。每一个人都可以为人类负责，无论他/她们何时被召唤。

——克拉丽丝·李斯佩克朵

在我们星球的其中一个大都市里，故事在一座高楼的顶层上演。事件发生在一个宽敞公寓内最里面的房间，这也是最卑微的房间，女仆的住处。空间隐喻在文本中无处不在。主角将她的居所视作她的具身自我(bodily self)，把女仆的房间定义为“我建筑的子宫”(Lispector 1978)。这一空间被比作山顶或尖塔的顶端：它是一个被赋予了更高强度和深度的微观世界。

G. H. 在那座楼顶的经历是，她与那些不同于她，不同于人类的经验维度和存在的层次相遇，来自我解体。朝向这一非人状态的游牧式漂流采取了穿越的形式。G. H. 穿越了一系列标志着差异和他者性的门槛：社会阶级、族裔、性别和物种。每一步的穿越都打开了生成-少数的可能性，即生成女人/动物/世界，G. H. 与他异性相遇的第一个时刻，始于她与缺席女仆的互动：通过进入她的住处，G. H. 跨越了阶级和族裔的界限，因为女仆与舒适的城市中产阶级 G. H. 有着不同的族裔背景。女仆所居住的阁楼房间是一个未知的领域，需要细致地探索：它在物理上和情感上，都处于主角的生活经验边缘。这里的时间和空间也都是错位的：房间的形状似乎违背了欧几里得几何学；它有着沙漠那干燥而充满敌意的特性：它更接近原始物质，而不是城市住宅。这是一个空无、厌食的悬浮空间。

在这一环境中，G. H. 将感受到她彻底的人格解体或社会身份的崩溃：这一自我边界消解的过程（超脱）（dépouillement[①]），是她主体性的扩展和受限的

① dépouillement 指剥皮，去除皮肤之意，在宗教意义上指放弃世界，过一种苦修的生活。——译者注

一次体验。这个过程以强烈的强度和精确性表达出来。触发最强烈的去主体化感知的事件是她与一只可怕昆虫的关系，一个栖居于房间内不可描述空间里的蟑螂。作为非人类的昆虫是一个完全的他者；它也是一种介于动物与矿物之间的边界性存在。它和地球的地壳一样古老，生来具有惊人的生存能力，这是一个永恒的构型。根据定义，它也是一个贱斥（abject）的存在——令人厌恶和排斥的对象；它标志了它作为物种，在生物学上与其他种类存在的一种根本差异的边界。

G. H. 的经验包括意识到了她和生命物质（那只蟑螂）之间的邻近性，以及存在的共通性：半动物，半石头，物质——作为原质的生命——独立于人类观察者的目光而生活，或者甚至独立于人类观察者的存在。G. H. 通过他者，通过容纳被贱斥者，在它的不可理解的非人生命形式中遭遇了原始的存在。她意识到了人类对于生命和生命物质而言的非中心地位，这使她将自己非人化（dehumanization）。这意味着，她跨越了人类的外在边界，发展了感知和情动的工具，成了非人类（other-than-human）。在她的动物生活中——作为原质的生命——突然涌现出一个意外的灵感之源。在开放的未编码的空间中，G. H. 摆脱了所有构成她至今社会身份的归属形式,并敞开与所有外在于人类的生命融为一体:动物、神性(divine),甚至是宇宙中的奇遇也向她发出信号。

这个经验让她接触到在她的存在中最遥远但存在生命力的部分。这个过程变成了对生命的一种钦佩,最终,是对在她体内的、不携带她的名字的生命的一种爱慕;这种在她体内的力量,并不属于她自身的自我,或者说甚至不属于人类。她进入了完美的生命,即作为原质的生命的不可表达的、前话语的、前象征的层级。她几乎像一个僵尸,受到一种她叫不出名的力量的吸引,因为它如此深深地栖居于她的体内,她通过对蟑螂的图腾化吞咽(totemic assimilation)来实现与他者的相互交融。吞咽一只蟑螂是一个姿态(gesture),僭越了人与非人、可食与不可食、熟食和生食等之间的众多边界。

这一相遇所引发的迷狂是宗教的,或是神秘的,因为它意味着她自身边界的彻底消解,正是这一时刻,她既是前人类(prehuman),也是太人类(all too human),在她具身的、元素的(elemental)的自我力所能及的一个拓展过程里,生成动物/昆虫/世界。正是在这一时空点上,她发现了她的存在中的女性特质

(femaleness)①：即那种在她社会化之前就有的东西——其实质始终并已经是性别化的女性。她体内的女人，就如所有女人中的女人一样，是这样一种存在，她与生命物质（living matter）之间是一种共存和爱慕的关系。故事正是在一个小心翼翼、善于接纳的"与世界合一"（being-one-with-the-world）的姿态中结束，尽管它并没有这样的结局。

许多性差异理论家已经对这个故事做出了评论。意大利哲学家路易萨·穆拉罗（Luisa Muraro 1986：65—78）认为房间的地形和整个建筑的"垂直性"具有宗教意义。根据露西·伊利格瑞"女性的神性"的概念（Irigaray 1985），她将故事的地点和各各他②的十字架相比较，并将这些事件解读为强烈"受难"（passio③）的时刻，结果是通向了超人类（superhuman）的超越性。在穆拉罗的理解中，G. H. 的激情具有宗教

① "femaleness" 通常指的是女性的生物学性别，即拥有女性生殖器官和生理特征的状态。这个词语强调的是生物学上的女性特质。——译者注

② 各各他（Golgatha），又称各各他山，据《圣经·新约全书》中的四福音书记载，神的儿子耶稣基督被钉在十字架上，而这十字架就是在各各他山上。因此，"各各他"这个名称和十字架一直是耶稣基督被害的标志。——译者注

③ Passio 为拉丁语，意为痛苦、忍受。用于指代基督教中耶稣基督的受难。——译者注

性质；然而，这种宗教不是父权制的宗教：G. H. 在她的圣山之巅所庆祝的是她性别的神性，性差异的神秘和优雅，意味着女性所特有的超越人类界限的经验。

路易萨·穆拉罗将超越性和 G. H. 所感知到的存在感，从菲勒斯的支配（即菲勒斯逻各斯中心主义语言）中谨慎地区分出来。正如女性主义理论家玛丽·达利（Mary Daly）一样，穆拉罗想把女性主义、女性灵性（spirituality）从父权制一神论简化的束缚中解放出来。为了获得世界性，李斯佩克朵知道她必须放弃对人类主体性的依赖，但在苦修的那个时刻，她确实发现了她的性别、她成为全部女人中的女人的至高无上的意义。她的性-存在（being-sexed）是她最内在本质的一部分：通过肉体获得超越性，重新确认了女性的力量。

在一种偏世俗、不那么神秘化的解读中，阿德里安娜·卡瓦雷罗（Adriana Cavarero 1990）反而从 G. H. 的激情中发现一种新的具身女性主义唯物主义（embodied feminist materialism）。在一个人身上，没有以自己姓名来命名的生命，是一种与所有生命物质相连接的力量。卡瓦雷罗将这一洞见解读为，女性试图将她的存在意义与父权制度的逻各斯决裂。这样一来，她解构了西方思维的其中一个核心前提：存在和语言是一体的。根据伊利格瑞哲学的洞察，卡瓦雷罗批评了将普遍性同化为男性特性的做法，并为与女性特有的存在概念相关的观点辩护。生命物质可能并不需要“我”的思维就能存在，这导致了对“她-我”性别本质的中心地位的强调。她的性存在是原始的，与她的存在密不可分，是以一种语言的语法结构（即她“我”）无法再现的方式起作用的。性差异是定义女性的重要因素，它并非偶然：它总是已经存在，而不是一个菲勒斯逻各斯中心主义系统下的沉默“他者”，将它简化为一个不可再现的混乱。发明将这种潜在女性性得到充分再现的方法，是女性主义面临的主要挑战。

法国作家埃莱娜·西苏（Hélène Cixous 1986：115－199）对这一文本的解读略有不同，她将这一事件解读为女性写作的一个寓言，女性写作（écriture féminine）意味着一种另类女性象征系统的构成过程。G. H. 的激情是对没有支配、权力或控制的生命的追求；她的爱慕感可以比作一种给予性的接纳能力，而不是基督教的殉道者。西苏将这种能力与给予和接受礼物的能力联系起来，即接纳他者所有惊人的差异。

在她对主体性政治的伦理辩护中，西苏谈到了接受他者性的能力，将其视作一种认知的另类工具、一种新科学，也就是说，一种新的话语，它基于自我和他者之间具有充满敬意的亲和力（affinity）这一观点。这一共有的激情关乎对一种共同物质的归属：生命，这是一种完全非人化的方式。这一术语方法定义了西苏伦理体系的基础：这是一种在一个新的世界观里将自我和他者联系起来的方法，其中所有生命物质都是由相互接受的实体构成的一个感知网络。这里涉及的"非人类"（other-than-human），是指在定义上就逃离了人类中心主义主体的控制，并要求她接受她的局限的东西。更具体来说，所有人类中的神性是将相互关联性视作存在方式的能力。对于西苏而言，这种更高的存在意义就是女性；女性就是创造性力量的体现：诗人和作家。神性就是女性创造力的体现，不过是作为一种向原质生命开放的非人的（inhuman）、后身份认同的力量。

后现代女性主义作为新物质主义

G. H. 是一个关于女性"生成"的故事：它关于新的女性主体性。在政治和存在的意义上，女性生成

(becoming)最重要的因素是时间。巴西作家克拉丽丝·李斯佩克朵在她的《G. H. 的激情》中告诉我们的一切全是关于时间：仪式、重复、象征交换和这个通常被称为时间的连续体中的空白空间。在她对语言和情境的选择中，李斯佩克朵对一个世纪以来神秘的苦修传统做出了回应，但也明显超越了它。G. H. 象征着一种新的后现代唯物主义：它强调了所有生命物质在一个共通的共存平面(plane)①上的物质性，没有为其预设一个参照或组织的中心点。李斯佩克朵的观点不只是说所有生命都是神圣的，甚至可以说她根本不是这个意思。我认为她更多是认为，在存在的尺度上，存在超越理性形式和组织原则的力量在运作：有原始的生命物质，正如存在纯粹时间一样，不管它们实际可能采取了什么形式。重点在于这些力量、激情，而不是生命的具体形式。换言之，我认为最好将李斯佩克朵与斯宾诺莎和尼采放在一起阅读，而不是作为一个基督教神秘主义者来阅读。②

在我看来，李斯佩克朵的文本是一个绝佳例证，

---

① plane 译为平面，指用来排列、分布事物的平台、区域。——译者注

② 在这里我不能展开论述这一点；若要了解更详尽的分析，请参阅第六章，“无身体的器官”。

证明了女性主义和后现代话语之间争论的核心问题（Jardine 1985；Nicholson 1990；Hutcheon 1988，1989；Scott 1988：35－50；Fraser and Nicholson 1990：373－394）。这场争论的焦点是"元话语的解构"，正如利奥塔所指出的（Lyord 1984，1979；Benhabib 1990：107－132；Braidotti 1991b），因此这也是分析启蒙主义传统中所内含的主体性观点。一些女性主义理论的研究者已经指出（Eisenstein 1983；Stimpson 1989），研究的重心从单纯批判性别歧视和男性中心主义（androcentric）的偏见，基于女性的经验建构另类理论，转向阐释更普遍的认识论框架。正如桑德拉·哈丁（Harding 1986，1987；Harding and Hintikka 1983）指出，这既涉及对科学知识的追求，也涉及对抽象科学理性基础的修正，正如伊芙琳·福克斯·凯勒（Fox-Keller 1983，1985）和吉纳维芙·劳埃德（Lloyd 1985）所论述的。在 20 世纪 90 年代，女性主义理论中发生的"认识论转向"，既以女性的具身生活经验为基础，又改变参照这些经验的方式。

在这里，我感兴趣的具体讨论角度是，女性主义对理论理性作为一种规范原则的批判，为解构经典主体概念所依据的二元对立铺平了道路，从而接近性差异的概念，为女性主体性的另类模式奠定了基础。那么问题随之变成，在女性主义思想中运作的理论理性的形象是什么？女性主义者为其具体的理论实践方法提出了什么形象和再现？在女性主义理论的这一阶段，哪些身体和具身存在的概念和实践在起作用？对现实生活中的女性的本体论指涉与新女性主义认识论的生产有什么关系？

正如简·弗拉克斯(Jane Flax)所论述的(Flax 1987:621—643, 1990)，这是一种元话语，甚至是元方法论的方法，与西方价值观的危机(Kristeva 1981:13—35)和各种“少数群体”话语的出现同时发生有关，斯皮瓦克(Spivak 1987)钱德拉·塔尔帕德·莫汉蒂(Mohanty 1984:333—358)和郑明河(Minh-ha 1989)也已经指出了这一点。这种历史情况使我们迫切需要思考普遍思维的地位，特别是理论的特殊应用。它也使人们重新关注边缘主体对科学领域的知识生产所能作出的特殊贡献。对于女性主义者来说，尤其迫切需要对平等追求和差异实践两者的相互依存性进行平衡，并给出建设性的评价。考虑到在政策制定实践和平等机会委员会中，性别平等理论如何占据主导地位，这一点就更加重要。

理性与排斥/统治之间是否存在隐蔽的、因而是不可避免的联系？女性主义者通过提出这一问题，愈加挑战了存在与逻各斯中心主义语言之间的等式。换言之,我所捍卫的游牧模式下的女性主义理论是对话语中的权力的批判,或者说是对作为话语的权力的批判,并积极努力创造其他的思维方式:它是参与学习不同的思维方式的过程。因此,女性主义作为批判性思维是一种自我反身性(self-reflexive)的分析模式,它的目的是表达对话语中的权力的批判,同时肯定女性的女性主义主体的另类视角。

我担忧的是那些将关于性差异的讨论导向死胡同的论证立场和批判对象,在那里本质主义意味着固定的男性和女性的本质。我想知道为什么性差异会被本质主义同化,并产生如此负面的政治内涵。正如内奥米·肖尔恰当指出:“本质主义在现代女性主义中是一种诅咒(anathema)。”(Schor 1995)特雷莎·布伦南(Teresa Brennan)认为,它的原初意义已经丧失。本质主义曾经指的是超越历史变迁范围的事物,是不可改变的,因此超出了政治干预的领域。由于常常被简化为纯粹的生物决定论,本质主义一词更重要的是充当一个消极的批判极点,而不是其他:在反本质主义的名义下所传达的信息是什么,这才是一个关键问题。

我拒绝将本质主义还原为决定论或固定的历史

本质，我将质疑这种消极的观点，即女性主义者对“性差异”的辩护必然是非政治的，甚至可能是反动的。相反，我非常同意佳亚特里·斯皮瓦克的观点，即某种本质主义可能是一种必要的策略。我还主张，一个对思考当今的性差异和女性感兴趣的女性主义理论家不得不采取本质主义的立场。我对本质主义的辩护建立在三个基本前提之上。首先，为了使性差异成为一种得以实施的政治选择，女性主义理论家应该重新将女性与女性的身体性现实联系起来，拒绝将经验与象征，或物质与话语，或生理性别与社会性别分开。第二，在后现代和后工业背景的社会、经济、政治和理论语境下，这一计划很重要，它既是女性主义理论的认识论基础，也是女性主义政治的政治合法性依据。第三，在思考性差异时，由于问题的结构本身，人们被引向本质的形而上学问题。本体论是形而上学的一个分支，它处理本质的结构，或者在一个实体的定义中所隐含的结构，我想论证的是性差异的本体论基础，同时拒绝本质主义的变革。我还要补充的是，超越形而上学的计划，也就是重新界定本体论的计划，是一个开放的任务，无论是女性主义者还是当代哲学家都还没能设法解决这个问题。它构成了德勒兹的哲学游牧主义（nomadology）以及露西·伊利格瑞“存在的性别化”(sexualization of Being)的核心。因此，除非我们想屈服于那些把形而上学看成是“糊涂思想”(woolly thinking)的肤浅反智主义，或者屈服于那些把它还原为意识形态上不正确选项的简单方法，否则我认为我们确实应该认真思考本体论问题，并把它同关于本质的话语批判一同视作现代性的历史任务。

这个双重否定——“对思考当今性差异和女性感兴趣的女性女性主义理论家不能不成为本质主义者”，并不等同于自我断言：“你应该成为本质主义者”。我更希望我们尊重这句陈述的双重面向——“不能不成为”，并抵制本质主义综合(essentialist synthesis)的诱惑。这不仅是因为，正如内奥米·肖尔指出的，“本质主义不是单方面的”。而且还因为这种转变必须伴随着一种表达上的细微差别。我希望我们采取一种特殊的思维模式，尝试克服几个世纪以来的习惯，即从同一和对立、论题和反题[1]的方式来思考。让我们以不同的方式来思考这个问题，我将借鉴伊利格瑞和德勒兹的观点，采纳一种我称之为将来

① 论题—反题—综合(thesis-antithesis-synthesis)，为辩证法的三个步骤。——译者注

完成时的模式，即条件现在时（the conditional present）。

那么，我接着会问：作为一个女性主义者，这意味着什么？或者它将意味着什么？一个由“性差异”的政治和理论计划定义的主体，它的具体时间性是什么？我认为，这个计划的核心目标是将个体的性（sexed）或性别（sexuate）身份问题与政治主体性相关的问题结合。身份与主体性的相互作用也揭示了以欲望为标志的、因而是无意识的经验维度，同其他那些相当于是受制于意志的自我筹划之间的范畴区别。我将论证，尽管这两个层次是政治意识的场所，但是没有一种主导的政治行动形式可以同时包含它们。女性主义游牧政治的关键在于复杂性、情境性、责任感和局部视角。

女性主义性差异理论的独特之处在于，需要认识到一个事实和历史层面上的现实，即两性之间没有对称性，这种对称性是按等级组织的。认识到差异已经变成了一种贬义的标志，女性主义计划试图重新定义它。然而，它的出发点仍然是主张生活经验、女性身体经验的特殊性的政治意志，拒绝将性差异分解为一个新的、所谓后现代的、反本质主义的主体，并希望将关于差异的整个讨论重新连接到女性的身体存在和经验上。除非考虑到这一基本的新物质主义参考框架，否则讨论将被误导进关于本质主义的错误论争之中。后结构主义理论中的唯物主义分支（深受福柯和德勒兹的影响），与拉康、德里达和巴特引领的"语言学转向"流派相并列。这一传统中的女性主义理论家——特别是伊利格瑞，则同时涉足了这两种理论。最重要的是要看到同一哲学谱系的这两个不同分支之间的相似和呼应之处，并提出尊重其基本前提和关键假设的问题。然而，这一讨论并没有因为语言学倾向流派取得的成功（尤其是其在跨大西洋离散中的成功传播），以及对唯物主义流派较为滞后的接受（尤其是德勒兹的思想）而变得顺利。

思想的另一种形象

女性主义理论表达了女性在结构上需要将自己定位为女性主体，也就是说，不是作为离身的实体，而是作为情境的存在。身份和主体性是定义主体位置过程中的各不相同却相互关联的时刻。这种将主体视作过程的观点意味着他不能再被视为与他的意识相一致，而必须被认为是复杂的、多重的身份，是欲望与意志、主体性与无意识之间动态互动的场所。不仅仅是力比多的欲望，还有本体论的欲望、存在的欲望、渴望存在的欲望（the desire to be）、主体渴望存在的倾向性（the tendency of the subject to be）、主体倾向于存在的先天性（the predisposition of the subject towards being）。利奥塔将这种主体概念描述为与现代主义计划的明确决裂，现代主义不仅被理解为启蒙运动遗产中的理性、真理、进步与统治的共谋，而且被理解为个体意志与资本的普遍意志的结合。按照利奥塔的说法，现代主义标志着每一个体的拥有、独有和占有的意志的胜利；这反过来又需要许多少数-主体的相应的客体化。相比之下，后现代主义突出了在主体性问题中处于核心地位的"渴望存在的欲望"的出现。它是主体作为一个不连续的但又是统一身体实体的伦理观的胜利。意志与欲望之间的区分是有用的，因为它将经验不同质的层次分开。它也可以帮助我们重新审视后现代思想，使之摆脱那些经常被指责为纯粹是虚无主义的指控。后现代思想，包括女性主义思潮，是对危机状态的一种回应，这并不一定是消极的；相反，我认为它打开了许多积极的可能性。

正如福柯所指出的（Foucault 1966, 1972），现代性危机的标志是精神分析对无意识和欲望的强调，这被视为现代话语的典范。无意识的假设可以被视为对经典主体观的超验性自恋造成了一种严重的伤害。无意识作为一种认识论的假设，标志着主体与其意识的不一致；它是机器里的一粒沙子，阻碍了另一个统一稳固的、自我存在的主体的能述（enunciation）。

精神分析的基本认识论见解是，思维过程作为一个整体，其根源在于前理性物质。正如 G. H. 所示范的，思维只是物质的一种知觉化形式，它是具身实体智慧的特殊形式。思想是一个具身的过程，而不是一个心智的过程。思想先于理性思考。理性思维的危机只不过是历史特定情境所迫而产生的认识，即这一高度菲勒斯逻各斯中心主义的思维模式，是建立在一系列关于思考过程中未被言说的前提之上的，而这些前提本身就是非理性的。换句话说，逻各斯中心主义的表达方式，其哲学立场的能述，是建立在一个前哲学的时刻，即人类思考的能力、倾向、接受能力和欲望。

主体对思考的倾向，即用语言表达自身，是哲学的非哲学基础；正如帕特里齐亚·维奥利（Patrizia Violi 1987）所指出的，它是一个前话语的成分，它超出了思考行为本身，但又是不可缺少的。这是一个本体论的倾向，一种既非思考也非意识的先天倾向，它将主体纳入话语、语言和权力的网络。尽管我可能受到批判菲勒斯逻各斯中心主义逻辑的后现代理论家论述的影响(Mitchell and Rose 1982),但我仍然坚信,女性主义的概念面临的挑战与他们的计划有根本不同。这涉及我已经提及的认识论和政治维度:如何将每个女性"内部差异"与需要反思不同女性"之间的差异"的政治实践联系起来,以便将性差异付诸实践。在女性主义内,实现主体结构性转型的政治认识论问题,无法与在社会物质的参照框架下进行实质变革的需求相分离,这是女性主义和精神分析"场景"[①]之间的分歧之一。

主体对于"创造意义"(make sense)的这种倾向或接受,使我们对主体性的观念从德勒兹(Deleuze 1962, 1968, 1969)恰如其分地称之为理性思维的帝国主义中解放出来,从这一角度看,理性思维看起来不足以作为自我的一种视角。因此,思考变成了创造其他思考方式、其他思维形式的尝试:思考是关于如何以不同的方式思考的问题。因此,把主体看作是意志与欲望的交汇点,是重新思考主体性基础过程的第

---

① 场景(scenes),拉康用这一术语指想象性与象征性的剧场,这个剧场建立在实在界(世界)的基础上,主体在这里上演自己的幻想。——译者注

一步。这相当于说,支撑成为主体的整个过程的是认知的意志、言说、表达、思考和再现的欲望。一开始,只有认知的欲望,也就是说,对欲望的认知。这种基本的、原初的、重要的、必要的、因而也是原始的求知欲,在思想的核心中保持未知的状态,只要它是思想发生的可能条件。欲望是作为思考的先验条件的东西,它超出了思考过程本身。

这就是为什么我想在此论证,通过作为女性本体论欲望表达的性差异计划,我们得以思考女性主体性的新形式的任务,这意味着思想结构和形象的转变,而不仅仅是思想的命题内容。对性差异问题的思考意味着重新构想思想与生活,以及思想与哲学的关系。换言之,性差异向重新定义普遍的思想结构开放,而不仅仅是针对女性特殊的结构。

具身性和差异

身体,或主体的具身性,是女性主义为重新定义主体性而斗争的一个关键术语;它将被理解为既不是一个生物范畴,也不是一个社会学范畴,而是身体、象征(Brennan 1989)和社会(Grosz 1987)之间的一个重叠点。

在现代性哲学和性差异理论赋予身体的特定概念中，身体指的是主体性的多功能和复杂结构，特别是人类超越任何既定变量——阶级、种族、性别、国籍、文化，同时仍然处于这些变量之中的能力。身体最好被理解为一种象征意义的界面，位于解剖学的所谓事实性（Le Doeff 1989；Butler 1990）与语言象征维度的交汇点上。[①]因此，身体是一种多面向的概念，涵盖了广泛的经验层级和表述框架（frames of enunciation）。换句话说，主体是由许多不同的变量定义的：阶级、种族、性别、年龄、国籍、文化在定义和编码我们的经验层级方面是相互重叠的。

然而，与所有其他文化相比，西方文化对性别化的身体生产尤为重视，将各种性活动置于首位。因此，得以定义的具身性别化主体，被置于一种复杂的权力关系网络中，正如福柯所指出的（Foucault 1975，1976，1984；Diamond and Quinby 1988），这将主体置于一种话语和物质的规范性结构中。在西方，性是权力的主导话语。在这一方面，女性主义对主体的重新

---

①　这个术语让人想起存在主义的遗产：身体的“事实性”与思维意识的“超越性”相对立。我知道存在主义立场中隐含的二元论，同时我欣赏它在实际意义上思考身体的努力。

定义,尽管同样不连续地受到许多复杂和相互重叠的变量(性别、种族、阶级、年龄)的规范性影响,但它既延续了西方高度重视“性”的习惯,也挑战了它作为西方话语权力主导特征之一的地位。

作为权力的性,即作为制度的性,也是一种符号编码,它组织了我们对性别之间形态差异的感知。很明显,性被写入语言之中,使具身主体成为一个言说的“我”,也就是说,一个功能性的、社会化的性别实体。就我的理解而言,在性别或语言之外不可能有主体性;主体总是有性别的:它是一个“她-我”或一个“他-我”。因此产生的“我”不是一个名义上的本质,而仅仅是一个实用的虚构,把构造具身主体的多重经验层级结合起来的一个语法上的必然性,正如后结构主义思想令人信服地论证的那样(Braidotti 1991b),这并不改变它是性别化的事实,即它具有性差异。

我的观点是,女性主义对女性主体性的重新定义的出发点,是一种新形式的唯物主义,它强调言说主体的具身性,以及因此产生的性差异结构。在我们提倡的身体唯物主义中,性这一变量具有高度优先性。在女性主义理论中,人们作为一个女人说话,尽管“女性”这个主体不是一个宏大的、一成不变的本质,而是由相互重叠的变量所界定的多重的、复杂的、潜在矛盾的一系列经验的场所。“作为……言说”（speaking as）指的是里奇的位置政治，也就是说，作为位置的具身性，目的是为女性主义认知主体的共同体设定界限和认识论参数。因此，我们的集体诉求是对作为一个社会和象征系统的性别进行政治再审视，以此我们能够重新定义女性主义主体，我将称之为“她-自我”或“我，女人”。

在女性主义关于差异性的讨论中，一个最常见的形象是“母亲和女儿”，这一点很重要。这种形象的反复出现，体现出在政治上迫切需要考虑到女性主义遗产的规范化和传承。但是，除了女性主义代际之间的基本变迁之外，“母亲和女儿”的隐喻表达了创造一种伊利格瑞恰当称之为“女性的理论谱系”或“女性象征系统”的必要性。这一计划将性差异的概念作为其研究假设；然而，在女性主义理论中突然爆发的恋母情结，也意味着围绕母亲身体作为起源场所存在的棘手难题已经再次牵扯进女性主义运动，不可避免地与精神分析理论复杂曲折的道路产生交集。关于“母-女”的讨论，从而既是性差异实践在女性主义内部的一种症候，也是一种特殊的性差异表现形式。

要衡量女性主义思想在女性身体问题上所取得的进展，一个最准确的方式就是采用“母亲”的隐喻。

在早期的女性主义分析中，“母亲”和“母性功能”被视为与“女人”的利益可能存在冲突，因为强制异性恋使它们成为所有女性的社会命运，女性主义对母性功能的最新解读（Rich 1977）则强调了母性问题的双重矛盾困境。她们将母性视为既是父权制统治女性的支柱之一，又是女性身份的坚实基础之一。

因此，“母女”形象发生了很大的变化，特别是在伊利格瑞的作品中（Whitford 1989），它成了一个新的范式。这是一对想象的伴侣，她们践行了女性主体性的政治，发展了与另一个女人的关系，以及因此形成的女同性恋的结构，还激发了以女性身份为中心重新定义主体的可能性。在伊利格瑞的思想中，这对伴侣被赋予了象征性的意义，因为它体现了女性主体间性的一种新视角，作为一种可行的政治选择呈现出来。在一个以菲勒斯逻各斯为中心的系统中，“父之名”为塑造主体提供了可行的隐喻，“女性象征功能”的概念相当于再次为母亲的结构性功能辩护。它试图赋予母亲场所以肯定的、积极的力量。

这一点的张力在于，女性主义需要在批判与重建中平衡。也就是说，在西方关于主体的话语传统中，赋予了“性”这一变量以优先权，而女性主义需要对此进行批判，同时提出要在一个相互关联的变量网络中重新定义具身主体的观点。在这一网络中，“性”只是其中一个变量，但它与其他重要的主体性之轴（axes of subjectification）一起运作，如种族、文化、国籍、阶级、生活方式的偏好，等等。这是一个双刃剑的计划，既依赖性别化或特定性别的概念来重新定义女性的女性主义主体，同时又解构这些概念，这导致了一些女性主义者坚定拒绝性别化的女性身份，并将“女性”这一能指当作有意义的政治术语进行批判。

“我们女性主义者”如何将对主体问题本质和塑造过程的认识，同将女性设想为另一个历史主体的政治必要性协调起来？换言之，“我们女性主义者”能将现代性危机和话语主体的性别化推至何种程度？我们如何能继续论证性差异是本体论的，也就是说，性差异是主体的构成要素？性差异的问题应该被性别化吗？对我来说，“存在于这个世界上”意味着已经“正在性别化”，所以如果“我”不被性别化，“我”就根本无法存在。然而，就我而言，我并不觉得这种紧张关系只是一个历史性的矛盾：“女性”这个能指既是聚集女性主义者的概念，在一个以身份政治为中心的运动中，它也是需要被批判性分析的概念，这完美描述了我们在后现代晚期资本主义社会里的历史现状。我认为摆脱西方文化捕获（capture）性别身份的二元逻辑的最好方法就是将其修通(work through)。在这方面,我发现露西·伊利格瑞的"模仿"(1974,1977,1984)概念非常有效,因为它使女性重新审视并重新占有"女性"被本质化、被剥夺资格或干脆被简单排除的话语和物质场所。修通是一个解构的概念,它的优势和局限性已经得到了证明(Spivak 1983:169—195, 1989a:206—224)。修通关于"女性"话语性定义的网络,其价值不仅在于它的结果,而且作为一个对女性主体性进行解构的过程,也使一个性别化的女性的女性主义共同体的构建和合法化成为可能。

换言之,"她-自我"坚持女性具身自我的存在,即女人,但只有其他女性在此时此地(hic et nunc)维持着重新定义女性主体性的计划时才会如此。这是一种本体论上的飞跃,通过这种飞跃,一个在政治上强制的集体主体,即女性主义运动中的"我们女人",可以为我们当中的每一个人(即"我,女人")赋予主体性生成的力量。这种飞跃是向前迈进,而不是回到对本真的、古老的女性力量或深藏的"真实"本质的美化。它的目的不是恢复一个失落的起源或被遗忘的土地,而是要在此时此地创造一种再现模式,把成为一个女人的事实当作一种积极的、自我肯定的政治力量。这是一种自我合法化的行为,凭借"她-自我"将她本体的欲望与从意识上推动一种集体政治运动的意志相结合。意志和欲望之间的这一区别标志着辖域的区分,经验层级的区分,这一点必须加以强调,且不能混淆。正如我之前所说,身份和主体性之间的区别与意志和欲望之间的区别有关。也就是说,在“她-自我”和“她-她者”之间存在一个联结,里奇称之为女性经验的“连续体”(continuum)。这个连续体为重新定义女性主体的可能条件划定了边界。因此,共同体的概念变得重要:如今在我们之间所面临的处境中,在我们共同参与的话语游戏里的此时此地,在作家和她的读者之间的互动中,我们共同参与的是对一个理论项目的政治影响的认识:重新定义女性主体性。

女性主义者已经进行了一些将女性共同体理论化的尝试:有的学者从教育学的角度出发(Culley and Portuges 1985;Bowles and Duelli-Klein 1983);伊芙琳·福克斯-凯勒(Evelyn Fox-Keller)采用了库恩(Kuhn)的科学共同体(scientific community)[①]概念;劳拉提斯运用了福柯的微观抵抗政治模型;其他学者,如简·弗拉克斯和杰西卡·本杰明(Benjamin

① 在库恩看来,科学界是由大多数对主流理论、方法论或研究计划持“教条主义”态度的科学家组成的。

1986:79—99,1988)把温尼科特(Donald. W. Winnicott.)的客体关系理论(object relations theory)作为模型。杰西卡·本杰明认为,自我和他者是密不可分的——正是在与他者相处的过程中,我体验到了最深刻的自我意识;沿着与之相似的思路,简·弗拉克斯主张,正是相互的、互惠的主体间联系能力,使主体性得以构成。

女性主义理论家杰西卡·本杰明甚至更进一步,认为女性欲望必须被概念化为居间(in-between)空间,连接内部和外部,在自我进入他者的不断流动中,不能也不应该被虚假的二元区分干扰。本杰明强调具身的性别性(genderedness),破坏了身体的内部/外部区别。因此,她试图用相互联系性和能动性的能力取代菲勒斯的中介作用,这样欲望就不需要根据辩证对立的毁灭性逻辑进行概念化。

本杰明所捍卫的"过渡性空间"(transitional space)必须被理解为一个界面,标志着身体的空间界面之间的距离和邻近性。"某种既形成边界又向无止境的可能性开放的事物"(1986:94);它不仅是一个接纳他者的空间,也是一个感受性(receptivity)的空间,是他者性得以感知为其本身的根本条件。在主体的本体论的结构中,某些事物与他者的存在有关。将温尼科特式的过渡空间视作女性欲望模型的这一设想，与哈贝马斯的交流纽带（communicative bond）的观点进行比较会是有趣的事情，但我无法在此展开。还是让我回到我的纽带问题上：此时此刻，什么样的话语空间正在被构建？形塑主体性的复杂、分层的相互关联性，在我们对女性主义的能述行为中是可操作的，和所有其他的所述（statement）一样。

因此，正是在语言中，而不是在解剖学中，我的性别化主体性找到了一个声音，成为一个文集（corpus）[①]，并被激发出来。正是在作为权力的语言中，即在位置政治中，我作为“她-自我”使我自己对我的言说伙伴、对你们，还有“她-他者”的女性主义同伴负责，她们在我言说时卷入了我正编造的话语能述网络中。你和“她-你”，如同我和“她-我”一样，在政治上

① corpus 是一个多义词，这里的用法比较精妙。从拉丁语词源上看，14 世纪后期，其字面意思是“身体”“任何种类的物质”。15 世纪中期的英语中指“人的身体”，1727 年的英语指“事实或物品的集合”。词典上的意思还有“知识或证据的集合，尤其是记录话语的集合，用作语言描述性分析的基础”“尸体”“身体结构或器官的主要部分”。在文中，最直接的意思为“文集”，指在语言中寻找声音和表达的过程中形成的语言内容集合。扩展来说，也指主体性在语言中得到表达、实现的集合。这里指女性主体性实现的文本化过程。这里也暗示了女性作为一个群体的身体。女性主体性的实现是一个集体的、政治的过程。暗示了语言和身体、语言和权力之间的关系。——译者注

参与了重新定义我们所是的性别的计划。在这种过度性别化的压力下，语言出现了裂缝，人称代词无法承担女性主义计划所需的在人际关系中产生的负荷。语言结构中有些东西在抵制：你怎么能充分表达那些既有框架中缺失或超出其范围的东西？如何创造新的思维方式？责任感使女性主义计划成为一种批判理论，同时也是一种伦理责任，因为它强调联结的首要性，将他者的存在，共同体的存在视作重新定义自我的重要一步。在《性别技术》（*Technologies of Gender*）（1986b）中，劳拉提斯认为，这本质上是一个认识论计划。在她对这一术语的理解中，认识论是一个理解并形式化（formalize）主体性的过程，它将主体性视作一个过程，一个复杂的相互作用网络，涉及不同主体化（subjectification）①之轴之间的相互作用。

女性的女性主义主体因此被定义为一个处于过程中的术语，这个过程不能也不应该被简化为一个线性的、目的论的主体性形式。女性的女性主义主体是主体的欲望与有意识的社会变革交汇的场所——主张女性不仅是"非男性"的存在，而且是更多样的存

① 该术语更好的翻译是用法语 assujettissement 来表达，它涵盖了主体性的多层次性质，即自我和他人在多重差异关系中的相互作用过程。

在，是这一过程的第一步。

我想强调的是，欲望是女性主义者寻求女性主体性的其他定义时所涉及的核心问题。尝试激活一种基于性差异的话语伦理，作为女性赋权的场所，这既是一种认识论上的转变，也是一种政治上的行动。问题是如何确定一个角度，通过这个角度我们可以获得一种女性主体非逻各斯中心主义模式的再现。为了确定这一点，我们需要重新思考权力：不是仅仅把权力视作一种可见力量的场所，这里是最容易识别出权力的地方，因为它在那里展现自身（议会、教堂、大学），而是也把权力视作一种不可见的相互关联的效果网络，一种持久的、无处不在的影响力的流通。

这一点的重要性不仅在于认识论和方法论层面，而且也在于政治层面：它实际上将决定我们女性之间可能建立的联盟或社会契约的类型。在这种构型中，欲望的概念不是一个规范的概念：生成的欲望和作为女性言说的欲望，并不意味着强加给女性言说以特定的命题内容。被赋权的是女性言说的权利，而不是她们言论的命题内容。我想强调的是女性生成的欲望，而不是她们生成的一种特定模式。在女性主义视角下，被定义为男性同性社交纽带现实化的父权制，可以被看作是对前面所述原则的一种强烈否定，因为它一直受到政治需要的困扰,必须使生物性与主体性、解剖学与性心理学相吻合,从而使生殖与性相吻合。这种自然与文化的强制统一主要发生在女性身体上,父权制的话语和实践在此基础上建立了它最强大的机构之一:家庭。与这一战略相关的方面是两性互补的神话的强制性,这在社会上被编码为异性恋主义(heterosexism)或强制异性恋的行为。

女性主义和精神分析对于激发男性同性象征的颠倒逻辑(perversion)进行了深入的批判;他们都强调每个主体因归属于这样一个系统而付出的代价,并且通过拆穿虚假的对称和虚伪的合谋,他们宣称人类的性高度虚构和建构的本质,谴责身份的欺骗。但是,尽管精神分析理论在提高我们对性差异的理解方面做了大量的工作,但在改变性关系和性别分层(gender stratification)的具体情况方面,它几乎没有作出什么贡献。后者正是女性主义实践的目标;女性主义既不是关于女性的性,也不是关于欲望——它与改变有关。这也是精神分析与女性主义运动之间最重要的区别:对变革的定义,以及如何实现变革。精神分析和女性主义似乎从截然不同且完全不相容的角度来处理政治变革的问题。

迈向性别(sexuate)[①]的普世性

关于思考的思考,在我所捍卫的元话语模式中,并不只是为了思考而思考:而是标志着女性主义知识分子对思考行为所承担的责任,在我们自己创造的概念的复杂性里持续思考。给我们自己时间去思考和解决这些复杂性,这样就不会使我们自己的生成过程出现短路。正如李斯佩克朵所指出的,我们正在培育新的开始;去人格化的女性主体为女性本体的欲望实现象征化奠定了基础。

这意味着重新定义女性主义内部权力与知识的

① sexuate 在露西·伊利格瑞的"存在的性别化"(sexualization of Being)论述中,用以克服生理性别(sex)和社会性别(gender)的二元对立,sexuate difference 既不是扎根于自然的,也不是自然所强加的,而是自然与文化的连接,是自然与文化之间的关系。伊利格瑞在海德格尔和德里达论述的"性差异"(sexual difference)基础上进一步提出了"性别差异"(sexuate difference)的概念,以反对海德格尔的存在中的"一"。sexuate 包含了肉身的维度,意思是,男人和女人并不属于一个主体性,主体性既不是中立也不是普遍的。人类、人类主体性不是一,而是二。可参考 Jones, R. (2011). Irigaray: Towards a sexuate philosophy. Polity. Van 和 Leeuwen, A. (2010). Sexuate difference, ontological difference: Between Irigaray and Heidegger. Continental Philosophy Review, 43, 111—126。——译者注

关系:作为致力于阐述性差异理论和实践思想的女性,我们要对我们制定和赋权的概念负责。公正地思考——不仅要考虑正义(justice),而且要考虑正当性(justness)[①],是我们议程中的首要任务。对我来说,伦理维度与政治诉求同样重要。女性主义者的思考不能只是出于权宜之计,即政治意志的表达,它还必须尝试充分再现经验。女性主义者的理论建构必须在概念上是充分的,在政治上也是适当的:一个人与思考的关系,是一个与他异性(alterity)完全不同关系的原型。如果我们忽视了思维的这一伦理和关系的基础,即某些特定话语在我们当中建立起来的联结,我们就确实面临着同质化的危险,因此也面临着仅停留在战略或工具思维上的危险。没有正当性就没有正义,没有充分发展我们的词汇、思想,以及因此产生的以非逻各斯中心主义模式重新定义女性主体性计划的思想,就不会有政治上的真理。

因此,今天女性主义理论的首要任务是重新定义主体,将主体视作一个与他者存在密不可分的联系的

① 在这里,justice 和 justness 意思相近,但存在区分。“justness”侧重伦理、道德和关系层面,强调的是一种普遍的、抽象的公正和合理。它更加涵盖了社会、文化、伦理等多个层面的公正,可泛化为生活中的各种情境。而“justice”则更偏向政治上的策略、法律、原则,强调的是具体的策略性和法律制度下的公正,范围相对较窄。——译者注

性别统一体。对于女性主义而言，从一开始就存在他异性、非一性、多重性。创始者是那些在理论和政治上将自己定位为一个集体主体的女性主体共同体(common corpus)。这种共同的联系首先存在，然后才会出现要执行何种政治路线的问题。是伦理定义了政治，而不是反过来：因此，将女性主义者受众定位为在一种旨在改变游戏规则的话语交流中善于接受的、积极的参与者是很重要的。这就是“她-我”要对她自己负责的女性主义社群。

欲望本体论基础的悖论在于，它不仅是主体间性的，而且还超越了主体。欲望也充当了重新定义一个新的共同经验层面的门槛。“每个女人都是所有女人的女人……”女性共同参与进抵抗“大写女人”的一项政治任务中——这是女性主体性的主要观点，对这一共同经验基础的认识，为女性主义主体的新形象和象征奠定了基础。如果我们把性差异当作我们的出发点，当作对我作为一个女人事实的积极肯定，通过“我，女人”这一能指多层级的复杂性，我们最终会打开一扇窗户，朝向不同女性之间所建立的一种新的性别联结，在女性主义中，身份政治是一项集体计划。

通过性别化的集体主体性，我指的是一个专属于女性的象征性维度，它承认女性相对于男性具有不可还原性,同时也承认,人类作为一个与他者有着结构性联系的具身自我,具有不可摧毁的统一性。这是自我与他者、自我与自我之间不断产生的不同层次的复杂交织。正如阿德里安娜·卡瓦雷罗(Adriana Cavarero 1990)所说:其中涉及的是一个女性主体作为一个自我再现的实体的可再现性。这与其说是一个确立主体的问题,不如说是一个阐明女性的女性主义主体可以得到充分再现的范畴问题。

这是一个重要的政治姿态,因为在自身的超越力量中思考自身复杂性的完满性,是历史上女性从未有过的能力。在性差异的计划中,通过主体实现极致的性别化,似乎是对我们赋予人类以及一种主张共通性、共同归属的普遍概念以价值的一种尼采式嬗变。我想论证的是,这种价值嬗变的目的是将主体的多层次结构彰显出来。正如李斯佩克朵所指出的:"我内在的生命没有我的名字,'我'不是构成他的存在中的那部分存在的主人。""她-我"在多大程度上接受这一点,"她-我"才能成为所有女人中的女人,并对她的人性(humanness)负责?只有这种高度明确的特异性概念,才能让我们提出一种新的普遍意义上的存在感:只有情境视角才能使新的普遍立场合理化。在这个意义上,G. H. 在她的微观世界中所经历的完全特异性的经验，仍然象征着女性生成某种不同于她们被期望和社会化的“大写女人”的过程。G. H. 向我们展示了我们性别所特有的、女性自身的超越性道路——不连续的生成时间。

第五章　性差异作为游牧政治计划

不执拗于“纠正历史”的女性，将节省很多时间。

——玛格丽特·杜拉斯

正如我前文所述，我所捍卫的游牧主体是一个多重差异的、非等级制的主体性新造型。本章我将更具体地探讨主体观如何与性差异之轴相互交叉。我同意露西·伊利格瑞所言，性差异是我们21世纪早期的西方人必须在历史上进行斗争的问题：这是我们的愿景和乌托邦。这里存在两个主要原因，一是差异在欧洲历史上所起的作用，二是它在女性主义实践中占据的具体位置。

首先从欧洲方面谈起。在当今欧盟的语境下，“性差异”这一众所周知的概念、主题和问题比以往更具有话题性。旧大陆发起了统一计划，重新强调了欧洲人的共同身份，这导致“差异”比以往更成为一个分裂和对抗的概念。我们正目睹包括区域主义、地方主义、种族战争和各种相对主义等主张各自差异的既得利益者的激增。在东方集团(Eastern Bloc)[①]分裂的时代,差异是一个危险的术语。正如几个南斯拉夫女性主义者所言:当"差异"被消极和分裂地使用时,一名后现代主义者积极重新定义它的努力就变得无望而徒劳。后结构主义模式中的碎片化和对差异的重估,对生活在萨格勒布(南斯拉夫西北部城市)的人而言,往最好的方面看,不过是讽刺,往最坏的方面看,则是一场悲剧。对于杜布罗夫尼克或萨拉热窝的人们来说就更是如此。

在政治上,差异这一具有贬义性的概念源于欧洲法西斯主义,已被等级化和排他性的思维方式殖民和接管。然而,法西斯主义并非无中生有。在欧洲哲学史中,"差异"是一个对西方思想影响深远的核心概念,它总是通过建构二元对立来运作,产生了"他者性"或"不同"(difference-from)的子范畴。因为差异在历史中建立在统治和排斥关系的基础之上,"不同"意味着沦为"次等"(less than),不值一提。正如波伏瓦在《第二性》中恰当地指出,差异已经被权力关系殖

① 东方集团(Eastern Bloc)为冷战期间西方阵营对中欧及东欧的前社会主义国家的称呼,其范围大致为苏联及华沙条约组织的成员国。——译者注

民,权力关系将差异贬低为劣等(inferiority)。差异从而被赋予本质主义和危险的意味;它导致整个存在物(being)的类别被弃置(disposable)。也就是说,虽同为人类,被差异化的人类却更加命如草芥。

在现代欧洲历史上,差异被极权主义和法西斯主义政权接管,它们将差异视作一种生物决定论,以清除大量被建构为劣等和卑贱的人类。在德国、法国或其他地方的批判理论里,对差异进行剥削和谋杀的做法在纳粹大屠杀中已不可挽回。如前所述,在如何评价极权主义和纳粹的问题上,法国和德国的批判学派存在不同意见。纳粹将差异视为一个等级的概念。法国批判学派认为理性与暴力统治有内在的共谋关系,拒绝使用"工具理性"这一范畴。阿多诺和其他德国批判理论家则紧扣"工具理性"的概念,试图从内部改革"理性"。无论如何,正如福柯为美国版的德勒兹《反俄狄浦斯》所写的序言中提到的,反思奥斯威辛已经成为所有欧洲知识分子的历史任务。作为一名批判思想家、在新欧洲婴儿潮时代培养出来的知识分子、致力于实现赋权的另类方案的女性主义者,我选择对我文化与历史的这一方面负责。因此,我想深入反思差异,思考权力与暴力的联姻,其中充斥着欧洲人心智里猖獗的优越论调。这一概念过于重要和丰富，绝不应只停留在法西斯主义和霸权主义的解释上。

其次，在西方女性主义的实践和思想史中，差异的概念经受了一个跌宕起伏的漫长历程。我想不出有比这更自相矛盾、更有争议且更重要的概念。女性主义思想内的"差异"，是一处具有强烈的概念张力的地方。我坚定捍卫性差异作为一个认识论和政治过程的计划，这也表达了我对许多拒绝差异的激进女性主义者的担忧，她们将其视作一个毫无希望的"本质主义"概念而抛弃它。让我简单追溯女性主义理论中差异这一概念的演变，然后再回到我对性差异计划的见解。

西蒙娜·德·波伏瓦以其对黑格尔的意识辩证法这一等级制方案的深刻洞察展开她的研究。她建立了女性主义理论的基础，其中既把差异当作核心概念，又呼吁克服其中的等级制，这种制度与贬低他者性（尤其是女性差异）是合谋的。在她工作的这一阶段，波伏瓦汲取了17世纪笛卡尔的学生普兰·德拉巴雷（Poulain de la Barre）的思想——以理性的名义主张超越性别二元论，因此也超越性别偏见。波伏瓦通过一种理性的平等主义展开分析并制定解放方案，构成了当代女性主义理论最重要的概念遗产。

20世纪70年代中期，后结构主义女性主义者挑战了波伏瓦的平等主义的理性政治，转而强调差异的政治。正如玛格丽特·杜拉斯在本章引言中所说，仍然以反对男性价值为标准来衡量自己的女性，感到自己必须纠正男性错误的女性，确实会浪费大量的时间和精力。同样的道理，伊利格瑞在她那充满论辩色彩的文章《与谁平等？》(*Equal to Whom*, Irigaray 1987)里建议，将政治重点从反动的(reactive)批评转至对积极的反价值(countervalue)[①]的肯定上来。

通过修订波伏瓦的作品，后结构女性主义理论重新思考了差异，并质疑了差异同统治和等级制的联系是否同样也是存在主义者一代的内在本质，因此具有历史上的必然性。由于现代性的危机，自弗洛伊德和尼采以来，差异的概念已处于欧洲哲学议程的中心。然而在现代性里，对差异的关注标志着一种转变，即摆脱一个世纪以来将差异与劣等相等同的习惯。然而，在尼采、弗洛伊德和马克思的思想和理论实践中(这无疑是现代性的末日三位一体)，另一个颠覆性的革新应运而生：主体性与意识并不一致。由于结构

① 指的是与当前主流价值观相反的新价值观念，即女性主义要提出的新的价值体系，与男性价值观形成对立。

(如无意识欲望)的重要性、历史环境的影响和生产的社会条件,主体与她的意识自我并不相符。笛卡尔主体本体论上的安全感被打破,由此打开了一条分析主体性与男性气质之间传统固有关联的道路。在这一意义上,正如我在《不和谐的模式》(*Patterns of Dissonance*)中所言,现代性危机可以视作是对传统主体性的男权主义基础的破坏。从一个女性主义者的视角来看,这种危机不仅是一个积极的事件,而且也是一个为女性赋权提供了丰富可能性的事件。

在整个 20 世纪 80 年代,一场论战使"差异派"(difference-inspired)的女性主义者,尤其是女性书写(écriture féminine)运动的发起者,从盎格鲁血统美国人主张的"社会性别"(gender)对立中分裂出来。这场论战激发了关于本质主义的争论,使女性主义者在政治和知识领域里陷入僵局,而我们才刚开始从这一困境中解脱出来。我将在下一节对此详述。近来,反性差异的女性主义阵线已经发展出"超越性别"(beyond gender)或者"后性别"(postgender)类别的主体性论述。该思想路线为了克服性别二元论和性别对立,主张一种无性差异的新主体性。像莫尼克·维蒂格这样的思想家就强烈主张抛弃性差异,因而导向一种"永恒女性"的形而上学复归(Wittig 1992)。

我认为无论是“反本质主义”的论战形式，或是对“超越性别”立场的乌托邦渴望都轻率地抛弃了性差异。我的主张则相反，我试图巩固性差异作为一项计划。我也已称其为一个游牧的政治计划，因为它强调女性具身的差异，这为重新定义女性主体性提供了积极的基础，并保证它的全部复杂性。接下来我将从积极的性差异的视角，概述我是如何看待女性身份、女性主义者的主体性和游牧转变的认识论之间的相互联系。在第一个案例中，我将继续描述我对基于性别的分析框架的批评，从而阐明我所认为的由性差异计划本身启发的认识论优势所在，以及其框架的政治相关性。

20世纪90年代的女性主义理论

我的出发点是，女性主义理论和实践中的性别(gender)概念已面临危机。由于理论与实践不充分，政治上无组织且分散，女性主义理论正经受强烈的批评。对“性别”最恰当的批评出现在主张性差异的理论家、后殖民主义和黑人女性主义理论家身上，还有从事自然科学(尤其是生物科学)工作的认识论女性主义者和女同性恋思想家。

其次，性别作为女性主义研究中的一个实用范畴遭遇的危机，与女性主义理论里固化僵死的理论立场历经的重组出现于同一时期。最明显的是英美传统的“性别理论家”和法国及欧洲传统的“性差异理论家”（Duchen 1986）之间的对立，这一点我曾简要提到过。这两个阵营之间的辩论在80年代已经陷入了一场相当枯燥乏味的论战，这些论战建立在不同的政治实践假设下所形成的对立文化与理论框架之上（Braidotti 1991）。这种剑拔弩张的局势得到重新洗牌，部分原因在于女性主义理论日益提高了对特定文化形式的认识。这产生了一种更具有生产性的新方法，来应对女性主义立场的差异问题。

在这一方面，第三个相关现象是最近出现的一场国际讨论，有意大利人、澳大利亚人、荷兰人和其他女性主义思想的流派参与其中（Bono and Kemp 1991, 1993; Hermsen and Lemming 1991），这有助于打破法国欧陆立场和英美立场之间的二元对立。为此，我们应该要补充非欧洲传统的思想资源，表现比较突出的是亚洲女性研究社群和泛非洲女性主义（Amina

Mama)[①]。这些不同的传统和各自的出版作品不仅促进了地图上其他女性主义文化的出现，无论它有多么“少”，而且也强调了性别这一概念很大程度上是一种英语语言的变迁，与非欧洲和罗曼语族欧洲语言(Romance European languages)中的理论传统几乎无关(de Lauretis 1988：3—37)。因此，性别这一概念并没有在法国、西班牙或者意大利的女性主义运动中成功产生回响。如果你知道，“性别”(le genre)在法国可以被用来指代整个人类(le genre humain)[②]，你就会明白该术语的特殊文化内涵及其不可翻译性。

这也意味着，生理性别和社会性别的区分，是英

---

① 阿米娜·玛玛(Amina Mama)在南非开普敦大学的非洲性别研究所(AGI)担任性别研究主席兼主任。她拥有伦敦大学组织心理学博士学位。她主要的出版作品是《隐藏的斗争：法定和自愿部门对家庭中针对黑人妇女的暴力行为的反应》(*The Hidden Struggle：Statutory and Voluntary Sector Responses to Violence Against Black Women in the Home*，Whiting and Birch，1996)和《超越面具：种族、性别和主体性》(*Beyond the Masks：Race，Gender and Subjectivity*，Routledge，1995)。阿米娜·玛玛是《非洲女性主义者》(*Feminist Africa*)杂志的编辑，该杂志是欧陆性别杂志研究期刊，关注在后殖民的非洲出现的复杂多样的创造力和抵抗动态和行动，这些行动都是由变化的全球地缘政治的权力配置所造成的。《非洲女性主义者》的目标对象是性别研究人员、学生、教育工作者、整个非洲的女性组织和女权活动家。它的作用是通过促进和加强非洲女性的知识分子工作来发展女性主义知识分子社区。

② le genre在法语中是一个多义词。这里的le genre主要指性别、类型两种意思。——译者注

语女性主义理论的支柱之一，但在许多非英语的西欧语境中，这样的区分没有认识论和政治上的意义，那里现在使用的是性（sexuality）和性差异的概念。尽管对性差异理论的赞美或抨击已经太多，但将其置于文化语境里讨论的努力却甚少。在围绕性差异与性别理论对立的讨论中，隐含的民族主义倾向也没有得到充分关注。

第四点，我想表达性别与它所引发的制度实践息息相关，我发现这对女性主义者来说是有问题的。相比起更明确政治化的女性主义研究，“性别”这一听上去科学化的术语，在学术界更具有安慰性色彩。这部分是由于“性别研究”近来在大学和出版社取得的成功。我认为，这使关注重点从女性主义议程，转向一个更普遍的不同性别之间差异的社会建构。这拓展了政治议题的范围，但也削弱了其针对性；这在政策制定的实践上尤为明显。

许多机构主张男性也有性别，开始声称设立“男性研究”课程与妇女研究相对应，或作为妇女研究的结构组成部分。在“性别”一词的掩护下，男性气质再次回到研究中来。尽管男性对男性气质的批评极其重要和必要，但我认为扩大“性别研究”的范围（一方面将男性纳入为一种存在和一个主题）与实践性的女性主义者的议程之间进行制度性竞争，这是令人遗憾的。这种情况使一些女性主义者对制度实践层面上的“性别”和“性别主流化”持怀疑态度。

在更理论的层面上，我认为“性别研究”背后的主要假设是，在社会建构主义结构的基础上，不同性别之间存在一种新的对称性，这实际上再度引发了对男性、男性气质和男性研究的兴趣。针对这一点，我想表明，我公开反对这种对称的错觉，并再次捍卫性差异作为一种强大的不对称性因素。此外，我认为，在女性主义者的讨论中，关于性别的历史文本并不符合性别对称的情况。从女性主义思想的历史学角度来看，我将性别定义为一个界定多重社会关系的概念。它提供了一套框架，女性主义理论用它解释不同性别之间差异的社会话语建构和再现。因此，在女性主义理论中，性别履行的主要功能是挑战批判性语言、知识体系和广泛的科学话语当中的普遍主义倾向。

这种倾向将男性的立场与一般的“人类”立场混为一谈，从而将女性限制在“他者”的结构性位置上。因此，男性作为人类被视为“规范”，而女性作为他者被视为标志着“差异”。这一定义的必然结果是，性差异的重担落在了女性身上，将她们标记为第二性，或结构上的“他者”，而男性则被要求承担普遍性的义务。性别这一术语有助于解释，两性之间的象征性分工是由菲勒斯逻各斯中心主义所建立的系统，这是父权制的内在逻辑。换句话说，这个系统在历史上并非必然，在概念上也不合乎逻辑。它只是成为一个系统的强大基础，在这一系统中，我们都被特定的象征、符号和物质条件被构建为男人或女人。

在这样一个系统中，男性和女性处于结构上不对称的位置：男人，作为男性的实际指称，没有性别，因为他们被期望拥有“阳具”，也就是说，维持抽象的男子气概，这并不是一项简单的任务（Rubin 1975；Hartsock 1983）。五十年前，西蒙娜·德·波伏瓦观察到，代表普遍性的男人付出的代价是一种具身性的缺失；另一方面，女人付出的代价是一种主体性的缺失，并被局限在身体内。前者是离身的，并通过这个过程获得超越性和主体性的权利；后者是过度具身的，因此被限制于内在性中。它们导致了两个不对称的位置和两个对立的问题领域：两性之间不存在对等性。

受到20世纪80年代符号学、结构主义精神分析和女性运动内部自主发展的共同影响，女性主义研究收获了一些新的理论。其核心是从单纯批判父权制转向维护女性文化传统和经验的积极性：在这一方面，里奇（Adrienne Rich 1976，1979，1986）的作品很有影响力。这使语言成为研究的重点和价值所在，因而再现作为主体构成的场所也得到了重视。

在女性主义学术中，最引人注目的一个新发展是法国的"性差异"理论，也被称为女性书写运动。其概念基础来自语言学、文学研究、符号学、哲学和精神分析理论。性差异理论家（Irigaray 1974，1977，1984；Cixous 1974，1986，1987；Cixous and Clément 1975）通过关注两性之间差异的理论结构与语言结构的社会关联性，展开了女性主义的讨论。她们声称，社会领域里渗透着权力和知识的关系，也就是说，这是一张符号与物质结构相交织的网络（Foucault 1975，1977b）。换句话说，这一女性主义思想流派认为，充分分析女性受压迫的情况必须同时将语言和唯物主义纳入考量（Coward and Ellis 1977），而不是只还原为某一方。她们强烈批判性别概念过于侧重社会和物质因素，而忽视符号和象征方面。

20 世纪 80 年代，性差异理论家和性别理论家之间的争论引发了激烈的论战，导致了两种截然不同的还原论形式：一种是理想主义形式的还原论，将一切都还原至文本；另一种是唯物主义的还原论，将一切都还原为社会。这导致了两种极端的"本质主义"（de

Lauretis 1988；Schor 1989；Fuss 1990；Braidotti 1992；Grosz 1991）。

在我看来，超越无谓的争论，两个阵营之间的真正分歧，也就是概念上的分歧，在于如何找到逃离的出口，摆脱父权制或菲勒斯逻各斯中心主义系统内隐含的普遍主义和特有的二元思维方式。性差异理论家主张通过“模仿式重复”（mimetic repetition）的策略，进行改造旧系统的工作。而性别理论家则诉诸“意识形态批判”。一方面，这导致她们投入性别二元论中“女性”一极的建设里，并分别为女性创造不同的意义和表征，以此导向了“作为人类意味着什么”的问题。另一方面，这又拒绝了性别两极化的思想，主张在做性别（doing gender）时采取去性别（desexualized）和无性别（gender-free）的立场。换句话说，我们面临两种对立的主张：性差异理论家强调需要重新定义女性的女性主义主体，而性别理论家则认为女性是形而上学的胡扯，最好全盘抛弃它以支持新的雌雄同体。毫无疑问，这些立场也暗含了对女性的性（sexuality），特别是对女性同性恋，完全不同的理论见解（Cixous 1987；Wittig 1973）。

然而，令我印象深刻的是这两种立场的基本共识，即女性主义实践以及相关的女性研究必须通过揭露科学话语中其固有的二元论，来挑战其普遍主义立场。拒绝作为父权制存在方式的二元论思维，为疏通原本对立的女性主义立场提供了共同基础。女性主义学者普遍认为，普遍主义立场用男性来代表人类，并将女性限制在被贬值的“他者性”的次要地位上，这依赖于二元对立的传统体系，例如，自然/文化、主动/被动、理性/非理性和男性/女性。女性主义者认为，这种二元对立的思维模式产生了二元的差异，只是为了将它们规定在权力关系的等级尺度上。

还有人进一步认为，这一概念方案服务于将西方文化中的差异表征系统自然化的目的，尤其是性差异。因此，琼·斯科特认为，“性别”标记了压迫变量之间的一系列相互关系，可以帮助我们理解性别、阶级、种族、生活方式和年龄的交叉点，作为基本的差异轴。在最近的一篇文章中（Scott 1988：33－50），斯科特更进一步主张将性别定义为标记语言与社会、符号与物质的交叉点。斯科特引用福柯的“话语”概念，她认为这是后结构主义思想对女性主义理论的主要贡献之一（Braidotti 1991a；Miller 1986b；Schor 1987a），她建议我们重新解释“性别”，以一种新方式连接文本与现实、符号与物质、理论与实践。在斯科特的解读中，这种后结构主义模式下的女性主义理论具有将意义和表征之争政治化的优势。

后结构主义女性主义对差异的重申，彻底地重新定义了文本和文本性，摒弃了二元对立的模式；文本现在被视为一种兼具符号和物质的结构，也就是说，它不是孤立的一项，禁锢在与社会环境和阐释活动的二元对立中。相反，文本必须被理解为一个过程中的术语，即围绕权力关系网络形成的一连串连锁反应。因此，在文本实践中，关键的与其说是解释，不如说是解码将文本与整个社会符号系统的连接在一起的关联和效果网络。换句话说，我们在这里面对的是一种关于文本和文本实践的新唯物主义理论。20 世纪 90 年代的女性主义理论家受到了性别和差异理论的影响，并以有效的方式超越了这些理论。我将新一代的女性主义理论家分为以下几组：

一、德国传统的女性主义批判理论家，共同忠实于法兰克福学派的传统：塞拉·本哈比（Seyla Benhabib）和德鲁西拉·康奈尔（Drucilla Cornell 1987）、杰西卡·本杰明（Jessica Benjamin 1988）和简·弗拉克斯（Jane Flax 1990）。

二、来自法国的思想家通过文学院进入美国学术界，因此主要是人文学科和文学研究领域内的学者接受了她们的理论。然而，必须指出的是，哲学家露西·伊利格瑞的著作（Irigaray 1974，1977，1984）直到 1985 年才被翻译成英文。这种文化输出的其中一个直接后果是，美国的性差异理论现在成了文学的同义词。因此，在美国，人文科学同哲学和社会科学在这一主题上存在鸿沟。

三、意大利团体；这里的关键人物是露西·伊利格瑞：不过她在英语世界里出现得晚（在这里，西苏在德里达流行后席卷而来），在意大利，伊利格瑞则有许多热情的读者。通过女性运动和组织起来的左翼政治之间的既定联系，意大利人改编了伊利格瑞的作品，特别是路易萨·穆拉罗（Luisa Muraro 1984，1991）和阿德里安娜·卡瓦雷罗（Adriana Cavarero 1990）的改编，从女性的社会及象征联盟的角度，对性差异进行了高度政治化的解读。

四、莫尼克·维蒂格的女同性恋激进主义和她性别弯曲的（gender-bending）追随者。

五、种族和后殖民主义思想家（Hull，Scott，and Smith 1982）：虽然在北美女性主义中，种族问题从一开始就存在，但经过了很长一段时间后，族裔和种族议题才成为定义女性主义主体性的核心变量。在这里，女性主义理论中的白人性成了核心的批判对象，它凌驾于所有其他差异之上，包括之前在性别理论和性差异理论的论战分歧中也是如此。在奥德雷·洛德(Audre Lorde)、爱丽丝·沃克和托妮·莫里森等黑人女作家以及许多其他黑人理论家(Moraga and Anzaldúa 1981, 1983)的开拓性著作之后,这些思想家针对女性主义理论对性别和性差异的论述中表现出的白人性(whiteness)和民族中心主义展开了更系统的方法论批判,例如斯皮瓦克、钱德拉·莫汉蒂、芭芭拉·史密斯、郑明河和贝尔·胡克斯。有色人种女性的众多作品从根本上影响了德·劳拉提斯、唐娜·哈拉维和桑德拉·哈丁等女性主义理论家的思想。

在欧洲语境里,女性主义、种族和族裔问题更难以表述,部分原因是女性主义政治文化的标识和风格一直存在巨大的民族差异,以至于从未出现过一种占主导地位的女性主义路线或立场。到20世纪80年代,由于对某些女性主义概念的文化特殊性(如性别)的认识不断提高,许多南欧人提出英式女性主义文化与政治霸权的问题并对此提出挑战。这造成的一个影响是将族裔和种族问题提上议程,重新审视其在女性主义实践中的作用。因此,斯佩尔曼(Elizabeth V. Spelman 1989)指责波伏瓦因"色盲"对种族议题缺乏敏感性。

最近,为了回应当代欧洲社会的多元文化本质,欧洲社区中种族主义、反犹太主义、仇外心理和新殖民主义的普遍抬头，对种族议题的关注变得更加迫切。因此，在欧盟委员会的苏格拉底计划（Socrates scheme）里，为妇女研究创建的多文化及跨欧洲的交流网络，为欧洲许多妇女研究、性别研究和女性主义研究计划提供了一个多文化和多语言的平台。[①] 当代欧洲女性主义学者正在努力探索出欧洲视角下跨国的、反种族主义的观点。她们从美国的种族议程中汲取灵感，同时决定优先从欧洲角度考虑这一复杂议题，特别是语言多样性的议题、反犹太主义的持续存在、对吉卜赛人和其他游牧民族的迫害。她们首先重点批评了各种形式的经济新殖民主义，以及如欧洲内部移民这样的现象，特别是来自南欧和东欧地区的移民现象。

因此，20 世纪 90 年代出现的理论家，从定义女性主体性变量的多种路线出发进行研究：将种族、阶级、年龄、性取向和生活方式视作身份的主轴。因此，她们在既有女性主义思想的基础上进行创新，致力于从共时性的权力构成网络角度，重新定义女性主体

① NOISE 伊拉斯谟网络有 16 个机构合作伙伴，而 ATHENA 专题网络有 100 多个机构成员。

性。接下来，我将论证一种萌芽的新趋势，它强调女性主义者主体情境化、特殊性和具身性的本质，同时拒绝生物或心灵（psychic）上的本质主义。这是一种新的女性具身唯物主义（embodied materialism）。

德·劳拉提斯的著作是这一新女性主义唯物主义的核心，它将文本重新定义为知识与权力之间关系的渗透（Teresa de Lauretis 1984，1986b，1990a）。她邀请我们重新思考主体性的构成过程，它是权力和知识网络的一部分。德·劳拉提斯的见解可以总结如下：

如果父权制的再现模式（可以称为性别系统）产生了它想要解构的范畴本身会如何？将性别视为一个过程，德·劳拉提斯强调福柯已引起我们注意的一点，即权力和知识的生产过程也同时生产了作为一个术语的主体。他从权力的无处不在性和生成-主体的过程来分析主体性，在此基础上，德·劳拉提斯借鉴福柯的“自我技术”概念表述该主体观的物质基础，而且更重要的是，性别在其中发挥作用的方式（Foucault 1984）。

换句话说，将性别重新定义为自我技术核心的是主体性政治的概念，在构建身份和获得主体性的双重意义上，意味着赋权或特定实践的形式。因此，获得主体性是一个物质（制度）和话语（象征）的实践过程，其目的是既积极又消极的，因为它们容许赋权的形式，而赋权形式又是限制和规训的场所。这里的关键概念（源自福柯）是，性别作为一种规范性的虚构，即一种构建特定范畴的规范性活动，例如主体、客体、男性、女性、异性恋和女同性恋，作为其自身过程的一部分。将“性别”作为规范性虚构的这种观点，必须置于批判“性别”的民族中心主义和菲勒斯逻各斯中心主义单一含义的框架内解读。女性主义政治，除了从内部精确地绘图，并抵制在该过程中产生、并作为其一部分的多重“分散”的微观霸权之外，不能指望拆解这一体系。抵抗和反话语是其中关键的思想。

总结一下女性主义理论视角的转变，我想强调之前的一个观点，即在当代女性主义实践中，“女性”的悖论已经成为中心。女性主义以女性身份的概念为基础，在历史上必然会受到批评。女性主义思想建立在这样一个概念之上，这种概念要求全方面解构和去本质化。更具体地说，我认为，在过去的十年中女性主义理论的核心问题已经变成如何在性别二元论的确定性崩溃后重新构建女性主体性的愿景，为这些概念赋予特权：自我作为过程、复杂性、相互关联性、后殖民压迫的同时性和多层级的自我技术。换句话说，性别两极分化的社会与象征命运岌岌可危。

在我看来，这里核心的议题是，身份是一个差异的场所。女性主义者对性别系统的分析表明，主体在不同时期占据了各种可能的位置，跨越了性别、种族、阶级、年龄、生活方式等众多变量。今天，女性主义思想面临的挑战是如何创造新的思想形象，帮助我们思考变化和不断变化的自我建构。不是停滞于既定的真理或现成的反身份（counteridentities），而是自我和他者深刻转变的活生生的过程。桑德拉·哈丁将其定义为“自我重塑为他者”的过程（Harding 1991）。

换句话说，从这些女性主义理论的新发展中出现的需求是，重新编码或重新命名女性的女性主义主体，不是另一个统治的、等级的和排他性的主体，而是作为一个多元的、开放的、相互关联的实体。为了建设性地思考当今女性主义思想中的变化和不断变化的条件，人们需要重视思考的视角，认识到主体不是一（not-one），而是如彩虹般在尚未编码甚至无比美妙的可能性里一次又一次地分裂开来。

现在让我展开谈谈我自己对这种复杂的新女性主义主体性结构的看法，它将其视作女性主义游牧计划的中心。

女性主义者的游牧思维：一项可行的方案

我的女性主义游牧主义计划的出发点是，女性主义理论不仅是对主体虚假普遍性的批判性对抗运动，而且是对女性渴望制定主体性不同形式的积极肯定。该计划既涉及对女性现有定义和表征的批判，也涉及对女性主体性新形象的创造。该计划（兼具批判性和创造性）的出发点是需要让现实生活中的女性处于话语主体的位置。这里的关键术语是具身性、主体性的身体根源以及将理论与实践重新联系起来的欲望。

为保证方法的清晰度，我将女性主义游牧计划分为三个层面，所有这些层面都与性差异有关。我想强调一个事实，这三个不同的层面不是辩证法规定的发展阶段，而是展示它们如何按时间顺序共存，并且每一层都能持续作为政治和理论实践的选项。因此，我在“男人和女人之间的差异”“女人当中的差异”和“每一女人内部的差异”之间做出的区分，不应被用作一种绝对的区分，而是作为命名一种单一复杂现象不同面向的练习。

这张表也不是一个范式模型：它是一种方法，一张从性差异的角度描述游牧认识论所涉及的不同层面复杂性的表。这些层次既可以从空间上也可以从时间上看:它们阐明了主体性的不同结构,也阐明了生成-主体过程中的不同时刻。因此,这些级别并不意味着要按顺序和辩证地探究。而是遵循我在本书中所主张的游牧方法,可以在任何层面和任何时间进入。我想强调的是,这些层面实际上是同时发生的,在日常生活中,它们共存且不容易区分。我甚至认为,正是在从一个层面过渡到另一个层面的过程中,在经验、时间序列和意义层面的流动中存在的能力,才是游牧模式的关键,一种存在的艺术。

性差异层面1:男人与女人之间的差异

主体性	相对	女性
• 主体的普遍概念		• 特殊"其他"主体
• 与意识一致		• 与贬值的差异一致
• 自我-管制		• 无法控制
• 理性主体		• 非理性
• 主导理性		• 理性的剩余
• 超越性		• 局限于内在
• 否定肉身起源或客体化身体		• 受剥削、沦为沉默的肉体性存在

在这一层面的分析中,核心的问题是,对男人所认同的普遍主义的批判,以及将自身投射为伪普遍的男子气概的批判。这也伴随着对贬值的"他者性"思

想的批判。在一个非常黑格尔式的框架里，西蒙娜·德·波伏瓦对主体的普遍性进行了开创性的分析。面对这一方案，她主张争取获得超越性，并因此获得与男性同等的主体性权利作为女性的理论及政治选择。正如朱迪斯·巴特勒对黑格尔时代女性主义理论的清晰分析所指出的那样，波伏瓦认为女性所体现的差异是某些尚未呈现的事物（Butler 1987，1990）。波伏瓦因此得出结论，这一被贬值和被歪曲的存在，理应带入再现中，这是女性运动的主要任务。

在政治上，这一计划相当于拒绝导致同质化（homologation）的解放主义，也就是说，拒绝将女性同化至男性的思想和实践模式，以及由此产生的价值体系。事实上，在西方后工业社会中女性地位的社会经济发展已经表明——除了传统歧视形式导致的贫困女性化持续存在之外——女性解放很容易迈上通往男性世界的单一道路。如露西·伊利格瑞、安托瓦内特·福克（Antoinette Fouque）和玛格丽特·杜拉斯这些互不相同的女性主义者已经对此发出了严重警告，她们提醒女性不要将时间和精力全部投入纠正男性文化的错误上。更好、更值得的政治投入在于，在一个被描述为维护性差异积极性的过程中，构思另类的女性主体性形式。

这一视角的转变在女性主义实践中绝非易事。事实上,它引起了一波争论,甚至经常激发女性之间的冲突,代际差异则使情况变得更加尖锐(Kaufmann 1986)。这场争论更持久的焦点在于性差异理论家和主张平等主义的思想家之间的对立:一方面,性差异理论家主张反解放主义;另一方面,持平等主义立场的思想家指责她们陷入了"本质主义"。我已经在其他地方处理过关于平等与差异的这场争论。我绝不是要将争取平等的斗争与肯定差异的探索分开,而是将它们视为互补的,是历史持续演进过程的一部分。在以男性同性社会纽带为主导的文化和经济秩序中,女性运动是通过调用争取两性平等的策略,使性差异获得运作的空间。这里的关键在于,将女性定义为"他者",而不是"非男人"。

这个计划的一个关键问题是,人们如何既认定传统主体性范式的失效,又主张另类女性主体性的特殊性。鉴于女性主义者对性差异的重申与现代性本身处于同一时刻,即理性主义和自然主义范式失效的时刻,女性主义面临双重任务:一是强调需要一种全新的主体性视角,二是尤其需要一种特定-性别的女性主体性视角。

性差异层面 2：女性之间的差异

女性作为他者	之间	现实生活的女性
=作为制度和表征 （见表 1）	之间的批判性缝隙=女权主体性的定位 • 性差异的积极性 • 女性女性主义者的谱系或反记忆 • 抵抗政治 • 肯定的另类	• 具身和嵌入的物种 • 情境知识 • 女性经验作知识场所 • 赋权 • 差异的多样性（种族、阶级等）

对第一层面性差异术语的分析面临着挑战，不仅是因为政治和知识背景的变化，也因为女性运动本身内部的演变。一方面，存在主义的团结伦理，也受到精神分析和后结构主义关于权力和知识并存观点的挑战，改变了对压迫和解放等现象的理解（Braidotti 1991）。另一方面，新一代女性主义者对波伏瓦将“女性”笼统地归纳为“第二性”日益不满。自 20 世纪 70 年代以来，政治和理论的重点已经从两性之间的不对称性，转向探索女性具身经验的性差异。

在第二层面上，核心问题是如何创造、合法化和呈现女性主义主体性的多种替代形式，而又不陷入相对主义。出发点是认识到女性是一个笼统的术语，它囊括了不同类型、不同经验层次和不同身份的女性。正如精神分析论证的那样，“大写女人”（Woman）的概念是指一个女性的性别化主体，它通过认同文化给定的位置这一过程构成，这些位置通过性别二分法组织起来。作为父权制性别二分法的“第二性”，“大写女人”被记录在克里斯蒂娃所说的更漫长的线性历史时间中(Kristeva 1988)。然而，作为女性主义意识的起点，女性认同也同时属于一种不同的时间性：一种更深层的、更不连续的时间感，即转变、抵抗、政治谱系和生成的时间。因此，我们一方面有目的论时间，另一方面有意识觉醒的时间：历史和无意识。

我将女性主义称为这样一场运动，在父权制历史更漫长的历史时间里，以及一个人自身认同的更深层的时间里，改变附加于女性身上的价值和表征的一场运动。换句话说，女性主义计划既包括在历史能动性、政治和社会权利的意义上的主体性层面，也包括与个人的意识、欲望和政治相联系的认同层面：它覆盖了意识和无意识两个层级。

女性主义主体之所以是历史的，是因为它通过否定参与进父权制；但它也与女性身份、与个人相联系。换句话说，“女人”与女性主义者在结构上处于不同的位置，因为它被结构化为他者性的指称，与男性作为主体的指称相对立。第二性，与作为普遍性代表的男性，处于二分法的对立中。因此，女性主义需要在“女人”和“女性主义者”之间进行认识论和政治上的区分。女性主义既推动女性进入父权历史（解放时刻或性差异第一层），又基于权力关系对个人身份提出疑问，这是差异的女性主义（性差异第二层）。

让我从一个不同的角度重述这一点：与“女人”的制度和表征保持批判性距离，是女性主义意识的起点；女性运动建立在所有女性都处于“第二性”状态的共识之上，这可以看作是构成女性主义主体立场的必要条件。承认女性之间的共同纽带，是女性主义者意识的起点，因为它在女性当中达成约定——这是一个奠基性的时刻，使女性主义的位置或立场得以表达。

然而，对受压迫姐妹共同处境的承认，不能成为最终的目标：女性可能有共同的处境和经历，但无论如何，她们并不相同。在这一方面，位置政治的思想非常重要。这一思想发展成一种承认女性之间存在多重差异的理论，强调拒绝对所有女性做出全局性陈述的重要性，而是要竭力意识到自己的立场所在。关注陈述的情境性而非普遍性是关键所在。在其政治应用中，位置政治决定了一个人对时间和历史的理解；对我来说，位置感与反记忆或另类谱系的发展有关。这意味着，作为女性有着受压迫或排斥的历史记忆，而不是成为男性这样的主导群体的经验指涉物，这两者是不同的。

因此,我们需要重新表述"女性"和"女性主义者"之间的关系。正如德·劳拉提斯所言,所有女性都被牵涉与"大写女人"(Woman)特定形象的对抗中,这种形象是为女性认同提供的文化主导模式。因此,详述女性主义者的政治主体性,需要以认识到"大写女人"与现实女性之间的距离为前提条件。劳拉提斯已将这一时刻定义为,对作为表征的女人("大写女人"作为文化意象)与作为经验的女人(现实女人作为变革推动者)之间本质差异的识别。

换句话说,在符号学和精神分析理论的帮助下,"大写女人"与"女性主义者"之间得以做出基本的区分,并决心在政治和象征层面去探索它恰当的表征。"大写女人"是在二元对立的历史传统中被编码的能指,"女性主义者"能指则建立在对"大写女人"的建构本质、"大写女人"与"大写女人们"之间的空隙的识别之上。

然而,在性差异哲学的发展成为可能之前,为了让女性主义思想从根本上得以存在,作为一个基础的举措有必要在"大写女人"(Woman)和"小写复数女人"(women)之间做出区别。这最初的一步是对一种本质的、不可调和的差异的肯定,我称之为性差异第二层,或女性之间的差异。

换句话说，回到我关于女性主义和现代性的开场白：作为性差异哲学的女性主义理论，将“大写女人”这一概念视作一个历史本质，恰好在现代性这一历史时期该概念得到解构和挑战。现代性的危机使女性气质的本质成为女性主义者一个有待研究的历史建构。因此，女性不再是为女性主体性所建构的文化统治和规范模式，而是转变成一个可识别的研究主题：可以视为一种建构(德·劳拉提斯)、一种伪装(巴特勒)、一个积极的本质(伊利格瑞)或一种意识形态陷阱(维蒂格)，这里仅举几例。

在我看来，女性主义的游牧立场可以容纳这些对女性主体性的不同表征和理解方式，使其共存并为讨论提供材料。如果不是存在一种游牧的灵活立场，这些不同的定义和理解将会对女性主义实践产生分裂的影响。

这里出现的另一个问题是为女性主体的新造型找到合适再现形式的重要性。正如我在其他地方所论证的那样，在这一点上，另类的方案至关重要，需要极大的创造力来超越既有的概念框架。为实现这一目标，我们不仅需要跨学科的方法，还需要理论家和艺术家、学术思想和创造性思维之间更有效的交流。但更多这方面的内容要以后讨论。

性差异层面 3:每一女人内的差异

每个现实生活中的女性(注:非"女性他者")或女性女性主义者主体为

• 她自身的多样性:分裂、断裂
• 经验的层级网络(如表 2 和表 1)
• 活生生的记忆和具身谱系
  • 非意识主体,而是伴随着自身的无意识:身份作为证明
  • 处于与阶段、种族、年龄和性选择等变量构成的想象性关系中
  • 在多重时间轴间运动
  • 一个生成—居间—主体

第三层面的分析凸显了主体具身结构的复杂性。身体是指一层肉身物质性,一种生来具有记忆的生命物质的基底。按德勒兹的理解,我将其理解为能够进行多样变化的纯能量流。"自我",意味着一个被赋予身份的实体,被固定在这个生命物质中,其物质性被编码并以语言呈现出来。我在这里提出的后精神分析视角下的肉身主体(corpereal subject),意味着身体不能被完全理解或再现:它超越了再现。每个实体内部的差异是表达这种情形的一种方式。对我来说,身份是自我多个破碎方面的演绎;它是关系性的,因为它需要与"他者"的联系;它是回溯性的,因为它是在一个谱系过程中通过记忆和回忆而固定下来。最重要的是,身份是由连续的认同化(identification)构成的,也就是说,身份是逃避了理性控制的无意识内化的形象。这种身份与意识基本的不一致性也意味着

一个人与自己的历史、家谱和物质条件存在一种想象的关系。

我之所以强调这一点，是因为在女性主义理论中，乐于将身份层面与政治主体性议题混为一谈。在我的思想框架中，身份与无意识过程有特殊联系，而政治主体性是一种意识的、意志的立场。无意识的欲望和意志的选择并不总是一致。身份作为复杂性和多重性的体现，关注其层面也将鼓励女性主义者处理自己的内部矛盾和不连续性，如果可以的话，它能以幽默轻松的方式来处理。我确实认为，为矛盾的时刻、为混乱和不确定性留出空间是重要的，而不是将它们视为失败或滑向“政治不正确”的行为。在这一方面，没有什么比女性主义者的道德主义与我所倡导的游牧主义更背道而驰了。

这里涉及的核心问题是，如何避免在合法化另一种女性主义主体的过程中重复排斥的逻辑？如何避免对女性主体的霸权式编码？如何保持一种开放的主体观，同时坚持另一种主体观的政治和理论存在？根据这一既在历史上固定又是分裂或多重的主体观念，将“我”进行综合的力量是一种语法上的必然性，是将一个人身份不断后退的地平线的不同层次、整合的碎片凝聚起来的一种理论虚构。每个主体存在“内部差异”(differences within)的观点是精神分析理论和实践的分支,因为它将主体设想为不同话语领域(registers of speech)的交叉口,召唤不同层面的生活经验。

为了将这一立场转化为女性主义性差异实践中的主体性政治的讨论,我会问以下问题:“我内部的女性”(woman-in-me)与“我内部的女性主义者”(feminist-in-me)有何关系?“成为-一名-女性主义者”(being-a-feminist)和“成为-一个-女人”(being-a-woman)之间、政治和自我感之间、主体性和身份之间有什么联系以及可能的紧张关系?在性差异的表达中运作的“自我技术”是什么?

在这种思想框架中,按照我提出的层面区分,将女性主义主体性设想为女性的欲望对象也是合理的。因此,一名女性女性主义者可以被视为渴望着、倾向于、受到驱使走向女性主义的人。在一篇关于女性主义政治的出色论文中,贝尔·胡克斯用“渴望”(yearning)(bell hooks 1990b)来描述女性主义计划的这一方面。我将其称为对女性主义立场的“强度的”(intensive)阅读,它不仅可以理解为对一套价值观或政治信仰意志上的承诺,还可以理解为维持并激发它的激情或欲望。这种激情的“类型学”

(typology)是通过德勒兹受到尼采启发的一种方法。它让我们不再将意志选择视为透明的、不证自明的立场，而是复杂的、多层面的立场。对一个人的信仰进行适当程度怀疑的诠释学并不是犬儒主义或虚无主义的一种形式；相反，这是一种使政治信仰恢复其完整性、具身性和局部性的方式。

很少有研究将精神分析的"强度"方法应用于政治分析。如果有的话，就像纳粹主义的情况一样，它通常是为了解释黑暗而可怕的驱动力。就好像提及政治激情的类型学只能带有负面含义。作为回应，我将转向德勒兹关于激情的积极性观点——他与尼采和斯宾诺莎一起探索的一个概念——以便将"对女性主义的渴望"解释为一种快乐的、肯定的激情。女性主义在女性身上解放出来的，也是她们对自由、洒脱、公正和自我实现的渴望。这些价值观不仅是理性的政治信仰，也是强烈欲望的对象。这种欢快的精神在女性运动早期十分明显，当时的欢乐和笑声显然是深沉的政治情感和表达。在后现代主义忧郁的那些日子里，这种欢乐的节拍几乎没有存留下来，但我们最好记住狄奥尼索斯笑声的颠覆性力量。我希望女性主义能够摆脱其令人悲伤的教条模式，重新发现一种旨在改变生活的运动的欢乐。

正如伊塔洛·卡尔维诺(Italo Calvino 1988)所指出的,摆脱后现代主义危机的关键词是轻盈、迅速和多样性。第三层的性差异提醒我们,为了与女性主义计划的政治和认识论结构的复杂性相伴,轻轻触摸有多么重要。

为了游牧主义

如果你们把这三层的性差异翻译成一个时间序列,按照前面引用的克里斯蒂娃的框架,你们可以认为,第一二层属于更长的线性历史时间,第三层涉及谱系内在的、不连续的时间。然而,问题在于如何思考它们之间的相互关联性,也就是说,如何解释生成的过程,同时赋予女性历史能动性。

总之,我想说的是,"作为一位女性女性主义者"言说并不是指向一个教条的框架,而是指相互关联的问题所编织的一个结(knot),它在不同层次(layer)、辖域(register)和自我的水平(level)上嬉戏。女性主义作为一种言说立场,因而也作为一种主体的理论,与其说是一种意识形态,不如说更是一种认识论立场。

在我的阅读中，性差异计划提出了以下论点：在女性共同世界的“此时此地”，在历史和政治上都迫切需要实现性差异并付诸行动。这也是由于对差异立场的肯定所处的历史语境所致，特别是在欧洲。

我将女性主义视为，改造“大写女人”的历史本质所采用的策略，此时正好处于“大写女人”失去实质同一性的历史时期。因此，作为一种政治和理论实践，女性主义可以被描述为揭露和消耗（consumption）“大写女人”不同层次的表征。“大写女人”作为他者的神话现在是一块空地，在这里不同的女性可以把玩她们的主体的生成。女性主义主体的问题是，如何在这一历史语境下干预“大写女人”，以便为此时此地“小写复数的女人”的“生成-主体”创造新的条件。

我对刚才提出的问题（变化从何而来?）的回答是，新事物是通过重新审视和烧毁旧事物来创造的。就像弗洛伊德的图腾宴一样，你必须先同化死者，然后才能进入一个新的秩序。寻找出口需要对旧事物的模仿重复（mimetic repetition）和消耗；反过来，这影响了我如何看待走出菲勒斯逻各斯中心主义前提的出口。女性主义内的传统选择似乎是，一方面，克服性别二元论，朝着差异的中性化发展；另一方面，将差异推向极端，以一种策略的方式过度性别化。在我自己版本的性差异中，作为一种游牧策略，我选择绝对地肯定性别身份，以这种方式逆转在一个等级模式中归咎差异的情况。这种对性差异的绝对肯定可能会导致重复，但这里的关键是它赋予了女性行动的力量。

女性的女性主义者主体是一个过程中的术语之一，从这一前提出发，应该且不能被简化为一种线性的、目的论的主体性形式；它应被视为主体欲望与意识的社会变革的交集，我想继续论证，性差异使肯定女性主义者政治主体性的另类形式成为可能。

正是在这一点上，女性之间才能达成政治和认识论上的共识：对“内部差异”的肯定，与对集体承认我们所有人和男性主体之间的差异，还有存在于我们女性主体中的差异的坚持相联合。承认我们性别的相似性，考虑到所有其他差异，是在女性之间建立纽带的充分必要条件。这种纽带远胜于团结伦理，更胜于利益共享。一旦这一纽带建立起来，女性主义社群中认识论的共同基础得到承认，就为深化其他价值观奠定了基础，为精心设计我们共同差异的不同再现奠定了基础。

这就是为什么“我作为女人”(I woman)不会轻易放弃我同大写女人的再现(第1层)的联系，也不会松开符号或话语与身体或物质之间的联系。我亲身认识到由女性组成的定义总和成为我的历史本质。因此，基于我为我性别承担的责任，我可以通过让话语秩序对她们负责，开始改变游戏规则。发现性差异计划的事实因素，即批判大写女人，一个被贬值的他者性的符号，这一符号不是生物学的，而是生物文化的(biocultural)，也就是说，是历史性的。它的重要性在于，它允许我和许多像我一样的女性在我们性别的相似性的情况下——考虑到所有差异，声明“我们”女性发现我们的这些表征和形象十分匮乏，不足以表达我们的经历。这种认识找到了女性主义的主体立场：女性主义者是“后-大写女人的小写复数女人”(post-Woman women)。

就我的理解，女性主义者的主体是游牧的，因为它是强度的、多重的、具身的，因此是完全文化的；它是人类与机器的技术混杂体，生来具有在非个人化的模式里相互关联的多重能力。我认为，这种新的造型可以被看作是一种尝试，来适应我称之为符合我们历史状况的新游牧主义。我认为，重新定义女性主体性的任务需要一种初步方法，即存储女性的累积形象、概念和表征，如我们所身处的文化已编码的女性身份。如果本质指的是对女人和女性身份文化编码的定义、要求和期待的这种存储——这些文身在我们的皮肤上的规范性虚构的清单(repertorie)——那么否认这种本质将会是错误的,它不仅存在,而且发挥强大的影响力。历史是女性的命运。

美国艺术家辛迪·谢尔曼(Cindy Sherman)提供了一个完美的例证,表明如何游牧地参与历史本质,以消解其规范性的效力。在她的《历史肖像》(*History Portraits*,1991)里,她对一系列不同的历史人物、角色和英雄进行新陈代谢式的消化。她惊人地糅合了精确和讽刺来扮演这些人物。通过一系列戏仿他人的自画像,谢尔曼将位置的转移与一个强有力的政治声明结合起来,阐述了在位移、过渡和模仿重复中精确定位能动者(agency)的重要性。[①] 换言之,我认为,由于一段统治的历史,由于菲勒斯逻各斯中心主义的语言将我们作为主体的言说位置结构化的方式,在女性主义者抛弃能指"女性"之前,我们需要重拾它,重新审视它的多面复杂性,因为这些复杂性定义了我们共享的身份:作为女性女性主义者。

我非常反对这一种立场,刻意否认某些女性主义者非常清楚的事情:身份不只是意志的;无意识结构

---

① 我很感谢琼·斯科特向我指出谢尔曼作品的这一方面。

通过一系列活力的(甚至当它们是致命的时候,它们也是活力的)认同影响一个人在现实中的处境,构建了我们的认同感。女性主义者更应该清楚明白,不要轻率地将有意识的选择(政治意志)和无意识欲望混为一谈。换言之,身份和主体性并不是一回事:人也是自身无意识的主体,而且主要是无意识的主体。

我把所有重点都放在游牧式转变上,意思是强调不能排除构成我们女性的女性主义主体性地图的任何一个层次的重要性。重要的是命名和再现之间过渡的区域;重要的是前进、过程和经过(passing)。在用这些术语提出问题时,我也位于当今女性主义使用的一些重要的主体性造型之间。例如,哈拉维的赛博格形象强有力地介入了政治主体性的层次,因为它提供了种族、性别、阶级和年龄等差异的重新联盟,承诺了女性主义者能动性的多方面位置。但我发现赛博格也宣称了一个"超越性别"的世界,表明性别身份已经过时,但并没有说明从旧的、性别两极化体系走出的步骤和出口。

根据我的游牧计划,我需要命名能够使女性超越菲勒斯中心的性别二元论的步骤、位移和出口。换句话说,我需要关注身份的层次、无意识的认同和欲望,并通过意志的政治转型将它们结合起来。赛博格在理解后者方面非常有帮助，但是，在身份、认同和无意识欲望的问题上，它并没有让我走得太远。

同样，伊利格瑞为一个新的女性主义者人性所构建的造型，强调女性神话（“双唇”“黏液”“神性”），对女性身份的深层结构进行了前所未有的探索。她为她的模仿能力陷入女性无意识的幻觉里辩护，她将其视作一种特权策略，目的是重新定义女性身份和女性主体性。然而，通过将二者如此紧密的关联在一起，伊利格瑞没能阐释女人当中的多重差异，尤其是忽视了文化和族裔身份方面。

我所提议的游牧主体是一个比喻，它强调在身份、主体性和女人中的差异的层面上采取行动的必要性。这些不同的要求对应不同的时刻，即空间里的不同位置，亦即不同的实践。这种多重性被包含在一个时间序列中，凭借不连续性甚至矛盾都可以找到一个地方。为了维持这一过程，女性主义者必须从承认自己作为“非一”（not-one）开始——作为一个在多重差异轴上一次又一次地分裂的主体。关注这些多重轴呼唤适当的多元化的实践形式。

更直白地说：在尼采、德勒兹和伊利格瑞之后，我不相信变化和变革——比如新的女性象征体系可以纯粹由意志来创造。改变心灵现实的方法不是通过意志的自我命名实现的:在最好的情况下,这是一种极端的自恋形式,在最坏的情况下,它是唯我论的忧郁面孔。相反,变革只能通过去本质化的具身性,或策略地再本质化具身性——通过改造一个人具身自我的多层结构来实现。就像逐渐褪去旧皮肤一样,实现改变必须通过细致的改造工作来获得:正是对旧事物新陈代谢式的消耗,才能孕育出新事物。差异不是意志力的效果,而是许多无休止的重复的结果。直到我们修通了大写女人(Woman)的多层意义——尽管它可能是菲勒斯,我不愿意放弃这一能指。

我之所以想继续研究"小写复数女人"(women)(作为性差异的女性女性主义主体)这一需要被解构的术语,在于强调欲望的政治性。我与伊利格瑞和德勒兹一样认为,如果不构建分子的、游牧的和多重的新型欲望主体,就不可能有社会变革。一个人必须从留在进行实验,探索和过渡的开放空间开始:生成-游牧民。这不是呼吁简单的多元主义,而是对承认我们尊重复杂性的需求,并找到反映复杂性的行动形式,而不至于淹没其中的一种热烈的诉求。

我还认为,如果我们能开始对有问题的思想范畴和紧迫的政治实践形式进行更严格的区分,那么女性主义者之间的许多冲突和争论都可以避免。让自己对范畴和实践负责，是发展游牧女性主义理论过程的第一步，我们就可以在这里叙述、阐释和讨论不连续性、变革、层面转变和位置。这样我们的差异就可以激发负责任、讲故事和阅读地图的具身和情境形式。我们就可以把自己定位为女性主义知识分子——作为穿越敌方风景的旅行者，以我们自己绘制的地图作武器，沿着那些显然、往往、独属于我们目光的道路前行，而这是一条我们可以叙事、阐释和交流的道路。

游牧主义或性差异，为多样的女性女性主义者的发声，提供了不断变化的位置，来寻求在认识论和政治上的合法性。

第六章　无身体的器官

鉴于我们科学文化的生物技术结构，以及生物基因在发达资本主义中所起的关键作用，女性主义者难免要与科学技术研究抗争。用福柯发明的术语，我将社会批评家和知识分子视作实践知识的技工（technician）：能够分析复杂的不断变化的状况，其中对具身自我的塑造、规训和控制技术——主体的身体——同主导社会的话语生产的微观和宏观物质网络交叉，被识别为"真理"，并在科学上"有效"。

福柯的复杂遗产

通过对文化中的主体构造方式进行批判性历史分析，福柯确定了他思想的总体框架。他对主体的分析致力于揭示合法暴力的具体形式——也就是说权力的构造——运用于被视为社会政治实践的科学和哲学研究中。核心是观念的物质性——他们处于一个居间空间、一个物质和象征条件构成的网络:介于文本和历史、理论和实践之间,而且从不只存在于一个极点。这是一个与后结构主义中的解构主义流派对话的关系哲学,也是对该学派的取代。

福柯的权力分析大致包括主体构造的三种主要模式,这些模式分别对应他作品的不同阶段。在第一个阶段中,他分析了科学的话语模式,尤其是人类科学(human science)领域,这一时期尤为出色的杰作是《词与物》;还有更有问题意识的作品《知识考古学》,在这本书中他批判了"认知主体"(knowing subject)在西方哲学史中扮演的角色。福柯的政治关切是,在对真理的政治经济学起根本作用的规范知识体系中由科学和哲学话语所操练的专制权力。通过强调话语生产的丰富和多元,反对制度性知识的集中管制权力,福柯恢复了哲学思想核心的创造力。

福柯作品的第二阶段通过他所言的"排斥或区分实践"来处理主体的塑造(constitution):排斥、等级秩序、分离和分类是自我规训技术和对他者的关系模型。福柯认为,具身主体需要被规训,以便变得温顺、可生产和再生产。他分析了如医院、精神病院、监狱、军队和工厂等社会机构,认为这些机构旨在剥削身体的多重资源和能力，身体作为活生生的原材料被有目的地投入社会性生产。尤其自 19 世纪末以来，各种科学话语和实践对身体的关注，对福柯而言，体现了某种笛卡尔身心二元论的衰落，该身心二元论在几个世纪以来使科学主体与离身理性的合谋合法化。

事实上，传统的观念将主体固定在一系列的二元对立中：身体/心灵、激情/理性、自然/文化、女性/男性，这些对立被等级化地组织，提供了组织主体性和科学知识的基本结构。因此，身体话语的扩散也标志了特定观念的危机。福柯批判了理性主义范式及其施加于西方科学的话语权力，这后来以“主体之死”而出名。这部分的批判分析从《疯癫与文明》和《临床医学的诞生》开始，接下来在《话语的秩序》和《规训与惩罚》这些过渡性文本继续。其中核心的概念是，人类成为主体的模式在我们的文化中依赖复杂的权力关系网络，他从“权力的微观物理学”的角度对其进行界定。权力就是社会复杂的策略性情境，身体是监视和规训机制的专门目标。福柯发展了身体的政治经济学——从物质性角度界定身体，也就是说，身体作为主体-物质，容易受到各种象征和物质的控制和操纵：它必须变得温顺、屈从、色情、可用、可生产和再生产。对作为主体性场所的生命肉体所施加的这些控制及编码技术，也会生产出“真理效果”，因为它们生产出主体预期和理想的社会行为的知识特定类型，科学话语与控制技术具有结构性的关联。身体在权力关系的规范性方面是积极的，也就是说，在生命主体的知识和真理方面是生产性的。福柯的主体概念依赖于身体技术，它与权力的理性本质以及理性的规范性特征相联系。

这一点也建立了福柯作品的第二、三阶段的关联。他集中探讨了人类将自身建构为主体的方式（谈到性别并非偶然）：主体屈从和控制的内在模式。福柯的思想轨迹从批判谱系学阶段来到更直接地解决主体性结构问题的阶段。正如他在《性经验史》第二卷《快感的享用》的序言中论及的那样：“当哲学话语试图从外部对他人发号施令，告诉它们真相的所在，以及如何找到真相时，或者当它以天真积极的语言来反对他人时，总有一些荒谬可笑的事情发生。但是，哲学有权以自己的思想，运用一种自己陌生的知识，来探索什么可以改变……至少，如果我们假设现在的哲学仍然和过去一样，比如，‘苦行’——一种思想的自我修炼。”选择解放该场所表明重新定义哲学不仅是去批判，而且也是创造：“思想的自我训练。”这是一个自我风格化的训练，理应获得一种他异性的关系，因此是一个伦理的立场。

福柯将性视作我们文化中权力渗透最强的一个领域，其中产生了话语实践的扩散，因而也是规范性的真理效果。在《性经验史》的第一卷中，他将西方文化定义为“以性为中心”：我们都是发明性科学的人，将性变为自我披露和关于自我的真理的场所；然后他的问题变成：我们都关心的“性”是什么？我们以何种方式变成性的主体？在《性经验史》的第二、三卷中，福柯分析了古希腊和古罗马关于性治理的话语。因此他指出，对于我们而言，来自普遍的“性”的实践构成了希腊-罗马文化所谓的“存在的艺术”，也就是说：“这些有意的自愿实践，人们不仅通过它确定自己的行为原则，而且也寻找自我的改变，改变自身的独特存在，将自己的生活建构成具有特定美学价值和风格标准的作品。”福柯认为，一系列“自我技术”意义上的“存在的艺术”，后来被早期基督教整合到一种宗教规范的权力运作中，然后又被整合到教育、医学和心理学的指导实践类型。

因此，福柯的思想发展追溯了这些话语实践的逐渐性化（sexualization）。考古学阶段和自我实践的谱系学交叉——产生了他的《性经验史》——也标志了他作为男人、男哲学家的言说立场的日益觉醒。福柯早期的文本显然暴露了无视性别的偏见：他将男性术语作为一个普遍的形式，因而暴露了他对性差异的无知。早期的福柯是一个高度男性中心主义的思想家，试图将对我们文化自然化特权的分析与关于性和生殖的实践结合起来，但总体上忽视了妇女和女孩的历史和社会状况。然而，在他晚期的作品中，他意识到了他所分析的性控制系统事实上如此深地依赖于各种性别之间的不对称性。关于"自我技术"的言说，他认为："女性通常是屈从的……该伦理并不适用于女性；这并非她们的责任或义务，她们是被呼吁、被审判或被言说的。这是一个男人的伦理；一个由男人书写、教育和应用的伦理——明显是为了解放男人的伦理。"(1984)

福柯所关心的，不仅是女性被排除或剥夺了作为伦理个体的资格，因此被排除出主体，而且是更广泛的在社会、政治和司法意义上，获得道德地位的权利和公民权的相互联系。一种道德生活的规则和管理——也将主体转变为一个伦理实体——显然与社会政治权利相关，而女性在这两方面都处于边缘状态。福柯论证了管理自我、经营财产、参与城市管理是个人主体的自我风格化的三种实践，强调了"伦理中的男子气概"(ethical virility)的重要价值，是整个系统依赖的理想。反过来这意味着一个人的解剖学性别——男性——同对男性的想象性建构的完美共谋。然而,福柯强调经验和想象在主导普遍伦理标准的社会再现上的一致性——象征的阳刚之气。因此,男性的身体与身体政治是一体的。

如果说我们在这一意义上阅读福柯的作品,尽管他都公然避开了拉康精神分析的术语和关键概念,但也可以被用来批判社会和话语上的菲勒斯中心主义结构。"伦理中的男子气概"的社会实践,事实上依赖一种哲学游戏的基础,即提供了屈服于逻各斯权威、真理的政治经济的基本因素。然而,分析菲勒斯逻各斯中心主义经济,也因此揭示了构成社会自我适应的社会契约,以及话语实践的男同性恋纽带:这确实是一个男人的世界。无论女性的"快感的享用"和"自我技术"可能是什么,具有什么真理效果和知识生产,它都是一个假设。这种话语上的不对称发展为历史的缺席;因此,我们所传承的整个哲学史都结合了男性的男子气概(masculine)和阳刚之气(virile)的模式。历史——而不是解剖学——才是宿命。根据对福柯的解读,我们可以认为他是一个男哲学家,带来了高度性化的、特定性别的规范来主导哲学话语。哲学并不是普遍的,而是依赖最性别化的前提:假定了作为社会和政治权力场所的男性性征的首要地位。

鉴于福柯对女性主义提供的复杂曲折的遗产，以及福柯权力理论中的盲点，其他女性主义者也对此进行了评论，并以我的根本假设为基础，即一个人不能够解构他所从未被历史性赋予的性征，或者消解一个他从未获得的主体性，我给自己设定了一个双重目标。第一，解构当代场景中的生命权力所采纳的话语及实践的特定形式。我将据此追溯一些关于新生殖技术的生物技术的话语。第二，我将检验福柯的假设，即权力在自由民主国家通过控制精神的生命政治形式来行使。这是一个将治理和自我关怀相互结合的举措，在很大程度上以自我实现作结。它们结合了权力的压抑性和生产性，因此设定了当代主体形态塑造的基本参照。

构成福柯思想核心的权力和话语包含了一个明显的认识论维度。在乔治·康吉莱姆(Georges Canguilhem)的指导下，福柯关于科学的历史及其哲学的作品可以追溯到法国的传统，其中包括巴什拉的元素唯物论(elemental materialism)，超越了18世纪的“魔力唯物论”(enchanted materialism)。福柯话语分析的科学性方面，他引起的认识论议题在他作品的跨大西洋的接受中已经相当被忽视。过度强调他晚期伦理学作品中与身份政治结合的主体间性方面，导致他作为认识论学者和生命科学哲学家的立场被边缘化。然而，对福柯作品的跨大西洋接受，事实上将他变成了一个酷儿理论的灵感来源和性别认同的杰出解构者，这令一个本来已经够矛盾的图景又增加了一层复杂性。我想对抗这种趋势。福柯对生命权力运作的洞察力，建立在对科学作为主要话语所扮演的角色的系统研究上，这为某些话语赋予了合法性，因此也施加了政治紧迫性。政治话语的核心是监视和控制所有生命的生命政治结构。对生命的关注——也就是说，推演的（speculative）或话语的生命本身，可以视作福柯对现代的精神控制形式展开的复杂分析的出发点。

然而，在这种情况下，通过生产性别认同和实践以建构自我的"真理"，这遵循了当代生命政治对自我功能的塑造逻辑。性是一个捕获机制，因而是生命政治控制的工具，这是福柯最具启发性的见解之一。在他早期阶段的作品中，他以谱系学的形式，分析了自现代早期以来，关于正常及异常的性当中的不同话语。在他晚期的作品中，福柯坚称"真实自我"技术的生产需要"性"作为一个规训和控制的工具，福柯宣称要从性中解脱出来实现自由，而不是通过服从性来实现自由。终结“性”上的帝国主义、专制主义和菲勒斯的主权权力，在福柯看来，是生命政治对身份政治的诱惑所做出的回应。我们需要发展关系伦理，超越性的专制机制，并重新定义亲密和关系的另类形式。

我在第三章描述了福柯思想的基本方面在跨大西洋的断裂中被轻易混淆了。福柯在其中成为一名真正的支持男同性恋身份政治的理论家（马克·布莱休斯），或者一名解构所有性别身份的理论家（朱迪斯·巴特勒），福柯因而以一个难以捉摸的理论家身份崭露头角。这种解读在整个20世纪90年代被广泛接受，为一代代酷儿理论家夺得了主导地位。身体同时的过曝和消失非常重要，因为它在制度和话语层面上，突出并加剧了生殖（或称性科学）和性欲（或称性艺术）之间的分裂。福柯将这种分裂发展成一种阐释新范式的可能性，一种新的伦理秩序。从女性主义视角分析男同性恋和女同性恋之间的不对称性，并探讨它们如何影响我们对后福柯时代身体的理解，会很有趣（Badinter 1985：79—81；Kristeva 1985：9）。我很遗憾我没有进一步发展这一点，因为后来人们将福柯的作品视作酷儿不稳定性别身份的象征，这甚至阻碍了提出这一问题的可能性。也没有人探索男同性恋、女同性恋和跨性别主体之间的高度不对称，取而代之的是基于所谓酷儿身份与实践的相似性（parallelism），出现了一种新的规范性主导话语。所有这些都被假定为等同的，被统一同化为一个霸权主体（异性恋性欲作为所有权力矩阵的霸权地位）主导目光下的对立面。我作为荷兰中产阶级同性恋成员的经验，还有我对福柯权力分析的理解，都无法进一步深入了。这种思路指的是一个视觉化（visualization）和自我风格化（self-styling）的多重的、复杂的过程，跨越了各种外部相互关联而内部差异化的领域。在一个充满内部复杂性的游牧视角中，不存在这样的相似性（parallelism）。（参见第五章）

提出这一问题并非为争论而争论，而是一种忠实于我自身话语位置的方式。作为一名生活在欧洲的福柯派批判思想家，我的目的是抵制一切身份构成（formation），尤其抵制对性别反身份的肯定。实际上，这种辩证逆转不过是以否定的方式重新肯定了权力。因此，问题的关键是，通过实践游牧主体的后身份政治（post identitarian politics），我们如何学会以不同的方式思考我们正在生成的那种主体。这使我们必须重新思考性在政治实践中的作用。这些政治实践旨在激进重构性别，尤其是女性主义者、男同性恋、女同性恋和酷儿的身份政治。我还要明确说明，我是作为一名荷兰同性恋职业中产阶级的重要成员、一个婚姻幸福的女同性恋者，来提出这些问题的。因此，我在这里提出的不同意见是在男同性恋、女同性恋和酷儿社群内产生的，这深刻关系到我们对社会和政治实践，以及构建它的关键概念的不同理解。

我本章中的论点，着重关注的内容不是性，而是关注一个坚定的后身份视角下的生殖。我想要提出一些对女性主义理论和实践至关重要的问题：对于生命技术权力的当代话语，即对性与死亡（艾滋病）和性与生命（新生殖技术）这两个相关方面的治理，对女性主义批判知识分子而言最具生产性的立场是什么？从将性差异作为一个游牧政治计划的角度来看，如何评价这整个问题领域？（参见第五章）对差异积极性的肯定，对性和生殖进行生命技术治理的当代主导形式的批判性分析，这二者应如何结合起来？女性主义理论的批判或反抗如何与肯定或积极的力量相协调？新生殖技术（性与生命）在社会上的呈现与艾滋病流行（性及死亡）之间的关系，如何与对性变态和不确定的性别身份的社会恐慌相联系？我不会从技术方面分析这些问题，而是尝试在同一个话语集合（constellation）中对其进行战略性定位。这一问题领域是当代科学求知意志的有力指标，但它也揭示了维系身体的生命政治治理的规范性指令和支持它的文化想象。正如我在本书导言中所认为的，解读生物科学想象的任务，需要对批判性理论采用多学科的方法，或需要一个新的游牧思想风格。

让我们以福柯对我们文化中有关性真理的政治经济分析(1976—1984)作为出发点。生殖权力技术(性科学)与自我快感的实践(性艺术)之间的区别就成了首要问题。这种区别对应于我们社会里权力结构的双重面向：压抑和生产的功能共同发挥作用。我们的性道德和性行为日益医学化——特别是在艾滋病流行和艾滋病病毒蔓延之后，这也与医疗和科学接管人类生殖相呼应。这一系列重大措施主要是在女性身体上实施，但这一事实在福柯文本中几乎没有得到任何关注。他的注意力更多集中在权力网络(power equation)的另一部分——对更多具有新亲密关系形式的性爱实验的需求，它能让性别创造出另类的关系伦理。然而，为了论证我本章的论点，我想推进对前者的研究，即探讨生命技术接管生殖身体的后果，并试图探索它们对构造一种新的性别秩序的意义。让我们更仔细地探讨在这一错综复杂的棋局里发生的各种问题。

我的器官，我的义肢，自我作为他者

自 20 世纪 90 年代以来，我们社会中发生的一个根本的新变化是生物技术的进步，也就是说，技术设备将“生命”和“活生物”作为对象处理时达到了前所未有的自主性、控制性和复杂性程度。生物技术的观察(gaze)已经渗透进生命物质非常私密的结构中，观察到了不可见的事物，重组了尚未成形的事物——将时间因素排除在生物技术的观察之外。这里存在的一个问题是：这种量级的变化、程度的增加，以及技术效率的提高，是否也涉及质的变化？我们是否面临着库恩的范式转型意义上的“科学革命”？

在尝试回答这一问题时，让我们更详细地了解生物技术发展的背景。在这一过程中，生物(bio)——“生命”的概念——已经扩展开来，以囊括大量不同的生命有机体。尽管性和生殖是“生命权力”的重要目标，但它的作用范围在进一步扩大。我们时代作为一个整体(Foucault 1966)，以对所有生命物质进行计算和理性管理为特征。我们与那些适于我们认知和掌控的事物之间的边界，正在迅速变化；我们正在对外太空（对化学工业非常重要的零重力制造）和海床（开采所谓结核[nodules]中所含的金属）进行资本化和开发。这些也是不可避免的军事化前奏：一方面是“星球大战”综合征，另一方面是核潜艇不易察觉的嗡嗡声。我们周围布满了多功能不闭合的眼睛，由表及里、由内而外地注视着我们；我们的技术已经具备了观察微型巨物和星系间微小事物的视觉能力，将时间因素排除在生物技术的观察之外，将空间瞬间压缩到痉挛的地步。

发达资本主义的重要社会理论家（Castells 1996；Jameson 1992）认为，发达资本主义的一个决定性特征当然是时空连续性的错位。主张差异观点的法国哲学家德勒兹和加塔利，也将先进的后现代性定义为精神分裂的时间序列（schizophrenic time sequences）（Deleuze and Guattari 1972，1980）。这相当于各种相互矛盾的社会效应同时发生，我在本书导言中做过概述。先进的技术与既新又旧的贫困状况在同一时间共存，这尤其关系着女性和少数群体的地位——这是我们时代的显著特征。

此外，是否需要提醒大家，当涉及技术时，生命和死亡是不可避免地紧密相连的？人类技术化的主体其实是一个不折不扣的好战分子？难道从达·芬奇到洛斯·阿拉莫斯实验室，所有自尊心强的科学家都为他们所处时代的战争工业工作吗？进一步说，我们需要考虑到工具、武器和人工制品是由人类的双手同时制造的。在这一方面，智人从来都不过是一个灵巧的智人工匠（homo faber）：没有人可以说出，从何时开始，人们的双手就可以捡起第一块石头并打造它，以便增强其力量并更好投入作战。关于义肢（prothesis）和义肢延伸（Prosthetic projection）的基本原理激活了整个技术世界。这是法国后结构主义的视角：人类的有机体，身体，是技术的第一个制造者，因为身体通过工具、武器和人工制品来寻求自身的有机延伸（Canguilhem 1965，1968，1977，1988），然后通过语言（Lacan 1966），这一最后的义肢。在这个理论框架中——主要是以巴什拉、康吉莱姆到福柯的法国认识论流派为典型代表——技术并不是先验地反对或敌视人性。相反，一种原始的拟人论（anthropomorphism）遍布于整个技术世界：因此，所有的工具都是人类创造性想象的产物，它们复制并增强了身体的力量。技术以如此亲密的方式填补（fulfill）了人类的生物学命运，以至于有机体和技术相互补充，并相互适应。器官同技术义肢的相互接受，即生物和技术的相互接受，对于康吉莱姆和福柯来说，正是舍弃自然—

文化的二元对立区分,而支持生命权力话语的原因:主体作为一个具身有机体,一个优秀的生物文化实体,能够进行政治反思。

由这些前提可得出结论,当代生命技术权力的表现并不能算作一个质的"科学"革命,而更多是技术意识形态装置(techno ideological apparatus)的一种量的强化,加强了一个世纪以来存在的一种趋势。当代生命权力的技术应用规模有明显变化,但支撑它们的科学逻辑并没有发生改变。真正的转变发生于视觉再现经济的层面,它被利用来为当代生命权力的变异提供文化、法律、道德和情感的表现形式。然而,在概念层面上——对生命政治装置(apparatus)来说一切照常,它继续用于捕获(capture)生命物质并将其商品化。事实上,福柯著作在技术上的一大优势在于,它提供了令人信服的谱系分析,揭示了具身主体是如何达到目前这种身体破碎的状态,并将其铭刻在商业剥削技术中的。"无身体的器官"是发达现代性的条件。我将进一步探讨这一论点。

哪个身体?

正如我之前简要提到的,福柯认为,自 18 世纪以来(1963, 1966, 1972),身体物质(bodily material)一直处于技术控制和分析的核心,目的是将主体概念化。“身体物质”,指的是身体作为力量和能量的供应物,成为可供操纵和社会格式化的物质。关于主体的具身性和身体的现实性,一系列相互关联的问题作为一个新的认识论领域出现,取代了经典笛卡尔主义的二元论及其对身体的还原实体化(reductive reification)。福柯因此认为,“身体”变成了不同话语的扩散对象。它们是人文和社会科学的知识形式,是同时进入了政治和科学领域的规范性(normativity)和正常化(normalization)模式。作为形而上学危机的产物,人文和社会科学可能并没有完全摆脱某些旧的思想习惯——例如主体超越性的自恋,还有因主体丧失整体性而产生的各种怀旧情绪。然而,它们能够通过引入新的话语类型来创新,这在结构和谱系上与现代性危机相关,因此它们重点关注主体的碎片、分裂和复杂的特征。其中特别重要的话语有:精神分析、民族学和生物科学。

根据福柯的观点,现代性在主体位置上引发了双重的变化:一方面,背离了形而上学同一性,因为它建立在平衡二元对立的假设之上。另一方面,转向了话语的多样性,它将具身主体视作它们的目标。“身体”位于这一新话语领域的中心,它是一种经验—超验的双重结构:一方面,它仅仅是一个经验实体,即生命有机体,它意味着有机体部分的总和,一个可拆卸部分的组合体。身体的这一经验视角将其呈现为由整合而成的器官(integrated organs)构成的复杂场域,其相互作用的模式可以从功能和行为的角度去研究。这是所有生物科学中存在的“身体”概念,它源自临床解剖学的经典话语(Foucault 1963)。

另一方面,身体不能简化为有机组成部分的总和:身体仍然可以作为实现主体超越性的阈限。精神分析的话语强调了这一点:身体被重新定义为力比多的界面、力量的场域、投射想象的屏幕,也构成认同的场所。因此,身体并不能完全脱离关于主体同一性的形而上学争论,也未能不受当代关于丧失人类整体性的怀旧情绪的影响。在现代性具身主体的话语中,对经验—超验的双重结构的分析具有严肃的伦理和方法论内涵。不仅是因为,这一主体不具有掌控权,不是一(one),而且还因为,在人文社会科学领域对于“身体结构究竟是什么”这一问题也没有共识。在生物科学、精神分析和法律的话语中(暂时仅举这三点为例),重要的分歧在于“到底什么才能算作是身体”。这一问题的核心是死的、空的。自 20 世纪末以来,关于人类的性(sexuality)有大量话语出现,这是现代性矛盾话语结构的症候:关于活生生身体的议题与对身体本质统一性视角的丧失,在谱系上是同步发生的。换言之,现代性应该是进行话语生产,将有机人类物种资本化的年代。这相当于,关于具身主体实际是什么,这一问题并不存在共识。身体的问题因而往往是一个“无身体的器官”的问题,因此,它是不可避免的,同时也是无法解决的。

关于主体身体物质性所同时发生的话语过曝和共识缺失,这一悖论的混合也体现在关于“女性”或“女性问题”的后现代话语中(Lyotard 1977, 1984, 1986; Derrida 1978; Lacan 1977b)。正如我所主张的(Braidotti 1982, 1985, 1986, 1987, 1991b, 1994b, 2002),“菲勒斯逻各斯中心主义话语”的理性主体的危机,与女性的理论与政治诉求的出现具有历史性的关联。也就是说,与妇女运动(women's movement)的历史复兴有关,也与去殖民主义、反种族主义和环境保护运动的历史复兴有关。

在一种将差异肯定为积极他异性的策略中，拒绝了等级差异和理性霸权的力量，女性主义和其他批判活动家和理论家将一种危机的局面转化成创造新价值、新批判范式的可能性。在这一过程中，女人——同菲勒斯逻各斯理性下的许多“他者”——不仅加剧了逻各斯中心主义主体的危机，而且她们这么做是基于她们各自的位置——她们使现代性危机的主导话语性别化、种族化和去自然化。在这一过程中，涌现了现代性多种不同的谱系。

例如，在一个复杂的颠覆过程中，“女性”在传统上是话语的黑暗大陆，现在作为特权的象征符号出现，在某些情况下甚至能作为主体危机的解决方案。一方面，福柯派排除了与女性相关的现象，“女性”作为菲勒斯逻各斯主义必要的他者引发了话语膨胀——特别是在拉康和德里达的著作中。另一方面，他们却并未提出对女性实践至关重要的问题：“这些女性的话语与具体的、现实生活的、男人和女人的经验—超验双重性有什么关系？”然而，这一政治合法性的问题是建立在一个先验物质实体缺失的概念假设之上，它可以明确地、毫不含糊地作为“代表所有女人的女人”言说——或作为“代表所有黑人的黑人”言说，或任何其他本质主义的主体。正如身体一样，“女性”作为一种象征的缺席得以表征。它可能意味着一系列相互关联的问题，但本质上，它不是一个概念，也不是一个文集（corpus）。它是“无-身体”（no-body），只是一个碎片化（“无身体的器官”）和规训或监视（生命政治管理）同时发生的一个话语生产过程。所以，性与此有何关系呢？

性差异的模糊化，以及趋向雌雄同体、中性、怪诞、哥特[①]、跨性别、赛博格和怪物身体的流行社会风潮，揭示了当代性想象发生的变革。与此同时，线性的代际时间也被遏制、错位和颠覆。“无身体的器官”作为我们的历史背景，引入了具身主体中多重的内在矛盾的时间性。因此，“年龄”和“衰老过程”消失在更宽泛更不清晰的范畴中：“第三年龄”，与“青春期”相对，表达了对永葆青春的文化痴迷和对衰老的否定。与代际差异区分同样的模糊发生在空间方面：就拿我们当代与食物的关系来说。在现代城市中心食用快餐的居民们，在追求人工营养品的梦想中，已经压缩了时间：冷冻食品、预制菜、捣碎食品和各种食物替代品，大多数是药片。没有时间做饭：时空的加速和压

① 哥特，意为妆容大胆、前卫、冷艳。——译者注

缩，使曾经作为食物的实体物质变得非物质化。

于是，滥用药物成为一种文化使命(cultural imperative)，仿佛集体厌食的城市居民缩小的肚子——单身汉机器主题的变体(Penley 1985)——无视所有饥饿，尽管贫穷现象在他们周围日益显眼(Lipovetsky 1983)。然而，发达国家中的大多数居民不断变粗的腰围，却暗示着一种相反的行径：肥胖成为当代社会抵抗身体去物质化的社会表达方式。大量用药，可以更好清空身体、简化身体的功能。新的RU486(堕胎药)轻而易举地取代了外科手术中备受争议的手法：身体不再是一个整体，或者至少不再是一个单一的实体。不同程度的身体去物质化风潮，正在我们周围蔓延。

即使是现代战争也不会认真对待身体。例如，作为一个政治的具体变量，军事地缘政治考虑仅仅是后勤运作(Virilio 1976)；它不再是一个造成死亡的问题，而是在造成最小附加伤害的情况下服务于战略目标。吊诡的是，它仍然是一个灭绝的问题，不过不是个体的灭绝，而更多是群体的灭绝。这与其说是一个杀戮的问题(Foucault 1976)，不如说是一个让哪些人存活的问题。20世纪90年代，对伊拉克沙漠风暴行动(Operation Desert Storm)高度影视化和戏剧化的报道，以及后来在第二次伊拉克战争期间从美国阿布格莱布（Abu Ghraib）军事监狱传来的极其淫秽的照片，重点证明了我在这里关心的主要问题。第一是可视化技术的首要性。在政治行动，尤其是在军事行动上将物质性的身体抹除（参见第七章）。第二点是身体物质的消失，因此也是尸体的消失，尤其是西方媒体对非西方人员伤亡的极度漠视。非西方人员被贬低至非人的地位，阿甘本把它描述为“赤裸生命”（Agamben 1998）。生命是一个“额外”因素，需要按照权力等级进行管理和分配。

维利里奥（Virilio）的现代性是后勤的（logistical）。它并不直接应对战争，但它应对其余一切事物。后勤是一种战前的准备，它在和平时期将人民的潜能转化为战斗力，正如战争时期那样。现代性是一个运动中的世界，它表现为将战略空间转变为后勤时间，并循环往复。这是城市、隔离、物流、卫星和软件的历史。监控、动员、防御以及相互依赖的行政部门共同掌控了政治景观。

然而，死亡是真正从根源上衡量权力和身体（或权力在身体中）的来源。死亡观，是生命政治权力的首要依据，其中包括了将战争视作一种合法手段的观念。福柯强调了政治哲学在多大程度上将死亡和致死的权力视作主权的决定性特征。这种死亡政治的因素——对死亡的管治，自相矛盾地位于生命政治的核心——对生命的管理。一方不能没有另一方而执行。我将在下一章回到这一悖论。

前性别

然而，在性和生殖领域，更引人注目的变化显然是去物质化的、视觉过曝的“无身体的器官”状况，以及它与同时对生命和死亡进行生命政治管控的关系。在拉康派精神分析盛行的时期，相互满足的性关系也许已经被描述为是不太可能或几乎不可能。然而，如今，它们已经从公共领域里退出。在后艾滋病时代和后 1968 时代，由新保守主义道德和多数一神教的宗教激进主义的复兴主导，以基督教为开端，性根本不再是一个安全或可推崇的价值。

因此，可以认为，现代的抗避孕（anticontraceptive）技术，已经可以在科学和文化上将性和生殖之间的这种分离，进一步加深为一种对立的状态，即一种能动的（active）悖论：有了避孕药，我们可以在避免生育的情况下进行性行为；有了新生殖技术，我们可以不通过性行为就能生育。然而,这个情形可能已足以令某些人不安,就算没有那个附带的事实,即恰好在这一时刻,社会保守势力曾操纵关于艾滋病的舆论,以灌输一条简单粗暴的信息:“性爱致死。”在新基督教宗教激进主义复兴的支持下,父权保守主义设法重新创造利于自身生存的最佳条件。我们正在经历的重大生物技术变革,可能因此正滋生最反动的意识形态,从而遏制了20世纪70年代所开创的激进政治的发展。我可以讽刺地总结如下:“鉴于非生殖的性行为会危害性命,现在我们不需要性行为就能够生殖,难道这不幸运吗!”

重申(非)性生殖的优先性,而不是性享受,这种趋势同时顺应了发达资本主义社会的要求。正是在这一历史时期,女性主义势力在社会上兴起,并以不同的方式重新定义了性,这是一种政治反击。贞操观再度风行(Greer 1984),美国校园里的新贞洁运动(neo virginity movements),主张维持“养家糊口”和“照料家庭”传统角色分工的男性组织也流行开来。“做爱,不作战”(Make love, not war)这一文化律令已经发生了很大的变化。以生殖器进行的性行为,就像在避孕手段生效之前那样,再次变得危险。遵循“无身体的器官”的政治经济逻辑,也就是说,伴随着话语的过曝，以及对身体自我（bodily self）统一性共识消失的同时发生，“性”陷入了同样的吊诡中。一方面，在西方社会中大多数领域的普遍色情化[①]过程中，性被过度夸大（食物色情、恐怖和死亡色情、还有变态和残疾的奇观——参见第七章）。另一方面，性行为实际上是一种贫乏的实践，它分散在各个领域，需要医学、治疗学和精神药物的支持：大量的性科学（*scientia sexualis* galore）。

在当代，性的过曝和对性的兴趣的降低，与对礼仪、卫生和健康的痴迷相关。对疾病的恐惧，同时伴随着对美丽身体的崇拜。整个生殖的问题，恰恰在这个时候转移到一尘不染的技术医学实验室，这难道不奇怪吗？在生物技术人员一丝不苟的注视下，生产人造婴儿，并有商标和专利保证产品质量，这会变成一笔大生意？随性的性行为也许已经过时，只有专门计划的生殖。制造婴儿对于一个日渐老龄化和后工业化的西方世界而言是重点关注的问题，西方世界此时正面临人口零增长的风险。我们的世界所经历的大规模中年危机，被转化为对灭绝的恐惧，并相应地被

① 色情化（Pornification）是指主流文化吸收性产业的风格或内容，以及西方文化的性化，有时也被称为“艳俗文化”。——译者注

推行种族主义、新生主义(neonatalist)政策的民粹主义右翼运动利用。人口危机助长了西方的仇外情绪，尤其是对伊斯兰大家庭的恐惧，使生物技术制造婴儿的产量达到前所未有的工业水平（Rowland 1985）。“本土的人力资本”成为一个重大的社会优先事务。这种需求是跨国的：它们表现出所有发达国家具有的特征。基于境外生产原则，这种原则经证明对构建后工业化的环境十分有效（Spivak 1987），生物技术的权力跨越了国界：它毫不拖泥带水地在世界上的任何地方建立诊所、工厂或生产线。

跨越国界也挑战了法律作为一个民族国家集体意志表达的权力。正如福柯公正地预测，生命权力的实践逃脱了民族国家的控制，往往陷入了法律的真空之中。生命权力的世界不是通过法律主权被标记，而是躲避、超出和无视过去法律的禁令、规则和条例。身体物质直接受困于权力的效果和机制，其中立法即使还没过时，也纯粹是多余的。生命物质的交易超越了善恶，躲避了生产它的世界对它的控制。“无身体的器官”标志着生命物质的全球交易，这种交易经过精心的投资，以保持人类物种的生存、健康和种族安全。在一种颠倒式的转折中，“主体”的同一性丧失导致人类将其有机组成部分出借给许多类似于卖淫的交换:以部分交换整体。“无身体的器官”标志着在一个礼物(Derrida 1978)之愤世嫉俗的后工业拟像中,对器官的移植和实验 。在“无身体的器官”的后人类形式中,同样的政治经济贸易也发生在动物、细胞、植物、种子上,并威胁要通过授予所有生命专利来商业化。希瓦(Vandana Shiva)将这种现象称为“生物剽窃”(1997)。

所有的器官都是平等的,
但有些器官比其他器官更平等

我所谓的“无身体的器官”的历史情景所引发的异常变化,产生了另一个非常有问题的思想:器官的可互换性。根据生命权力的工具逻辑,只要保证生命功能的连续性,以及器官和宿主有机体之间基本的相容性,所有器官在实现目标方面都是平等的。因此,在新的生殖技术中,一个女人的子宫与其他女人的子宫的价值是相等的。我们可以在这里转述格特鲁德·斯泰因的说法:一个子宫就是一个子宫就是一个子宫就是……

代际关系的问题随之成为焦点:一方面,被分解

的器官的流通，不再符合我们曾称为“我的身体，我自己”这样的传统身体组织的情况；另一方面，随着跨代际谱系在线性时间上的错位，新的挑战出现。比如，母亲帮助她们的女儿怀孕。代孕技术是否在技术上辅助了跨代际的生殖，塑造了未来事物的形态？假如所有的子宫都是同样的、平等的、可以互换的，那第三个千禧年的性别平等，是否会变成女性作为母亲——或毋宁说作为母体容器的一种新的扁平平等（flat equalization）？难道这种新的共识不是一种有害的幻觉，掩盖了这个高度全球化的体系造成的等级差异和权力差异吗？

我不想谴责整个技术（en bloc）而陷入对立的逻辑，但我认为有必要强调，在当今对性/生命/死亡的治理上，在生命权力的治理上，正走向一条歧路。我们似乎已经摒弃自然主义范式，这意味着从早期形而上学二元论系统中积极解脱，进入这样一种趋势：有机体各部分不断被分割，并卷入剥削性质的交易。这种根本的转变造成了各种虚假的同化：它否定时间，代际差异的时间，“我的子宫相当于我妈妈的子宫”（my uterus/my mother's uterus），从而在女性之间创造了一种伪对称。金钱在这里充当了一个重要的等价物：所有的子宫都是一样的，可以提供给有经济能力、能保证基本支出的人。然而，无身体的器官这一现象，伴随着分解状态形成体系，也作为一种托词，实现了最古老的，可以说是根深蒂固的幻想：完全控制人的起源，也就是说，完全成为人自己的父亲/母亲。我认为，当前的生物技术文化迷恋单性生殖的神话。

这意味着否定或模糊了世代时间。也就是说，否定或模糊一个人在时间上的位置，一个人与他人之间的关系。这也是一种回避，或者迂回承认自己从女性身体出生的方式。就像循环往复、停不下来的旋转木马一样，身体的各个部位、细胞或组织不属于任何地方，这就为下面这一幻想提供了前提：一个人并不真正来自任何具体的地方，也并不真的来自某个身体部位。将父母的身体包括在内，否认母亲身体作为起源场所的作用，这就违背了性差异的"非一"原则。因此，母体变得抽象，起源的概念被搁置一边。这似乎是我所描述的"无身体的器官"的器官互换所造成的精神分裂症的负面效应之一。时间因素不再让我们去象征根本的差异，就好像我们正身处一个连续的当下。

这种世代时间的根本错位造成的另一个副作用是，男性和女性之间出现一系列新的伪等式或者虚假的空间对称：子宫＝腹部、精子捐献者＝卵子/子宫捐献者。然而,最荒谬的是,各种性别之间在生殖方面存在一种幻觉:无深度的扁平对称(flat symmetry)。似乎两性的社会象征地位完全可比较。性差异意味着各种性别不对称,因此它们的位置不可逆。从器官的互换到两性的对称——因此意味着两性的互补,我们目睹了父权制最持久的一种幻想复兴,性对称的幻想在我们时代的文化想象中有着如此强大的影响力。在此,双性的、无性别的(sexless)、天使般的、中性的(unisexed)或多性别的身体取得了胜利(Showalter 1987; Garber 1995)。声称自己外在于性或超越了性别,或者处于两性之间,也是一种旨在推迟和搁置时间的策略。渴望"超越性别"这一幻想,即离身和外在于时间,这是我们时代最有害的幻象——发达资本主义,作为一个生物技术装置,从生命本身中牟利。正如利奥塔所说,抹除性别之间的差异,有利于催生一种超越性别身份的新双性人(neoandrogyny),并从中受益。模糊性别差异,去性别化的男子气概,恰恰出现在性差异女性主义号召实践性别化的时刻(Schor 1987a),这对我而言是一个极为巧妙的共谋。

就女性主义而言,这种幻想导致女性被同化进男子气概的模式里。几个世纪以来,我们的文化秩序一直受到男性的同性社会纽带支配。在这样的文化秩序里,消除性差异只会迈向一条通往归并、消除或同化女人所拥有或掌握的女性性的单行道:这是男孩们的玩具。

两性对称性的消失,需要我们重新坚守一种游牧伦理的基础,这将从“无身体的器官”开始,把它当作我们历史的基本前提,同时拒绝它的负面内涵。问题随之变成,对女性实践而言,从这一立场出发,什么价值是我们需要坚守的?性差异的游牧伦理是怎样的(Irigaray 1974)?如何在不参照自然主义或道德主义范式的情况下,将器官的可互换性神话判断为“异常”?女性主义怎样将性的特殊性作为一个言说的领域,同时批判地分析当前性问题上存在的悖论?我们怎样才能扫除“神圣”最后的残余,以不可知论的、世俗的方式处理生命有机体的整体性问题?如何让关于生命有机体整体的议题产生新的内涵,而不是“无身体的器官”?唯物主义是否有可能成为一个概念的选项,来设想身体的物质性和它那不可见的有机统一性?世俗主义仍然是一种选择吗?

在这里,德勒兹和加塔利关于“无器官身体”(1972, 1980)的激进思想可以拯救我们,它提供了一剂强有力的解药,用以对抗我们自己的生物技术装置(apparati)对生命物质商业化的分割,同时避免了对自然化身体被技术化的恐惧，避免了对本质主义性别身份产生怀旧重复。斯宾诺莎的身体概念，作为一个力量或强度的集体装配，稳定或固定在一段有限的时空中，这一点对我的论点很有帮助。这一概念为我们提供了可靠的概念选择方案，它通过将我们对身体的理解从形式—内容模型（由几个世纪以来的哲学传统所构建）中解放出来，来抵御身体所面临的话语过曝和统一性丧失的同时发生。纯粹的碎片化或统一性的丧失，还有物质和形式，重新概念化为横向的相互关联。关系这一概念，作为一个重新思考身体统一性的组织原则，探讨身体中特定有机体的现实化（actualizations）特性，并界定这一实体所能维持的强度水平。然而，伊利格瑞对接受这一德勒兹式的分析方案的态度是相当怀疑的——难道社会和象征的分裂状态，不正好是所有受压迫的边缘群体（包括女性在内）历史上的常态？因此，“分裂”难道不是一种危险的应对原则吗？在第九章，我将对德勒兹的强度身体及其矛盾展开更详细的解读。

就目前而言，在生物技术时代，我所重点关注的不连续性、过度视觉化、身体的快速消费，只是我故事的一面。我当然不打算从中推断出对身体的统一性想象所抱有的任何怀旧情绪，它只会威胁女性和其他少数群体,造成我们更为熟悉的其他危险。我也不赞同本质主义的性别身份,而是主张游牧的复杂性和横向性。我更愿意基于对具身主体的分析来论证,我们需要新的形式来再现他和她的多重性、不连续性和高度的技术复杂性。我们需要更多的概念想象力,以赋予另类形式的认识论和政治以力量。

此外,分裂并被排除出主体位置,是女性历史遗产的一部分——那么,女性主义理论能够在多大程度上提出一种新的身体物质性,以及一种对身体自我的整体性进行特定性别的解读(sexual-specific reading)?事实上,我担心性差异的错位、生殖和性之间存在的新分离,以及生物技术对生殖的占用,恰恰发生这样一个历史时刻:女性再次坚决在政治上争取她们对自己的身体和性的掌控权。受压迫群体的历史时差再次生效了;除非通过政治行动警觉地进行监测,否则,生命权力的情形可能意味着女性面临倒退的风险,从男性同性社交纽带强行施加的异性恋规范(这仍然是全世界性政治和性别管制的主要形式),转向高科技生殖技术产业的性别模式。这相当于从新石器时代到后工业时代一次精神分裂的飞跃,跳过了最重要的阶段:女人发起的“生成-主体”这一现代化的过程。然后,我们将绕过最重要的阶段——在这一阶段，我们的目的是让性差异发挥出来，通过带入一种游牧女性主义重新定义女性的主体性、母性和性欲，并相应地重新定义男性的角色，不过是以一种不对称的立场进行。

卡在古老的母性权力和后现代的母亲机器之间、卡在神秘的歇斯底里的身体和试管之间，女性主义冒着失去我们最宝贵盟友的风险：时间。过程的时间、修通的时间、表达自我与他者一同变革的时间、使其在社会里实现的时间。这是女性自身生成的时间，属于一种性别化的 Aion（生成的时间），与一种去性别化的 Chronos（存在的时间）相对立。这一以过程为导向的生成时间，可能在现实化之前就被剥夺；它可能会短路、夭折。在女人有机会重新构思她们这种复杂问题之前，生物技术的干预正在重新定义母体和性差异——总有人比我们更快地告诉自己，我们正在寻找什么。

然而，这种大规模的错位和时间冻结，留下了许多尚未回答的问题：首先最重要的是，我们迫切需要重新构想人类的统一性——不带任何道德主义或怀旧情绪。如果一个最低限度的女性立场，在于将性别之间的不对称性引入关于后现代状态的前沿讨论中，那么问题仍然存在：在接受后结构主义思想中的洞见

(身份建构从根本上是失败的)的情况下,我们对讨论中的性别化方面可以推进到何种程度?我们可以怎样在抵制将主体性还原为意识、将自我还原为意志的合理性(willful rationality)的同时,肯定女性差异的积极性?我们要怎样处理福柯未完成的思想(重构性科学与性艺术之间关系)的复杂遗产?霸权势力把性当作一个规训机器,甚至通过承诺实现身份认同和政治解放的方式进行规训,而我们如何才能将性从霸权势力中解放出来?

我们应如何重新思考主体性的身体根源——在尼采和里奇之后?我们要把哪一种身体放进我们的图景之中?强度的身体、欲望的身体、性差异的身体、无身体的器官,对它们来说,解剖学不再是一种宿命。这一活生生的、有性别的有机体也有它自身的统一性,但它命悬一线:欲望之线,它与语言、横向力量有着难以分割的联系,因此也与他者息息相关。这不过是一条将一种新伦理的可能从新野蛮主义中区分出来的线索。但总比什么也没有好。如果我们处理得当,这很可能是女性在历史进程中采取行动的最好机会之一,而历史往往使我们沦为我们自己贫困剧场中的旁观者。

第七章　无想象力的图像

学会观看，无论在过去、现在还是未来，都从来不易。

——达斯顿(Daston)和加里森(Galison)

在本章，我将进一步探讨我在前一章讨论过的女性生殖身体的视觉化和医学化涉及的一些议题，并将其置于当代女性主义理论领域里关于政治和认识论上的主体性的讨论。福柯的具身性或身体物质性的观点，概述了当代“主体”结构化的基本方面。正如我前一章所言，肉体的唯物主义把具身主体定义为“无身体的器官”，也就是具体的效果，同时也是知识和权力生产过程中的关键术语之一。权力的概念是一种消极的(potestas)、持续的、连续的、无处不在的控制、规范性和正常化的机制(instance)，也可以被定义为权力的微观物理学(microphysics of power)、生命权力或自我技术。更重要的是，它还将科学定位为规范权力结构中的一个关键要素。

通过将科学话语置于这一框架中，福柯与作为意识形态批评的传统马克思主义的科学概念保持了批判性的距离。相当于他将焦点从宏观结构转移到对作为特权阶层的"认知主体"的科学家或哲学家的构成(constitution)分析。福柯的话语分析也强调，可视化技术也意味着一个自我控制的严格制度，以及思想者自身眼与心的训练。(性别不是偶然的。)眼睛的认识论和观看的训练不仅是科学事业的核心，也是主体作为一个伦理和政治实体构造过程的核心。正如达斯顿和加里森敏锐地为福柯指出的那样："精通科学实践不可避免地与自律联系在一起，是对某种自我的精心培育。"(Daston and Galison 2007:40) 换言之，在塑造科学自我的过程中，一种自律和道德的功能在隐秘地运作。科学方法论所坚持的"认识论的美德"构成了呈现为科学"客观性"的价值中立内核的规范性核心。这些价值观适用于全部领域，而不仅仅是科学领域——它们构成了积极公民身份的内在结构。

因此，福柯式自我技术中最激进的认识论内涵是政治性的。这种认识论停止赋予科学思维及其具身对象(白人、男性和欧洲主体)治外法权的特权，并以一种更经验的方法为基础，即考察这种认识论特权及其社会后果的具体物质性构造。人不是生来如此，人是变成一个科学和政治主体的。再一次引用达斯顿和加里森的观点："无论'科学自我'多么与众不同，它仍然是自我更广泛的历史的一部分。"（2007：37）

这一更广泛的历史将科学主体纳入了构成这种特殊权力的复杂社会机制和关系中。换句话说，福柯强调话语权力的运作是一系列相互关联的等式：可视化＝科学凝视＝方法论的精确性＝客观性＝科学家作为认识论主体的自我塑造＝科学话语的权力和可信度＝负责的公民原型。科学上的可视化与社会过程中的自我形象塑造相对应。将这两种实践结合，产生了公民作为知识和自我理解的负责主体的形象，这种形象建立在外部和主体间的关系网络上，它结构化了主体构成的过程。排除和选择的模式切分（punctuate）了这一过程，并积极贯穿始终。

福柯（1963，1966）进一步区分了科学凝视在复杂的身体物质性上进行话语实践的两条历史线索，一条是解剖形而上学（anatomometaphysical）（涉及解释和说明），另一条是技术政治学（technopolitical）（涉及控制和操纵）。这两者不断相互交织，但福柯认为它们在历史的不同时期受到了不同的重视。福柯根据这两条线索分析了我们后形而上学世界中对性（sexuality)的组织，将性-生殖身体的医学化技术(性科学，scientia sexualis)和存在的艺术或自我的实践(性艺术，ars erotica)区分开来。福柯认为，在一个他描述为“生命权力”(对生命有机体的规范性权力)的新权力构型中，现代性作为一个整体标志着医学化过程的胜利，或者更确切地说，标志着身体同时得到性化(sexualization)和医学化(medicalization)，这就是我在前一章分析的“无身体的器官”的现象。

当然，可以说，对生命物质进行管理(通过人口统计、军事纪律、公共健康和卫生的方式)一直是我们文化中的首要任务。福柯认为，目前发生的新现象在于生物技术对生命的掌控程度，以及它与新的死亡方式之间的明显联系：“所谓一个社会的‘生物现代性’的开始，就是人类成为关键政治战略之一。几个世纪以来，人类一直如亚里士多德所说：一种具有政治生存能力的生物。现代人是政治中的动物，他作为生物的生命受到了质疑。” (Foucault 1976：188)①因此，福柯强调了这一事实，自启蒙运动以来，具身主体一直处于理性控制和生产性统治的技术影响的中心。因此，传统再现制度面临的危机，及其在启蒙运动中的衰落

---

①　参见中译本《性经验史》。——译者注

(人们将启蒙运动定义为将理性视作历史进步的动力的信念),提出了关于生命政治下具身主体可视化的一系列相互联系的新问题。这个身体不是单一的身体,而是“无身体的器官”的集合,它成了生产多种话语、知识形式和规范权力结构的场所:经济学、生物学、人口统计学、家庭社会学、精神分析、人类学等都可以被视作关于“人”身体的话语,“人”的局限性已经显而易见。“人”不再是万物的尺度,而是一个死区(dead zone)——一个后形而上学的实体,福柯把它发展成一个反人道主义的批判计划。

因此,在生命科学(生物学话语)与人文或社会科学之间出现了新的分工。前者就具身主体的运作方式展开解剖形而上学的分析,它们的目的是解释和分析。后者与技术政治学有关,因为它说明了关于人类本质的话语。换言之,人文科学与规范性和控制有内在的联系,如果它们通过定义将主体结构的问题纳入考量的话。这一分工相当于根据福柯提出的两个方案(scheme)将身体实体分割开来:一方面,身体只是另一个知识对象,在其他对象中的一个经验对象——一个有机体,它的有机部分的综合,一个可分离器官的集合体。这是临床解剖学研究、测量和描述的身体。另一方面,没有身体可以还原至它的有机组成部分的总和——身体仍然是主体超越的场所,因此,它是所有知识的可能条件。福柯的结论是,身体是一种经验—超验的双重性。

精神分析话语在现代化版图中扮演着重要角色,它是关于身体形象的内在化或自我视觉化(self-visualization)的主要话语之一。精神分析远不仅是一种治疗法,它已经发展为一种欲望哲学和理论,它将身体视作力比多的界面、镜像、多重编码和铭写的场所,一种活生生的文本。尽管福柯与精神分析,尤其是与拉康的理论关系并不这么简单(Braidotti 1991b),但我认为福柯的认识论承认了主体性的肉身根源和主体与其意识的不一致性,这是事实。福柯并不认可拉康的分裂主体的观点,但确实将"人"视作一种结构上的失调,他在自身内部双重化(doubled-up),无法维持一种超越性的综合。

然而,这一对现代主体的具身本质的分析存在一个悖论,该悖论对女性主义者来说有丰富的意义。在身体成为理论及政治争论中心的历史时刻,关于身体实际是什么这一问题不再有一成不变的确定性或共识。自然主义范式和笛卡尔身心二元论确定性的丧失,产生了关于身体不同话语的多样性。因此,现代性是一个关于主体的具身性和物质性议题同时存在共识过曝和缺失的时代。身体已经变成了大量多样的身体，无论经过怎样的认识论训练，任何科学凝视都无法对构成当代身体或具身自我的全部话语提供一种统一的综合论述。

超然的临床目视

在本章接下来的部分，我想更细致地解读在当代生命技术的目光中运作的新视觉认识论。我将从视觉政体变得普遍缺乏想象力这一转变的角度进行分析。最接近这一现象的例子是，色情图像之庸俗。这些色情图像在一个将包括性在内的一切事物纳入文化定制和视觉消费机制的社会空间里流通。正如我在前一章表明的，"无身体的器官"指的是身体部位充满悖论地过曝和超视觉表象（hypervisual representation），以及就意义和价值达成共识的统一性丧失。社会和政治事件的过曝，堂而皇之地发生在我们关系性生活里全方位的视觉化中，尤其是在最隐私的地方。我想论证的一点是，我们的视觉技术和新数字媒介的发展潜力，与概念创造力或理论想象上的相应思潮根本不一致。无身体的器官则与无想象力的图像相呼应了。不过让我们按顺序展开。自 18 世纪以来，临床解剖的实践将具身主体还原为“无身体的器官”的现象，这需要一种将器官与整个身体相关联的精准可视化技术。根据福柯的观点，诊所和医院是致力于推崇新科学精神的机构或遗址（monument）；它们将身体转化为有机体，或由可分离的部分组成的整体。福柯清楚地分析了这一转变的现象；然而，他对女性身体的特殊情况几乎没有投入任何关注，也没有给予充分的重视。当时怀孕和分娩被纳入医学领域，癔症作为 19 世纪末的“女性疾病”逐渐出现，构造了一个特殊的临床空间，在这里医学的视野与女性的生活经验发生冲突。这将成为一个关键的女性主义议题，而福柯选择淡化这一事实，即在现代性时代，女性身体是生命医学接管具身主体的主要目标。

然而，从谱系上讲，临床结构的发明与解剖学的医学实践有关。这是一种赋予医学权利的实践，来观察人类有机体内部会发生什么。相较于长久以来禁止接触“有机体的秘密”的禁忌而言，这一经验技术可以说是一种很大的科学进步。这种禁忌不仅禁止解剖身体，而且认为以科学研究的目的使用身体部位是绝对亵渎神明的。直到 15 世纪，解剖身体都是被禁止的。之后尸体解剖受到了非常严格的管制（尤其是禁止劈开头部这一智能器官）。如今，器官移植的领域受到一系列法律法规的约束，限制器官捐赠和用于科学实验。

显然，临床解剖是一门关于死亡的技术（death technique），它与尸体和器官的新鲜供给有关。因此，它标志着身体的地位在认识论上的转变。在临床解剖的过程中，有生命的身体变成了一个活生生的文本，也就是说，变成了可以被医学目视阅读和解释的材料，医学目视可以解读它的疾病和功能。解剖学使身体再现为清晰明确的——可见的，因此是可理解的。通过引入与死亡相关的死亡政治（necropolitical）实践，解剖学标记了生命权力的外部界限。

法国精神分析学家皮埃尔·费迪达（Pierre Fedida，1971：109—126）强调了这一事实，在解剖学实践中解剖尸体标志着与前几个世纪的科学秩序认识论逻辑上的断裂。现代科学理性、可见的有机体标志着炼金术士的幻想、虚构表象的终结，从而使身体失去了所有的不透明性和神秘性。悖论在于，这种对身体功能进行解码和分类的新过程为医学目视打开了新的、未被探索的空间，也用一种新的概念重塑了身体：即具有正常形状、形式和器官功能的标准身体。换句话说，不同的器官只有像肉身字母表（corporeal alphabet）中的字母一样，它们都属于同一个集合体——同一个有机体，才能有意义，变得可解码、可阅读和可分析。以这种方式组织起来的生物医学从有机体中得到的知识，正如福柯所说，“与死亡具有认识论上的联系”，因为死去的身体才能揭示生命的奥秘。相反，这也改变了科学家和医生的立场：在前现代科学时期，死亡的观念与罪恶的形而上学相联系，其中器官是疾病或功能失调的标志；在现代它更接近一种阐释学，其中器官产生了症状。正是因为人会死亡，所以他会生病：死亡的概念变成了思考疾病所要引用的东西——一个空间的维度因此在临床解剖学中发挥作用。①

临床解剖学（clinical anatomy）的话语和实践同样引人注目的地方在于，由于它与死亡的临近，它标志着一种对身体完整性的侵犯和丧失的经验。在炼金术士的前现代话语里十分强烈的奇幻和想象的维度，或者在活生物的复杂性产生之前的纯粹好奇心，被临床视角下超然（detached）的观察力取代。费迪达补充道：“医生们往往忘记的，只是你童年的身体：想象的欲望身体。当身体变成科学百科全书和技术

① 参见《临床医学的诞生》中对死亡、空间、疾病关系的论述。

时，医学埋葬的正是身体。”（1971：125）死亡政治就是这种临床目视下的经验。

接受生命医学目光审视和观察的身体，实际上是与其自身形象完全一致的身体，如尸体。它可以被操纵，它是有用的、有目的的身体物质，可以生产知识，从而将生命医学专业的权力合法化。正如我在前一章指出的，对于法国的认识论思想流派而言，技术——甚至是现代性中的生命技术，对人文学科没有害处。相反，在物质和技术、手和机器之间存在相互接受的关系，两者之间存在一种义肢式的相互连接的感觉。法国的认识论学派（巴什拉和康吉莱姆）强调了遍布在技术宇宙中的原初人类学（primitive anthropomorphism）：所有机器复制着人类的身体。因此，有机体与技术相辅相成，促使人们反思主体作为生物文化事件的具体物质性。在康吉莱姆看来，生物学的目的不应该只是解剖有机体，还应该对生命体的结构进行一种哲学式的研究。

尽管我觉得自己接近于这一方法，但我仍然担心发达的生物技术可能存在的“负面”效应。令人担忧的事情仍然是在我们生命科学文化中侵犯性的、完全诱导性的（all-persuasive）可视化技术。现代科学是视觉驱力作为认识论上的统治与控制表现的胜利：将不可见变得可见，将有机体的秘密变得可视。得益于分子生物学和可视化技术的进步，当代的生物基因研究已经远远超出“无身体的器官”的程度，它的形式缩小至组织、细胞和微生物。尺寸的变化也标志着交换的规模发生转变。

从可见（visible）到可视（visual）

在上文我们了解到福柯如何分析可见性（visibility）作为人类身体的科学再现的主导原则的重要性。可见性的观点与对身体的话语性分解相联系。根据前面提到的精神分析的解释，视觉驱力与知识和控制（或统治）有关（Benjamin 1988）。从这个意义来说，驱使孩子弄坏他的玩具来观察它是如何制作的好奇心，可以被视作最原始的施虐欲。然而，观看的欲望，也是推动科学实验基本的好奇心：它使临床解剖受到一种更成熟的古老施虐冲动的驱使。

此外，临床解剖，由于它施虐的潜文本，是一种以否认死亡为目标的技艺操练。由于身体的双重经验-超验结构，它永远不能被还原为一种可分离部分的总和。因此，追求完全的可视化（visualization）是一种注定失败的幻觉。从视觉呈现经验材料的需要，滑向完全透明的幻象(mirage)，仿佛科学真理仅仅在于带来一些视觉再现。现代的视觉复制技术，尤其是超声回波图(echograms)和回波描记术(echography)，标志着这一趋势显著加强。我们的生命科学技术已经具备了干预生命有机体结构的手段，可以直接进入基本/基因程序。生物医学的目光已经发展到极致，能够对最为私密、最为微小的自然纤维展开前所未有的研究。因此，我们已经超越了可见的概念，进入了一种新的可视文化：今天，不仅可见的事物可以被可视化，而且生物科学家作为生命奇观的导演，甚至声称能够呈现不可呈现的事物。从海底到外太空，再到子宫腔深处——人类一直以来未解的巨大谜团被揭示开来了。

可视化是一种固定(在)时间的方式。让我们以超声波技术为例——它使我们能够在屏幕上看到子宫内部和胎儿的情况。如今大多数家庭都有一本产前相册，里面有子宫内的扫描件和图片。右翼反堕胎的活动家利用同样的图像达到政治操纵的目的。为了展示提供“一切事物”，甚至呈现不可呈现的东西，即“起源”，意味着寻找能够取代和移位空间(母亲身体的内/外部)和时间(出生前/后)界限的图像。对母体场所进行视觉呈现，我想把它称为“机械复制时代的生命工作”，这一视觉再现的成功，开启了女性与生物科学之悠久而深远的历史的新篇章。

这相当于是在完全看透并彻底操纵生命物质的总体幻象的幻觉里暂停时间。此外，可视化技术赋予了它们所呈现的对象极大的自主权或独立性。图像获得了自己的生命，区别于其他任何事物。显然，胎儿的超声波图赋予了它身份和视觉形状，一种可见、可理解的存在，这一般是胎儿所不具备的。

这种新的医学图像——即出于科学目的对身体部位进行分割和视觉过曝，基于胎儿与母体的分离、身体统一性的肢解和以部分换整体的交易，产生了巨大的社会和政治后果。反堕胎游说团体制作的影片《无声的尖叫》(*The Silent Scream*)证明了这一点。据说，这是一部通过回声摄影拍摄的堕胎影片，配以强烈的反动配乐，传达了胎儿被谋杀的所谓“感受”。影片中还穿插着纳粹集中营的画面。毫无疑问，这部右翼宣传片对美国观众产生了影响，我们不能低估它在美国许多州收紧堕胎立法上发挥的作用。正如罗莎琳德·佩切斯基(Jordanova 1989；Petchesky 1987:37—56)所指出的，从理论上讲，脱离母体的胎儿有它自己的身份，但它也被还原到一个可分离的器官的层面。胎儿与它成长的地方无关，它通过离身获得了特定身份。我提出“无身体的器官”构想来指代这一复杂的策略性实践领域，它与当代身体的话语和规范性建构有关，它既是过曝的，在概念上又是缺席或空白的。因为没有科学实践可以脱离于科学家自身主体性的权力建构——正如我在本章开头论证的那样。因此，将现代性中的临床目视置于首要地位，这使生物科学家转变为工具性知识分子的原型。“活的身体”的可见与可理解是将其作为可用的信息、数据和生命物质的供给进行操纵的前奏。正如唐娜·哈拉维（她曾是康吉莱姆在巴黎的学生）指出的，在生命权力的年代，具身主体被科学技术装置的实践和生命技术装置的离身目视“蚕食”（Haraway 1990）。

生物技术专家作为高科技力量的原型，代表了现代的知识主体：“人类—白人—西方人—男人—成人—理性人—异性恋—居住在城市—说标准语言的人。”（Deleuze 1987）在他专横的目光下，活生生的有机体被缩小到无限小的尺度，失去了与人类形态和人类特定时间的任何联系。在关于“生命权力”（对生命的掌控权力）的话语里，与死亡有关的一切讨论都消失了。在生命权力的情况中，关键的是时间逐渐被冻结，也就是说，最终否认了死亡（Fox-Keller 1990）。

因此，在所有表象中都隐含了视觉-窥视驱力（visual-scopic drive），这在生命权力领域表现得尤为强烈。法国后现代主义思潮将这一观点发展为虚无主义符号学（nihilistic signification）（Beaudrillard 1976）。这种理论认为，无情的、功利主义的表象逻辑优先于被表象之物，它标志着图像、被表象的对象、可见物的胜利。只要它变得可见，就沦为视觉消费的对象。由于被以超现实的方式过度呈现，这一对象维持着在象征上缺失并在时间上悬置的状态。这一象征性的缺失会陷入一种资本主义的交换体系，适用于当代生命权力链条上的所有关键能指："身体""女人""女性"，当然还有"生命"自身。

线性时间的错位过程在人工生殖的案例中清晰可见。例如，在新的生殖技术里，整个生殖过程被分解为一系列不连续的步骤。一方面，冷冻精子、卵子和胚胎无限期地暂停了生殖时间；另一方面，试管授精引入了一种新的中断：激素预处理/养卵/试管授精/胚胎细胞分裂/胚胎移植到子宫（Vandelac 1987）。与此同时，生殖的新形式是社会化的，而不是技术创新的，如代孕母亲（surrogate motherhood）（Laborie 1985：1215—1255，1518—1543），这将生殖过程的连续性分解成一系列不同层次的"母性"：卵巢的、子宫的和社会的母性。

在所有这些过程中,时间被严重错置。身体作为有机物质,或作为有机体的话语地位,使身体容易受到技术操控,打破了出生和死亡的界限。我怀着极其矛盾的心情看待这一复杂的生物技术实践:既发自内心感到兴奋,同时也对生物医学权力范围的扩大感到焦虑,还担忧身体统一性的解体可能会引起全面掌控事物的幻想,即永恒地掌控生命物质。把整体和组成它的部分互换,忽视每个部分包含整体的事实,“无身体的器官”[①]时代主要是把时间推出身体图景的时代。生命权力既是对死亡的否定,也是对生命的掌控。

从福柯的视角来看(Foucault 1966),时间的错置也与后核战历史条件的政治有关。核武器可能造成的过度杀伤力甚至已经推翻了我们对死亡的理解,一种之前无法想象的灭绝的概念取而代之。因此,核危机所摧毁的,不仅仅是启蒙运动对人类通过科学理性实现目的论式的、注定的进步的信念:它完全摧毁了未来的可能性。在这一方面,原子弹确实标志着时间

① 原文中作者写的是“无器官的身体“(bodies without organs),但结合语境,应该是“无身体的器官”,故在这里译作“无身体的器官”。——译者注

的死亡。

固定图像的行为是关于暂停或凝固时间的技术。罗兰·巴特关于摄影(1981)的书既不是第一个，也不是最后一个将图像与死亡和静止(immobility)联系起来分析的著作。正如临床解剖与尸体的关系一样，身体管理中明显浮现出死亡政治的一面。

表象[①]的色情

当代视觉化过程中的自我确证(self-assurance)作为主体构成的模式，产生了一种我称之为“医学色情”的倾向。我是在苏珊·卡佩拉(Susan Kappelar 1986)提出的意义上使用“色情”这一术语，即指一种强化资本主义市场经济盈利逻辑的表象系统。人类的整个身体，还有动物的身体、植物和种子(Shiva 1997)都变成可更换部件的可视化表面(visual surface)，作为交换对象得以呈现。对于苏珊·卡佩拉

① 表象(Representation)，可以译作表征、表象、再现、表现。这里译作“表象”的原因是，本节强调的是文字、图像和影像的色情化的视觉呈现逻辑，这种视觉呈现是视觉化的(窥视驱力)、超现实的、无深度的表象。——译者注

所提出的“色情”而言,更重要的是一种表象的类型和结构,它不能仅与(性)对象的选择或(缺失)主题的筛选联系起来。淫秽主要是体现在图像本身的特质、图像在盈利逻辑支配下的空间里的流通,以及它整体所呈现的结构。使文本进入一种色情脚本表象逻辑的是一种基于权力关系的主客体二分法。此外,色情文本通过揭露和展示一般保持私密的个人行为和人际互动发挥它的功能。因此,它是一种将亲密、禁忌和羞耻之事完全呈现出来的忏悔体裁。它公开展示了私密的内容,因此侵犯了个人隐私和私密空间。

这可能令人尴尬、兴奋和震惊,正如众所周知的窥阴癖现象所体现的那样。除了这种侵犯性的、自我满足的凝视之外,色情片通过连续反复呈现场景、情境、脚本和行为来引诱观众。商业化的性色情展示这些单调重复的性行为,以便将性快感不可呈现的巅峰时刻视觉化。色情片试图将快感简化为高潮,将高潮呈现为一系列刻板的视觉图像,挫败了它所唤起的强烈欲望:它欺骗了我们,而不是让我们得到满足,它让消费者不断地产生更多的需求:这是一种成瘾的一般模式。

卡佩拉运用了阿多诺关于色情的论述,尤其是他对大众文化本质的分析。阿多诺将大众文化定义为色情的，因为它挫败了它所刺激的欲望，娱乐产业的功能在于承诺多于兑现。例如，色情片通过器官相互抽插的景观来呈现，但事实证明这对性行为本身而言是一个完全无法令人满足的形象。身体变成了一个经验-超验的复合体，生活经验中的某些东西总比视觉形象所呈现得更多。然而，视觉的胜利是建立在积极主张视觉展示的力量之上的。当代视觉文化的色情本质源于它的欺骗：它向你展示了一团血肉模糊的红色肉块，并告诉你："这是生命的起源。"它向你展示了器官相互进出的场景，并告诉你："这就是性快感。"它建立在这种幻想之上：可见性和真理是共同运作的，而最新的视觉商业技术为它们提供了最好的服务。

色情图像已成为社会再现的主要形式，它涵盖了广泛的领域——食物、时尚、人类的苦难和恐怖事件、流行音乐和性。可视化技术可以被视作图像的胜利，或者说，也可以被视为古腾堡星系历史的衰落(McLuhan 1962)。当前文化处于一个持续的过曝状态中：传真机、复印机、迷你摄影机、卫星天线、个人电脑、电子邮件界面、如脸书和第二人生这样的数字化社会网络。网络摄像头、手机摄影机和其他数字通信技术的发展创造了一个这样的世界：在这个世界里，不仅连选举胜利都取决于电视媒介，而且可见性成为一项必须考虑的因素。无想象力图像的肆意流通成为我们时代的一个显著特征。这些再现传统在数字媒体时代尤其激增，流行到一个几乎无人能够预料的普遍程度。互联网的色情化已是既成现实（fait accompli），自制色情作品的传播和性化图像的普遍流通也同样如此，色情化的对象不仅包括女人，而且也包括了越来越多的男人、孩子甚至动物。这一现象的规模程度之大令人震惊，这也导致关于如何制定合适的抵抗形式的问题再次变得复杂。年轻一代的女性主义者阿里尔·利维（Ariel Levy）说得很清楚："我相信我们的文化存在色情化现象。它意味着如果你观察流行文化中的任何一件事，你将会看到女性衣着暴露、身体被植入、打扮得如同妓女等，而这些都是可以接受的（2005：19）。"任何反对这些文化趋势的人都会被施压，他们因被贴上"政治正确"扫兴鬼的标签遭到惩罚，这些威慑手段使任何对色情内容泛滥不断进行批判的努力都难以为继，而这些色情内容，在技术先进的民主国家中，已经泛滥成一种日常的视觉媒介。

表象的色情不仅有助于理解生殖身体的医学化现象，而且有利于应对当代政治权力的问题。近期的一个案例涉及荷兰右翼民粹主义政治家海尔特·维尔德斯(Geert Wilders)利用甚至滥用羞辱人类的色情作品。在当今荷兰民族主义和政治保守主义的背景下，对恐怖图像威权主义式的、带有偏见的操纵证实了我的论点：没有想象力的图像获得了胜利。支离破碎的、伤痕累累的身体是可视化过程中的焦点，它的目的是操纵情绪。

民粹主义和极端民族主义的色情恐怖作品，发出的是家长作风的、专制的主人声音，告诉我们该做些什么。更具体地说，它敲响了仇外的警钟，敦促我们清醒地认识到未被看见的、被低估的本地敌人，并进行反击。策划这一表象的作者，是以主流的(通常是男性、白人和欧洲人的)观点为基准构成的，并自诩为人类的普遍代表。尤其是维尔德斯，他自称是探讨这些问题的专家。表象建构了作者的主体性，它是占主导地位的多数人的观点，并将其偏执的幻想强加到我们其他人的头上。无论是有关性、种族还是政治的指令，表象的结构都是完全相同的：一个施虐受虐的场景，我们是俘虏，也就是说，我们是主人施虐幻想和欲望的非自愿观众。

通过视觉呈现具有羞辱意味的图像，将穆斯林视作公敌，这种冒犯的建构手法证明了苏珊·卡佩拉的观点，也就是说，色情的表现形式并不是性、淫秽或下流的内容,而是它所表现和表达的权力结构。这里再次强调:生命政治剧本中频繁存在着一种死亡政治的元素。它煽动种族仇恨。因此,政治反抗的目的应该是提高人们对这些权力机制的认识,并改变这种表象的社会形象或内容。是表象结构的暴力使这些图像成为色情图像,而不是其表面呈现的性内容:它们是"无想象力的图像"的缩影。

女性主义的洞察

我的文化焦虑有悲观的一面:当代视觉技术已经渗透到生命物质(living matter)最内部的结构,将最亲密的关系外化。出生与死亡、繁衍和灭绝、本土与外来,都已进入商品化过程和视觉元素(visual items)的流通之中。新数字媒体将这一现象推向了前所未有的高度。福柯关于生命政治的后果与死亡政治的实例并存的见解,从未像现在这样具有现实意义。然而,这一切所表现出来的想象力水平,贫乏到了极致的程度。虽然我并不是表示完全反对科学技术,但我确实想强调想象力和概念创造力的缺失,是我们过度视觉化的文化中的一个明显特点。

不过，我的立场也有乐观的一面：批判理论家们已经迅速有效地对新技术引发的负面影响进行了批判和行动。例如，女性主义理论家在文化研究和电影与媒体研究中，就可见和可见性的权力问题做了大量工作。

出发点在于，认识到视觉化过程是西方文化的常态(Fox-Keller 1983)。从柏拉图到北约，“看”或凝视的行为都是一个重要的意象，与心智表征(mental representation)、智力与科学方面的理解方式等同。模仿现实事物的复像、拟像或视觉复像，这些概念已成为我们文化中不可或缺的部分，并建构了我们的主流认知方式。笛卡尔“清晰明确的思想”概念只是一种长期存在的习惯的现代演绎，佳亚特里·斯皮瓦克将其称为“清晰度恋物癖”(clarity fetishism)。

精神分析理论在许多方面批判了传统的再现理论，然而却肯定了视觉作为知识合法化场所的首要地位：拉康的镜像阶段延续了逻各斯中心主义凝视的暴政。这是露西·伊利格瑞(Luce Irigaray 1977)等女性主义批评家一直在做的事情，她们关注的正是认同问题，并赋予凝视以压倒一切的地位。在许多方面，伊利格瑞的计划可以被看作是尝试用“触觉”取代“视觉”，用“触摸”取代“观看”，用“感性经验主义”取代“菲勒斯的超越性”。在20世纪80年代和90年代初，女性主义的分析，将这种超然和客观性与一种功能的、祛魅的和施虐的科学视角联系在一起。艾德丽安·里奇和露西·伊利格瑞也将科学的超然和客观性的概念与这一事实联系起来，即她们不愿或完全否认自己生为女人。这是对女性性的一种逃避方式，也是对母体起源债务的一种否认。

杰西卡·本杰明(Jessica Benjamin 1986)沿着类似的思路，转向以温尼科特的客体关系理论为模型来证明自我与他者之间有着密不可分的联系。她认为，容许创造一个主体间空间的是接受性(receptivity)和互惠性(mutuality)的概念，因此她将过渡空间理论发展为连结空间(connecting space)，这里一种允许接触而不仅仅是分离的界面。这一中介不是视觉的，而是情感的、触觉的和伦理的。本杰明还强调了在建立与母亲的关系时，两性所处的位置存在深层的不对称性。男性气质在社会上被定义为对自主性的追求，因此意味着对母婴纽带的排斥。另一方面，女性气质被建构为依赖性和被动性，因此需要持续依附并最终再现母性模型。学会与母亲建立一种平衡的关系，也就是在自主与共情之间建立一种平衡关系，这是生成主体过程中面临的伦理挑战。毋庸置疑，科学客观性会偏向哪一方。

德·劳拉提斯（Teresa de Lauretis 1984）强调，女性主义的主体性理论倾向于将主体视作一个形成相互连接关系的过程。劳拉提斯认为，在这一过程中，核心是需要将女性的女性主义主体，也就是作为行动者和经验主体的现实生活中的女性，与作为男性想象中幻想的“大写女人”这一表象分离开来。因此，这场斗争的焦点在于塑造形象和命名：这涉及谁的再现更胜一筹。重新定义想象的这场论战，对于这一过程而言甚为关键。

伊芙琳·福克斯-凯勒（Fox-Keller and Grontowski 1983：207 — 224；Fox-Keller 1975，1985，1990）对科学中的视觉隐喻进行了批判。她特别指出了视觉的重要性——视觉作为最高贵的感官，是评判西方知识的“资格认定者”，并强调了视觉使主体得以从客体中分离出来的方式。科学的立场因此被建构为一种置身事外的观察，在一定距离之外识别知识的对象。这种立场产生了中立性和客观性的理念，即不允许观察地点有任何特殊性（Daston and Galison 2007）。然而，凯勒指出了一个悖论，即这种中立客观的立场是根据与男性气质相关的正常标准而设定的，只适用于那些在社会和文化中建构为正常且占主导地位的人。因此,女性由于不具备中立性被取消资格,也就失去了科学主体的位置/视角。吉纳维芙·劳埃德(Genevieve Lloyd 1985)和 苏珊·波多(Susan Bordo 1986:439—456)也提出了关于男性化和合理性的论点;他们强调,认知者和被认知者、主体和客体的对立与心灵(res extensa)和身体(res cogitans)的对立有着同样的质的区分。其中男性气质的部分在于这种超然的感知,即在自我与世界之间确定一条清晰明确的界限。独立和自主确实是男性视角的核心特征。

赛博女性主义作为情境视角

唐娜·哈拉维关于视觉与科学的研究,为积极的女性主义情境认识论提供了最具说服力的例证,也为可视化技术提供了另一种视角。哈拉维(1990:149—182)的出发点与福柯相似,从认识到观看(seeing)与心智(mind)、知识与视觉再现之间存在结构上的必然联系开始研究,而这种联系在我们的文化中被转化为“离身化”或“无身体的器官”思想。因此,笛卡尔只用心智之眼(mind's eye)看到清晰明确的观念,因为他没有身体，而且他否认了自己的具身本质。同样，机器人、赛博格、扫描仪、卫星、电子微型望远镜和望远镜可以看到最清晰的东西。在像《灵长类视觉》(*Primate Visions*,1989)和传世之作《赛博格宣言：20世纪后期的科学、技术和社会主义女性主义》(1985)这样的开创性文本中，哈拉维试图挽救“观看”和“视觉”的能力，并将其重新归还给女性主义话语，同时重新定义客观性。她将这一新的认识论计划称为“情境知识”(Haraway 1990:183—202)，与无限离身视角下的“食人之眼”(cannibal-eye)相对立，这是菲勒斯逻各斯中心主义的幻想。按照哈拉维的理论，客观性并不是要超越限制，而是立足于局部的视角，这让我们对自己所学到的知识负责，也就是学习如何从一个特殊或局部的位置上观看事物。哈拉维认为，现代可视化技术打破了单一维度视觉观看或被动镜像功能的理念，她建议我们必须学会用一种“局部视角”，以复合、多重的方式观看；她称之为“激情的超然”(passionate detachment)——就像旅行镜头(traveling lens)上的眼睛。这种视角需要女性主义的位置政治，或自我反身性的定位，这意味着责任。达斯顿和加里森(2007)在重新定义科学客观性时提出了类似的观点，他们把科学客观性定义为扎根的、可问责的视力。如果视力是指观看的能力，那么关于什么被允许当作是对世界进行理性描述的科学讨论，就是关于视力(vision)和视觉化(visualization)的斗争。

唐娜·哈拉维的激进认识论涉及三个关键概念，它们都与伦理和认知方面的转变有关。首先，女性主义理论的概念基于非分类学(nontaxonomic)的造型得到重新界定；其次，女性主义的主体性被重新概念化为赛博格(cyborg)；最后，科学的客观性被重新定义为情境知识(situated knowledges)。哈拉维主要参考了新技术(微电子学、生物遗传学、电信学和娱乐资讯，包括信息战)对社会中的女性和其他少数群体的影响，她还强调了地球村对经济造成的重要影响，导致一波跨国电子家庭手工业的新浪潮兴起，其中大部分是雇用女性(斯皮瓦克，1989b)。一个新的数字无产阶级正在形成，而赛博格主体在经济上既处于边缘地位，又对发达全球社会的新生产体系起到重要作用(Sandoval 1999)。哈拉维向女性主义者提出挑战，呼吁她们应对她们时代政治和概念上的复杂性。

哈拉维牢牢扎根于身体唯物主义的传统，并与伊莎贝尔·斯唐热(Isabelle Stengers 1987)和布鲁诺·拉图尔(Bruno Latour 1991)等其他当代法国认识论学者进行对话，她提醒我们，思考主体相当于重新思考身体的根源。身体不是一个生物学上的固有特征,而是一个社会象征代码的铭写领域(field of inscription):它代表了主体的技术中介物质性。哈拉维引用了福柯的理论(Foucault 1977b),让我们注意到我们现行社会体系中对温顺、可知身体的建构和操纵。她邀请我们思考现在正在建构的新型身体,即通过生命技术理性的离身目视,在我们的眼皮底下,正在建构什么样的性别体系。

虽然哈拉维与法国认识论有许多共同的前提,但她也对福柯关于"生命权力"或对身体的权力分析提出了质疑。哈拉维支持詹姆逊的观点,即后现代主义政治因传统左派的历史性崩溃而变得必要,它代表着左派从内部重塑自我的机会。哈拉维指出,当代权力不再通过规范化的异质性来运作,而是通过网络、传播和多重连接发挥作用。她总结道,福柯"在权力内爆的时刻命名了一种权力形式。生命政治的话语被技术行话(technobabble)取代"。(Haraway 1990:245)

这里有两点值得注意:第一,哈拉维以比福柯还要激进的方式来分析当代的科学革命,这主要是因为她的分析是基于当代技术的一手知识。哈拉维在生物学和科学社会学方面的训练在这里非常有用。与她的方法相比,福柯对身体规训的分析已经显得过时。其次,哈拉维提出了一个值得进一步探讨的观点,即福柯的权力图式(diagrams)描述的是我们已经不再所处的状态;就像所有的地图一样,它们是后验的,因此无法解释此时此地的情况。在这一方面,哈拉维反对福柯分析生命权力的方法,而是采用了一种基于女性具身主体性解构谱系的方法。“女性的经验”这一概念,以及对女性主义理论的不断引用(一个福柯毫不了解的领域),有助于哈拉维绘制出关于千禧年末期的心理病理学,以及一种不同于生命权力的政治经济学。她的“赛博格”也是后工业化全球经济中新底层阶级的原型。

福柯的分析是基于19世纪对生产系统的看法,哈拉维则提供了对后工业生产系统的最新分析。哈拉维认为,白人资本主义父权制已经演变成控制信息学(informatics of domination),女性已经被新技术“吞噬”(cannibalized);她们已经从可见的社会行动者领域消失。后工业系统使反叛的大众政治变得完全多余:必须在更充分地理解当代主体如何在后工业权力框架中发挥作用的基础上,来发明一种新的政治。正是在这一框架下,哈拉维为女性主义主体性提出了一个新的造型:赛博格。作为一种混杂体,或身体-机器,赛博格是一种建立联系的实体,它是一种相互关联性、接受性、全球交流的形象,它有意模糊了范畴的区分(人类/机器、自然/文化、男性/女性、俄狄浦斯/非俄狄浦斯)。这是一种在不陷入相对主义的情况下思考特殊性(specificity)的方式。赛博格这一概念,是哈拉维的普遍女性主义人道主义的表现;这是她对这一问题作出的回答:即女性主义者如何将女性根本的历史特殊性,与坚持建构能够造福全人类的新价值观结合起来。

为了理解哈拉维的"赛博格女性主义"如何介入后现代主义的讨论,让我们把它与另一种形象进行比较。这不仅是两种比喻的修辞手法,也是两种政治斗争的表现,以及两种应对女性主义批评理性的不同方式。第一种是哈拉维的"赛博格",第二种是吉娜·科雷亚的"母亲-机器"(mother-machine)(Corea 1985),这是一种人工生育者或生育机制的形式,科雷亚用"生殖妓院"(the reproductive brothel)这一术语对其进行批判。

如前所述,第一部作品体现了我们高科技世界中身体与机器关系一种积极、友好的愿景,引入了一系列全新的、革命性的认识论和伦理问题。作为一份政治宣言,它为政治斗争的语言注入新的活力,摒弃了正面交锋的战略，而是采用一种更加具体和分散的策略，它建立在讽刺、侧面进攻和基于亲和力(affinity)组成的联盟的基础之上。与其他当代思想运动不同的是，赛博格的目标是将人类重新概念化，将它视作一个具身的而又非统一的、从而是非笛卡尔式的实体。

第二个形象——母亲机器，对身体与机器关系持有一种消极甚至敌对的看法，强调了它被剥削和操控的可能性。因此，这种看法强调了一种政治反抗的必要性。它质疑科学理性的解放力量，以及它对我们社会中各种性别之间关系的影响。哈拉维捍卫了将身体视为机器的观点，将其视为一个多重的、去自然化主体的形象。另一方面，科雷亚用戏剧性的术语表达了对身体，尤其是女性身体可能变成一台纯粹机器的恐惧。在这两种情况下，关于科学和技术的未来，还有它对性别差异的影响都打上了大大的问号。

这两个形象，可以视为女性主义认识论中关于理性地位的讨论存在的两个方面。需要牢记的是，这场讨论在女性主义中由来已久：20 世纪 70 年代，舒拉密斯·费尔斯通的马克思主义乌托邦(Shulamith Firestone 1969)称赞生殖技术将女性从解剖学命运中解放出来。这一过于乐观的论调随后遭到了更多具有生态意识和关怀倾向的一代代女性主义者的反对。一边是神学家们努力提高女性在创造力和关爱能力上的潜力，另一边则是生态女性主义者以自然主义的立场拒绝技术，这两种立场为整个20世纪80年代的女性主义立场定下了基调。吉娜·科雷亚对技术的消极分析则介于这两者之间。

在这一讨论中涉及的一个关键的问题是，如何评价这种宏大理性主义传统，它在一个目的论的过程中将理性、历史和社会进步的理念紧密联系起来。女性主义认识论的分歧似乎在于，有一些人认为女性主义是另一个能够扩大科学合理性（scientific rationality）范围的科学计划（现代主义），而另一些人则认为，只有淡化理性的概念才能带来有意义的改变（后现代主义）。这对政治的影响相当深远：现代主义学派（科雷亚）相信理性（reason）与统治、合理性（rationality）与压迫之间存在历史性的共谋。它也认为这种共谋可以通过适当的社会压力加以纠正，而且这种共谋不是理性本身所特有的（女性可以作为改变科学的施压群体）。另一种立场（哈拉维、后现代主义）则特别指出了合理性与统治，以及两者与男性气质之间结构性的、隐秘的共谋。因此，将科学合理性从其霸权内涵中解放出来的历史必然性，要求进行根本性的内部变革,这种变革无法不动摇科学思想的结构。根据这一框架,我们可以说理性作为一种科学和人类理想面临历史性的衰落。尽管存在种种差异,但这两种立场都表现出了富于灵感的概念创造力以及强大的概念想象力。

在20世纪90年代中期,女性主义认识论学者桑德拉·哈丁在这些立场之间做出了妥协,她认为,将西方理性与统治之间结构性的、隐蔽的联系(涉及种族、阶级和性别)拆除,让理性回到它的位置是必要的。它假设合理性不是理性的全部,而理性反过来不能概括人类整体的思维能力,甚至不能总结出人类思维能力中最奥妙的地方。“女性主义立场理论”(Harding 1986,1987,1991)是哈丁最喜欢的女性主义策略,它的目的是改革科学实践,同时又不放弃科学自身的追求。再次强调,这需要积极的政治想象力,还有严谨的方法论。

女性主义的具身性意味着“有意义的义肢”(significant prosthesis),它与这个世界相关,并把世界视作一个由各种相互作用的力量形成的物质符号领域。这个世界不仅仅是被动的事物,等待着扫描眼(a scanning eye)的阐释或解码。它不纯粹是屏幕背景或表面(screen ground or surface),而是需要互动的行动者和能动者。哈拉维的结论是，女性主义是关于“一种批判性视角，它是在不均质的、性别化的社会空间中进行批判性定位的结果”。哈拉维认为，在当前关于视觉政治和为新生命技术的现实命名的斗争中，为了情境知识可能建立的那种联系，女性主义者必须拒绝菲勒斯逻各斯中心主义前提和离身视角所支配的知识。

更具体地说，问题变成：在这个后人类世界中，什么可以视作是人类？如何在没有人文主义信仰、没有二元对立的情况下重新思考人类主体的统一性？而不是在一种新的自我流动中将身体和心灵联系起来？在信息统治的世界里，什么样的自我观才是可以运作下去的？

哈拉维关注的是，在旧世纪的主体性崩溃之后，如何重新构建女性的女性主义者主体性视角？与游牧思想一样，哈拉维非常严肃地指出，当代女性主义建立在“女性”这一能指之上，为了消除它造成的排斥性和规范性的影响，必须对“女性”这一能指进行解构。20 世纪 90 年代的女性主义者必须建立这样一种新型政治，它建立在临时和流动的联盟，也是一种基于亲和力的联盟的基础之上，来取代一种全球姐妹情谊的天真信仰，或基于共同利益所建立的更具战略性的联盟。哈拉维认为，坚持将受害者身份作为政治合法性的唯一基础，这种倾向已经造成了严重的损失。她呼吁女性主义政治能够包容“局部的、矛盾的、永远开放的个体和集体自我的建构”（Haraway 1985：57）。

这里的核心问题是，性差异作为女性能够为社会带来的差异——不是一种自然或历史赋予的差异，而是一种有待建构的开放式计划，在多大程度上允许女性思考她们所有其他方面的差异。其中最重要的是：种族、阶级和性生活方式的差异。女性主义的女性主体是通过各种话语、立场和意义建构起来的，而这些方面往往相互冲突：因此，“女性”这一能指不再足以成为女性主义计划的基础；它需要进行解域化和游牧化。

面对女性主义认识论就视觉（vision）、可见（the visible）和可视（the visual）力量进行的大量宝贵反思，我更愿意以一种比较乐观的态度作结。女性主义要想有效地介入生命权力领域，就应该重点关注视觉文化的政治性，以及色情作品这一占主导地位的再现结构在科学和大众话语中的普遍性。虽然肉眼可能已被电子镜头取代，但对肉眼所观看到的事物的对象化和商业化，却比以往任何时候都要严重。正是由于这些因素，我将色情模式定位为一种“无身体的器官”的话语和物质交换的形式。游牧女性主义思想邀请我们探索基于共享与讨论的位置政治所建立的共同体，以及为我们正在生成的主体绘制集体造型的追求。这些政治造型也是介入现实的工具，因为它们影响了我们的想象力，而且也是情境知识的形式和描述。换句话说，女性主义是关于接地的(grounding)；是关于游牧民的基础的。因此，它需要我们努力发挥知识创造力，并进行深刻的批判。丰富、宽广的想象力对于批判理论来说是重要的，尤其是对女性主义的政治、认识论计划至关重要。如何为我们正在生成的主体创造合适的造型确实是一个挑战。今天，我们比以往任何时候都更需要具有想象力的图像。

第八章　母亲、怪物和机器

我在本章中尝试构建的思想构型——母亲、怪物、机器，是一份案例研究，这不仅是因为它的命题内容（Braidotti 1989a：89—105），也是由于它的方法论。我采用了一种游牧方法论进行生命科学的研究，希望将我的言说立场定义为"根茎的"。也就是说，它不是线性的，而是多中心和横向的——它也不仅是智识的，而是与经验相关。这意味着加强思想和生活之间的联系，使思考的过程重新接近既有现实（de Lauretis 1984；Harding 1986，1987）。

此外，通过选择这样一种立场，我的意图不仅是呼吁我们需要冷静地追求真理，而且也要热情参与对游牧主体性的理论和话语意义的认识上来。我选择了一种为探索情动留有充足空间的理论风格，在这一选择中，我正在追随唐娜·哈拉维在创造理论时所呼吁的"激情的超然"（passionate detachment）（Haraway 1991：127—148，183—202）。我们需要更多创造性的想象，还有更充实的理论概念。

根茎思维体现了我称之为游牧风格的思维方式。这不是一种二元或对立的思维方式（Lloyd 1985），而是从潜能的生产性意义上，将话语视为一种积极的、多层次的权力关系网络（Foucault 1972，1975）。这明显参考了福柯对话语权力的批判，正如我们在前两章所看到的。福柯认为，科学知识的生产，以作为一种身体实体的主体为中心，是一个涉及真理、权力和欲望的相互关联的复杂网络。在我发现存在政治价值的一种具有双重作用的活动中，福柯既强调了理论中理性的规范性基础，也强调了权力中存在的理性结构。权力因而成为一个在真理和知识得以生产的空间同进行控制、监视和统治的系统之间建立相互关联性的复杂集合的名称。我将根据这一权力的定义，来分析我那相互联系的三个概念。

现在让我们转向我的思想集合（constellation）的命题：母亲、怪物和机器。当它们放在一起时，看起来可能是一个令人疑惑的组合，三个名词之间没有任何明显的联系。然而，如果我补充上生物技术领域里的最新发展，特别是人工生殖已经将科学的权力扩展至对女性身体（母体）的控制上，那么这种联系很快就变得明显起来。技术中介了人类生殖的过程，因而虚拟复制了母体的功能，如今，这已经完全在我们的掌控之中。通过基因工程对生命进行操控，这已经能够在生物化学家的高科技实验室里创造出新的人造怪物，无论这一怪物属于人类、动物还是植物领域。

因此，对于"生命本身"(Rose 2001) 的状态，还有生殖与女性的未来，具有一种政治上的紧迫性，这为我的思想集合——母亲、怪物和机器提供了论辩的可能。新生殖技术在法律、经济和政治上的影响确实深远。最近，罗马天主教会和西欧各地无数"生物伦理委员会"对实验和基因操控所持的反对立场有显著的影响力。然而，他们都一贯将争论的焦点从科学对女性身体的控制权中挪开，而更加强调胎儿或胚胎的权利。这违背了母亲的权利，因此也违背了女性的权利。关于人类生殖技术的公开讨论表明，在反基因操控的话语和反堕胎活动家的修辞之间的讨论已经系统地转移了话题。因此，对于构建当代性别关系和性差异的社会象征地位，当代技术的发展中没有任何领域能比发展新生殖技术更为关键。这就是我在"机器"标题下所涉及的主题领域——它指的是在最广义的技术上所涵盖的科学、政治和话语领域。自海德格尔以来，现代性哲学一直试图与技术理性(technological reason)达成妥协。本章我将追随加斯东・巴什拉、乔治·康吉莱姆和福柯的唯物主义，从法国传统来探讨技术问题。

为了清楚起见，让我也对我的其他术语进行定义：首先，“母亲”是指女性的母性功能。我的意思是，这不仅是女性所代表的生物文化实体、社会政治现实的经验主体，而且也是女性主义理论的话语领域，这使重估具身女性主体的地位成为政治上的首要事务。我想捍卫的那种女性主义取决于现实生活中女性的存在和经验，她们的政治意识决心要改变在我们社会中的象征性社会组织和性差异的制度化。女性主义理论是一把双刃剑，涉及批判现有的定义和表征、阐述人类主体性的另类理论，特别是女性的主体性理论。女性主义是通过批判作为权力机构的主导性别制度来实践性差异维度的活动。女性主义是一个有待探讨问题。对性差异的肯定意味着权力关系的不对称，还有非一原则（见第二章和第五章）。那么，核心的问题就变成：在历史上，当我们对“主体”所习得的认知受到根本性质疑时，如何才能肯定女性主体性的积极性？我们如何将这种政治必要性，与对主体概念的问题本质、对主体建构的认识调和起来？

我所提及的“怪物”是指科学畸形学（teratology）的历史和哲学，以及它与生物科学的关系。我对怪物的兴趣源于我对具身性和差异的研究。更具体地说，对我的哲学工作非常重要的唯物主义参考框架，导向了同科学的对话以及科学理性如何处理身体物质(bodily matter)的研究。而且，当这个肉身物质(enfleshed material)具有异形(anomalous)、异常(deviant)或非规范(abnormal)性质时，它就变成了一项重大的考验，挑战逻各斯中心主义对具体差异的解释力。因此，怪物和女性身体之间的类比马上吸引住了我。女性主义使我批判性地意识到我们文化中不公正(perverse)的身体政治经济学。我们都有身体，但并非所有身体都是平等的：有些身体比其他身体更重要，有些身体甚至可以直接丢掉。怪诞的身体(the monstrous body)本身就是一个活生生的奇观，是完全可弃置的。怪物是与人类基本规范不同的身体典型：异常的、异-常的[a-no(r)maly]、非规范的(abnormal)。正如乔治·康吉莱姆所指出的，人体的概念就建立在一种本质的规定性形象之上：正常形态的人类是零度的怪物(zero-degree of monstrosity)，即零负差异(zero negative difference)。

因此，将怪物作为一项案例研究的讨论，突出了我认为对女性主义理论非常重要的一个问题：差异在理性思维中的地位。怪物帮助我们理解“差异”这一普遍却长期处于负面状况的悖论,根据德里达(Derrida 1967, 1972, 1980)和其他当代法国哲学家提出的哲学理性(ratio)分析,可以认为西方思想中存在一种二元对立的逻辑,将差异视为与公认规范相例外(other-than)的东西。那么问题就变成:我们能从这些规范性内涵中解放差异吗?我们能学会以不同的方式思考差异吗(Jardine 1985)?

畸形学:奇异象征与可疑踪迹

畸形学作为一门科学的构成,提供了一个关于科学合理性如何处理身体差异的案例。关于怪物潜在矛盾话语的同时存在,在这一方面具有重要意义;它也十分符合怪物的特性,因为意义丰富并象征着自相矛盾的潜在内涵,理应是怪物的本色。怪物是生来就患有身体先天畸形的人类。因此,它们代表了介于两者之间、混合的、矛盾的,正如"怪物"一词的古希腊语词根暗示的那样:teras,意思是既是可怕的也是奇妙的,既令人畏惧也是令人崇拜的对象,位于神圣和世俗之间。有机怪物的古怪之处在于她既是同一的也是他者(Same and Other)。怪物既不是绝对的陌生人,也不是完全熟悉的存在:他存在于一个居间区域。我会把它表述为一个悖论:怪物他者既是阈限的(liminal)[①],又在我们对标准人类主体性的认知中,处于结构性的中心地位。

自 19 世纪以来,根据若弗鲁瓦·圣伊莱尔(Geoffroy Saint-Hilaire)的怪兽分类系统,身体畸形已经从器官的剩余、缺乏或错位方面加以界定(Braidotti and Dhavernas 1985)。然而,在完成任何这样的科学分类之前,自然哲学就要竭力与贱斥的对象及其激发对立的效果与反应的同时性达成妥协。怪物的科学地位相当不稳定。虽然自 18 世纪以来,就已有关于怪物的医学记载,但我认为这很难称之为真正的科学论述,而这恰恰是它们富含科学趣味的所在。怪物作为复杂性的象征,它们自己催生了一种多层次的话语,也是一种挑衅理性主义还原的想象力游戏。皮埃尔·达蒙(Piere Darmon)精辟地表达了这一点:"怪物的生殖过程无法呈现出来:它只存在于想

---

① 阈限可以追溯到术语"limen"和"limes"。前者是拉丁语,表示需要跨越的门槛,而后者是罗马帝国北部边界的名称:文明与野蛮人之间的边界。阈限性指介入两个结构类别或两种生存(即在结构中)状态之间的非此非彼、既此又彼的之间性状态。所以当怪物他者既具有阈限的反结构特征,又得以结构化时,这就成为一个悖论的概念。——译者注

象之中。”(1977:8)正如康吉莱姆指出,关于怪物的话语中更奇幻或“非理性”的方面,与一门名为畸形学的科学的进展同步。

怪物以其所有的复杂性提出了一个问题,即什么构成了科学研究的适当、客观的对象。用洛琳·达斯顿和凯瑟琳·帕克的话来说(2001:82),当我们提出诸如“研究怪物的客观科学知识是否可能存在”之类的问题时,我们可能并不明白我们的意图,或者说,为什么我们要这么问。无论如何,很难想象对这个问题的明智回答会是什么样子。首先,关于怪物的学术研究模糊了“高雅文化”(或称学术研究)与“低俗文化”(或称大众文化)之间的区别。畸形学在历史上是一种混杂的话语。作为科学研究“不纯”的非对象,怪物不仅位于雅俗文化之间的位置,而且在它们的相互作用中也扮演着一个重要的角色。例如,在整个中世纪和文艺复兴时期,关于怪物的报纸、手册、歌曲和传说肆意流行,并经常公然挑衅更“科学”的论述。

达斯顿和帕克认为,在印刷机引入后,畸形学文学出现了明显的区分:受过教育的城市阶级摆脱了在不识字的农民当中继续流传的迷信信仰。畸形学文学根据阶级划分成了两个类别,这两个类别不仅共存,而且产生了新的类型文学以迎合 16 世纪雅皮士

(yuppies)不安的想象。正是由于他们才产生了新的逃避文学:骑士传奇和游记。这两种类型的小说都充满了怪怖的生物和事件。

布莱克曼(Blackman)在分析流行生殖理论(theories of generation)及其如何在向现代世界观的过渡中延续时,还指出了一个或多或少已经传承下来的流行信仰体系的连续性,“这些信仰大多为口头传承,经过代代相传,用以解释自然现象、身体功能和失调”(1977:56)。这种流行的既定信仰体系是基于亚里士多德的生物学和妇科医学的庸俗演绎(Trembach 1986),构成了欧洲生物医学史上有关分娩的观念中最为持久的文献总集。虽然印刷机的发明和“科学精神”的兴起改变了这些体系,但从未完全取代它。

博格丹(Bogdan)在分析十九世纪的畸形秀(freak show)①时认为,这些表演同时迎合了医生对异常生物的好奇心和大众对感官刺激的渴求。这是一种特殊的窥阴癖形式,有时被称为“残疾色情”。显然,畸形秀为医学界提供了很好的研究机会,有充分证据表明,许多医生仔细调查了这些展品,并在像《美

① 畸形秀是一类以异常现象/畸形生物为主题的、给参观者带来精神上冲击的展览。畸形秀流行于1840—1940年代的美国。——译者注

国医学科学杂志》(*American Journal of the Medical Sciences*)[①]等这样的权威刊物上发表了相关论文。女性主义理论家柳德米拉·约旦诺娃(Ludmilla Jordanova)认为，粗俗的马戏团与据称克制的医学界之间的勾结变得如此紧密，以至于许多19世纪的医生公开表示自己与此类行为脱离关系。科幻小说叙事和电影也是当代雅俗文化融合的代表。与之更相关的是赛博朋克现象。像威廉·吉布森(William Gibson)这样的人——绝对是低级或流行文化的拥护者，人们低估了他的虚构作品对生物医学领域和信息技术领域科学话语的启发程度。在这方面，正如哈拉维所说，怪物的"承诺"在认知和想象力上都很丰富。我将这一趋势定义为"赛博-畸形学"(cyber-teratology)(Braidotti 2002)。

尽管如此，达斯顿和帕克还是将科学畸形学话语的连续性置于一组经典文献中：首先是亚里士多德及其追随者的生物学著作，特别是大阿尔伯特(Albertus Magnus)。第二是西塞罗在《论预言》中十分推崇

① 博格丹引用了马克西莫(Maximo)和巴尔托拉(Bartola)的例子，他们被称为"最后伟大的阿兹特克人"来展出。乔纳森·梅森·沃伦(Jonathan Mason Warren)医学博士对他们进行了调查，他在1851年4月的《美国医学科学杂志》上发表了一篇关于他们的论文。

的预言传统。第三是宇宙学和人类学方面的文献。与之不同的是，格伦尼斯特（Glenister 1964：15－30）则指出怪物出生在历史分析的范畴上存在相对稳定性。以下内容似乎经常规律地出现：超自然的原因、占星术的影响、精液和月经因素、杂交性、心理印象以及哲学科学的解释。然而，自从圣伊莱尔在19世纪完成百科全书式的工作以来，怪物的科学史就被划分为三个主要时期：古典时代、前科学时代和科学时代。除了这些经典的分类，我想补充第四个：后核时代遗传学的转折点，也称为控制论畸形学，以及由于中毒和环境污染的影响而产生的新怪物。

首先，在古典时代，希腊人和罗马人对于怪物这一"种族"在传统上持有一种地缘政治的概念，即怪物是具有特定特征的种族实体。他们还依据"贱斥"的概念，认为怪物不仅是奇迹的象征，也是失序和神灵发怒的象征。希腊人首创了将畸形的儿童视为非自然的生物而遗弃的做法。俄狄浦斯本人——由于他脚肿，并不"正常"，所以他的死亡天经地义。一般来说，古典神话不将创世英雄、神造物或半神视为女性所生。事实上，造神的一个永恒主题就是他的"非自然"出生：他有能力通过各种花招，如圣灵感孕（immaculate conception）等，迂回地绕过大多数人类进入存在的时空领域的通道。古典神话话语中关于怪物的幻想维度，说明了我之前提到的既令人畏惧又令人崇拜的悖论。

至于前科学或巴洛克时代，与更开明或“科学”的时代相反，16 世纪和 17 世纪时的怪物仍然保留着某种古典意义上的奇妙、荒诞、稀有和珍贵的特质。就像疯子、侏儒和其他奇迹一样，怪物参与了他所在城镇的生活并享有某些特权。例如，作为宫廷小丑和愚人的侏儒可以违反社会惯例，说和做“正常”人类不能说或做的事情。当时人们对怪物起源的想象天马行空，将怪物视作令人既恐惧又着迷、既异乎寻常而又不吉利的对象。如同我们将会看到的一样，怪物起源的问题与医疗科学的发展一道激发了前科学时代的想象力。它传达了一种传统迷信与科学思索的有趣杂糅，这在 19 世纪将推动产生一种更科学的调查方法。

怪物(monster/monstrum)[①]这一术语的罗马词源证实，怪物主要是展示的对象。这可以从字面上理

---

① 怪物(monster/monstrum)的古罗马词源可以追溯到“monstrare”，意思为“展现”(to show)、“揭示”(to reveal)、“指出”(point out)；也可以追溯为“moneo”，意为“警告”(warn)和“建议”(advise)。——译者注

解：历史上，怪物一直在公共场所展出。在文艺复兴时期，他们从皇家宫廷漫游到乡村集市；在 17 世纪和 18 世纪，他们被带到酒吧、咖啡馆以及上层阶级的收藏柜中。在 19 世纪，杂耍表演和马戏团开始将怪物身体商业化，这在电影行业中达到顶峰。

但是，怪物也早已成为某种混乱或灾难的视觉呈现。从怪物的词源中引发的一个相关的问题是：怪物究竟展现的是什么？圣奥古斯丁认为，怪物是神童(prodigium)的同义词，因此，怪物显现上帝的旨意，这可能是一件好事，也可能不是。事实上，怪物(monstrum)还可以与 moneo 相关联，意思是“警告”。在古代，人们从未忽视怪物的警示能力，部分原因是奇迹的迹象通常是成群出现的：一次怪诞的出生伴随着天降彗星、一只邪恶的怪物伴随着地震来袭，等等。人们几乎无法忽视这些现象。在我看来，这种宇宙元素是怪物的神话特性长久不衰的关键之一。

因此，难怪自巴比伦时代(公元前 2800 年)以来，怪物就被用于异相术(teratoscopy)①，即检查它们通

① Teratoscopy，译作“异相术”，指观察异常现象，特别是观察怪物或畸形生物的身体来占卜、预测或者寻求神秘的指引。由词缀“terat-”和“scopy”组成，“terat” 意为“奇迹，怪物”，源自希腊语 teras(属格 teratos)“奇迹，标志，奇物，怪物”。“scopy”的意思是“观察、检查、观察”。——译者注

常被杀害的身体来预言或占卜。作为一种处于超自然力量与世俗现实之交汇点的象征，怪物身体是一个文本性的身体，这几乎无法让人安定下来。鉴于一个怪诞婴儿的出生是神的警告，使神灵息怒的最佳方式就是献上同样怪诞的身体——通常是那个身体的母亲。既然成为宇宙事件的象征，却因此丧命，这可真是一个悖论。然而，这些死灵政治实践(necropolitical practices)在生命科学领域，或者说在当代生命政治对具身主体的管控中，并不罕见。

怪物作为同时具有自相矛盾内涵的一种象征，它的结构含混性并不只发生于古代。在宗教改革期间人们也曾对怪物的象征力量产生浓厚的兴趣，正如路德对“牛僧侣”(Calf-Monk)或“驴教皇”(Ass-Pope)著名案例的诠释中所证明的那样。塞亚德总结道：“众所周知，在宗教战争时期，天主教徒和新教徒通过授予怪物权威来争夺上天的青睐。”(Céard 1991：183)通过对比，可以看出这一现象在那一特定的历史时期有多么特殊。1573年，安布罗瓦兹·帕雷(Ambroise Paré)在分析牛僧侣案时，不再将怪物视作谴责修道院腐败的象征，而是挖掘出怪物的一种新的解释性功能，即它代表着无限想象力的力量。对于帕雷而言，怪物所代表的珍稀性，证明了大自然的鬼斧神工和千姿百态。进而言之，尽管怪物往往呈现出自然生活中更偏想象和不可控制的元素，但是怪物并不是超出自然秩序之外的存在，而是其中很重要的一部分。这种观点一直持续到 18 世纪。我将回头再讨论这个问题。

畸形人（Malformed human beings）一直是承受着公众目光的展示对象。莱斯利·费德勒（Leslie Fiedler 1978）在他的经典研究《畸形人：秘密自我的神话和形象》（*Freaks: Myths and Images of the Secret Self*）中，分析了出于娱乐目的而剥削怪物的行为。从欧洲乡村的县级集市到康尼岛（Coney Island）的杂耍表演，畸形人一直是娱乐的对象。莱斯利·费德勒和博格丹都强调了自世纪之交以来畸形人展览（display of freaks）两个相关的方面。首先，畸形人展览表现出了种族主义和东方主义的色彩：异常形态的人、标准身材和体格的部落人以及异国情调的动物一同展出表演。其次，医学界从检查这些人类展品中受益。尽管这些畸形人被认为属于动物学或人类学领域，但医生们经常对他们进行定期检查并撰写他们的科学报告。值得注意的是，像纳粹德国这样的极权主义政权，禁止关于畸形人的展览，将其视作人类物种中退化的标本。他们还在优生学和种族卫生学运动[1]中通过阻断繁殖来处置他们。

莱斯利·费德勒(Leslie Fiedler 1978)认识到了在 20 世纪对怪物的医学化、从科学上对它们生殖秘密的利用,以及将怪物日益商品化为畸形人(即展示的对象)之间的联系。当代文化通过对畸形现象的迷恋来处理异常情况。托德·布朗宁 (Tod Browning) 执导的经典电影《畸形人》(*Freaks* 1932)警告我们,怪物是一种濒临灭绝的物种。自 20 世纪 60 年代以来,整个青年文化围绕畸形人发展起来,特别强调基因突变是反传统(nonconformism)和社会反叛的标志。科幻、恐怖、摇滚、漫画、哥特、奇幻和赛博朋克等流行文化类型都与变异人有关。今天,畸形人是科幻小说中的机器人、赛博格、仿生女人和男人,堪比昔日的怪诞现象;整个摇滚乐坛成为一个巨大的怪诞剧场,汇聚了畸形人、雌雄同体、恶魔、丑八怪、疯子和暴力狂。

---

① 德国的种族卫生学运动,正是将生物学理论简单代入人类社会思考的结果。这一理论以遗传学确定的物种差异性为基础,据此认定种族差异存在的合理性,进而将整个人类社会文明进程看成是种族之间斗争的结果。同时,这一理论还将种族主义说成是建立在生物学,特别是遗传学基础上的"科学"。这就使种族卫生学成了证明纳粹种族理论的最好的工具。——译者注

换言之，在21世纪初，我们看到了关于怪物的一种科学话语以及怪物作为一种社会问题的消失同时进行的形式化过程(formalization)。在科学话语理性主义的入侵下，这一过程也在再现和文化想象层面发生变化。这种既排斥又崇拜、既厌恶又吸引的混合的“幻想”维度，在几个世纪以来一直伴随着奇特而麻烦的身体存在，现在已经发生了转变。怪物的“生成-畸形人”(becoming freaks)既削弱了环绕在它们周围的幻想投射，又将它们扩展到更广阔的文化领域。整个当代流行文化都与畸形人有关，就好像最后一个真正身体畸形的人已经消失一样。与过度曝光和实质缺席的同时性这一熟悉的悖论相一致，这标志着“无身体的器官”的时代，怪物的最后一个象征性的转变为——它们变成了畸形人，这一变化与它们的消失相吻合。不过，对这一方面的问题不必过于悲观，我想指出的是，将畸形人商品化的时代也是引发另一个重大转变的时期：畸形人在残障政治运动和研究中自我组织起来，由此不仅要求重获尊严感，而且争取更广泛的社会和政治权利(Hevey 1992)。

起源问题，或作为怪物的女性

关于怪物的论述从根本上说是“爱知识的”（epistemophilic），因为它们表达并探索了对畸形（deformed）或异形（anomalous）身体起源的深层好奇心。在历史上，人们就怪物提出的问题是：“这个东西是从哪里来的？它可能是如何发生的？谁的责任？”对怪物身体起源的追问已经催生了一些最疯狂的相关理论。

认识论的维度使畸形学成为弗洛伊德从被取代的性好奇的角度解释科学理论的理想试验场。对于精神分析理论来说，求知欲是维持科学探究的驱力，其标志是对自身起源的好奇心，因此带有力比多的投注。精神分析告诉我们，欲望是在我们思维核心中那个仍然无法捉摸的东西，因为它是最初驱动我们思考的东西。因此，它会在将我们构成知识主体的过程中回避我们。这就是为什么没有一门科学对于精神分析来说是“纯粹的”或“客观的”。怪物或混杂的身体是这种理论的完美证据：在关于怪物的论述中，科学和幻想的维度不断交汇。这并不是说客观性是不可能的，而是说它不是纯粹的，更像是内部矛盾因素组成的混合物。与主流科学可能主张的内容相反，想象力是科学理性中的重要组成部分。对于热爱知识的问题，还有另一个更加具体的方面。在历史上，怪诞的身体一直被用于生物医学实践中的实验材料，最终推动了比较解剖学和胚胎学的发展。对科学而言，可弃置的身体很有用处。

在畸形学领域，关于爱知识的历史案例比比皆是。安布罗瓦兹·帕雷将他对怪物的研究完全集中在它们的繁殖问题上，并讲述了关于它们起源最不可思议的虚构故事。然而，这些虚构故事植根于西方神学和生物学一些最严肃的正典文本中，主要是基于亚里士多德的观点。帕雷将怪物的出生描述为一种不祥的征兆，表达了父母的罪咎或罪行。父母最常见的越轨形式，涉及天主教会规定的可接受的性行为规范。因此，帕雷在关于奇异生物的论文中（Ambroise Paré 1971）列举了它们受孕的各种原因：日常不道德行为中的各种非自然性交方式，例如，性交过于频繁，或在周日晚上或任何重要宗教节日的夜晚性交。事实上，除了导向健康生殖的性行为之外，所有其他的性行为都被怀疑会导致怪异事件。食物也可能起到重要作用；饮食的规定非常重要，并且与时间、季节和生命周期有隐含的联系（Foucault 1976）。性过度，尤其是女性的性过度，也始终是一个关键因素。精液过多或过少都被列为主要原因，不同来源的精子混合也是如此。遗传因素并没有被排除在外，但月经的影响却是致命的。恒星和行星的影响也很重要，禁食或在错误的时间进食也是一样。但是怪物也可能是由于恶劣的气象条件或者是神灵或恶魔干预而受孕的结果。恶劣的天气可能对生殖产生不利影响。魔鬼也扮演了重要的角色，他明显干预了正常的人类繁殖。

魔鬼在进行邪恶的插入和受孕方面非常狡猾。圣奥古斯丁警告我们，撒旦——伟大的模拟者（simulator）！他可以采取不同的形态。例如，作为魅魔（succubus）①（在底下的那位），他可以化身为一个美丽女人；他以这种伪装勾引了一个健康的年轻男子，从而获得了他的精子，然后他变成了一个夜魔（Incubus）②（在上方的那位），并以这种伪装——作为一个

---

① succubus 是男性扮演的女性梦魔，在男子睡觉的时候降临并与之交媾的女妖。源自中世纪的传说，一般形象为有翼有尾的妖艳女子，会吸取男人的精气。比如莉莉丝。——译者注

② Incubus 是男性形态的恶魔，根据神话和传说的传统，它依靠女性进行性活动。它的女性对应物是魅魔。几个世纪以来，传统社会一直在讲述关于梦魇和魅魔的淫秽故事，《创世记》6：4 是用来支持此类故事可信度的证据。一些传统认为，与梦魇或魅魔重复性行为可能会导致健康恶化，甚至死亡。——译者注

男人,完全控制他刚刚提取的精子,他诱惑一个被选中的女人,使她怀孕。除了彰显邪恶天才的无限恶意之外,还必须将其视为最早的人工授精理论之一。

将女性与怪物联系起来的观念可以追溯到亚里士多德,亚里士多德在《动物的生成》(*The Generation of Animals*)中,根据男性模型的身体组织设定了人类的规范。因此,当生殖过程一切按照规范进行时,就会生出一个男孩;只有当在生殖过程出现问题或未能发生时,才生出女孩。因此,女性是一种异常,是"人种"这一主题的变体。亚里士多德强调人类标准的男性化特征也反映在他的受孕理论中:他认为生命的原则完全仅由精子携带,女性生殖器官只为人类生命提供被动的容器。因此,早期生殖理论中的这种以精子为中心的论调,与亚里士多德一般的主体性理论里大量的男性偏见有关。不出所料,对于亚里士多德而言,女性并没有被赋予理性的灵魂(Harding and Hintikka 1983)。

将女性视作异常的象征,因此将其视为劣等差异的标志,这一传统主题在西方的科学话语中持续存在。这种联系已经产生了一种厌女的文学风格,任何读过《格列佛游记》的人都应该熟悉:对女性身体的恐惧。女性作为怪物与文学文本的相互联系,在讽刺小说这一体裁中尤为鲜明丰富。从某种意义上说,讽刺文本隐含了怪异的色彩,它本身就是一种偏离常规的、异常的存在。由于它惊世骇俗的特质,它能表达出在其他文学文本里可能引起震惊的厌女症程度。讽刺小说作为一种专门描述那些不可再现之物的体裁,是一种臭名昭著的厌女体裁。

然而,在文学传统之外,女性气质与怪物的联系指向了一种贬义(pejoration)的系统,这一系统隐含在二元对立逻辑中,它以菲勒斯逻各斯中心主义的话语秩序为特征。处于负面、贬义一极的怪物,在结构上类似于女性,因为它是既定规范中的例外,无论这规范可能是什么。对我而言,这种对立术语的实际命题内容不那么重要,更重要的是它的逻辑。在这种二元经济系统内,怪物就像具身女性主体一样,成了一个被贬值的差异之形象。这一形象本身为规范性话语的生产提供了动力。如果说女性和怪物作为话语生产中的逻辑运作者(logical operator)的位置在二元逻辑中是可比较的,那么它遵循的是厌女症的话语:女性不是一个非理性的例外,而是一个严密构建起来的经济系统。它需要贬义的差异来建立规范的积极性。在这一方面,厌女症并非一种危险,而是一个系统里结构上的必然,这个系统只呈现出否定性的"他者性”。

将女性视作异常的标志在西方思想中仍是一个永恒主题。特别是在哲学中,“她”永远与罪恶,失序,非人类和丑陋的现象联系在一起。就好像“她”体内携带着某种东西,使她容易成为人类的敌人,成为她的文明里的局外人,成为“他者”。精神分析理论深刻洞察了这种针对女性的仇恨,以及将女性与怪物联系起来的传统父权制观念,强调这一点很重要;关于怪物概念的理论,有时是对父权社会中女性母体生殖能力产生深层焦虑的极端体现。

女性的身体在怀孕和分娩时可以改变形状;因此,女性身体作为身体轮廓的标志能够击败关于身体形态固定的观念,关于可见的,可识别的、清晰的、明确的形状。她在形态学上是模棱两可的。女性身体可以如此剧烈地改变形状,这一事实在逻各斯中心主义经济系统眼中是令人困扰的:观看是主要的求知行为,凝视是所有认知意识的基础(Foucault 1963)。当然,男性性器官确实在勃起的有限时间内也会改变形状,而且这个过程——无论多么不稳定——与女性身体在怀孕期间经历的形状变化并非完全无关,这一事实构成了精神分析理论中关于性差异、起源和出生的幻想的基本方面之一。

然而,两性在生殖中的运作方式所呈现出的对称性这一表象,只是揭示了每一性别组织的独立性和特殊性。肉眼所见的,似乎是一个可以比较的模式——勃起/怀孕,实则暴露出了它们不可避免的差异。正如精神分析所证明的那样,生殖并不囊括人类中"性"的全部。仅凭这一原因,解剖学就不是必然的命运。此外,这部分的相似还导致两性之间产生一种(虚假的)解剖学上的互补感,这与性差异心理表征的复杂性形成了对比。这种双重认识——既"近似"又"区分","既同一而又是他者"(the same and yet other)的矛盾混合,不仅体现在两性之间,而且也体现在不同个体之间以及每个人内部(见第五章),这种逻辑为形成误解、认同、相互联系和相互需要的丰富而多样的网络创造了条件,这正是性别化的人际关系的全部。在这一方面,只要"一"的法则占主导地位,女性就会被取消在象征意义上的资格,对女性和女性气质的诋毁就将继续存在(Irigaray 1984)。

女人作为差异的象征是怪异的。如果我们将怪物定义为一种身体实体,与规范相比是异样和异常的,那么我们可以认为,女性身体与怪物一样具有唤起一种混合了迷恋与恐惧感觉的特质。这种吸引和排斥的逻辑非常重要。精神分析理论将其视为欲望机制的基本结构，因此也是神经症症状构成的基本结构：癔症患者的痉挛转变为恶心，从而使症状从对象中移开。茱莉亚·克里斯蒂娃在广泛借鉴了玛丽·道格拉斯研究的基础上，将这种混合同母体联系起来（Kristeva 1980），母体作为生命起源的场所，因此也是进入"必死性"（mortality）和"死亡"的场所。我们都是女人所生，母亲的身体作为存在的门槛，既圣洁又肮脏，既神圣又罪恶；它既诱人又可憎，它是全能的，因此不可能与之共处。克里斯蒂娃用"贱斥"来形容它；贱斥出现在混合的、模棱两可的灰色居间地带。怪异或异常，是贱斥的一种特征，因为它侵犯并逾越了可识别的规范或定义之间的界限。值得注意的是，贱斥之物近似于神圣，因为它似乎在自身内部包含了一种构成性矛盾（constitutive ambivalence），其中生命与死亡得以和解。克里斯蒂娃强调了母体场所作为生命和死亡的双重功能，母体是崇拜和恐惧的对象。神圣的概念正是因这种迷恋与恐惧的混合而产生，这激发了强烈的想象、幻想，以及时常伴随的噩梦，涉及生与死、昼与夜、男与女、主动与被动之间不断变化的边界。

弗洛伊德在一篇讨论美杜莎头颅的精彩论文中，将这种吸引和排斥的逻辑与投向女性生殖器的视线联系起来:因为在那个黑暗而神秘的区域内没有什么可看的,所以想象力变得失控。除了失去他的理智,男性凝视者肯定会受到阉割焦虑的打击。由于害怕失去他的思想线索,弗洛伊德将他的困惑转化成了一个他最难解的问题:“女人想要什么?”从后弗洛伊德的角度阅读这篇文章,我们看到关于女性欲望的问题是如何从男性对性差异再现的焦虑中出现的。克里斯蒂娃以更拉康的方式,补充了一个重要的见解:女性作为起源地之所以令人敬畏,也是由于与母亲分离并接受父亲律法的心理文化需要。乱伦禁忌是我们社会制度的基本法则,建立在迷恋和恐惧的混合之上,这是女性/母性贱斥对象的特征。母亲的身体作为原初压抑的场所,因此成为逃脱再现的事物,母亲身体成了心灵生活的一个动荡的区域。

显然,这种分析仅仅描述了在我们的文化体系中起效的机制;大写女人的象征性缺席并没有绝对的必要性。相反,女性主义者一直在努力创造摆脱菲勒斯逻各斯中心主义再现模式的形象。因此,在伊利格瑞对精神分析的批判中,她指出所有黑暗大陆中最黑暗的是母女关系。她还建议,可以根据承认和惊奇的逻辑来思考性差异,而不是吸引和排斥的逻辑。惊奇是笛卡尔关于人类情感的论文里提出的基本的激情之一：他将其视为人类激情中最重要的一种，它使一切事物成为可能。为什么西方文化没有采用这种概念化和体验差异的方式，而是选择将差异作为否定性的象征，这对我来说仍然是一个关键问题：正是由于这种菲勒斯逻各斯中心主义的颠倒逻辑，才将女性性和怪物性视为同构。

女人/母亲因过剩而变得怪异：她超越了既定的规范并僭越了界限。她因缺失而怪异：女人/母亲不具备男性主体的实质统一性。最重要的是，通过她对女性的认同，她因置换而变得怪异：作为中间区域、不确定、模棱两可、混合的标志，女人/母亲作为"例外的人"承受着一个持续的隐喻过程，在逻各斯中心系统的二元结构中，"女人"作为永恒的对立的一极，即"他者"，可以被分配到最多样且经常相互矛盾的术语中。唯一不变的仍然是她的"生成-隐喻"，无论是神圣还是世俗、天堂还是地狱、生还是死。"女人"是被分配的，没有自我定义的权力。"女人"是确证规范积极性的异样。

母亲想象(maternal imagination)的理论

“想象”假说是关于怪物诞生最为久远的理论。它赋予母亲一种能力，即毁灭她在子宫中所携带的生命力量：她的想象力如此强大，以至于她实际上可以使她的创造物死亡或变畸形。因此，巴洛克时期的想象力普遍认为母亲想象力在生殖过程中，特别是在怪物的受孕过程方面起到重要作用，也就不足为奇(Darmon 1981)。这一理论的关键在于假设孩子的整个形态命运是在受孕和妊娠期间完成。此外，据说母亲真的具有生育怪物婴儿的能力，只需通过：

1. 在性交期间想象可怕的事情(这是“闭上眼睛，想着英格兰”原则)①；

2. 非常强烈地梦见某事或某人；

3. 看着动物或看起来邪恶的生物——这就是复印机情结(Xerox machine complex)：例如，如果一个女人用某种眼神看着一只狗，那么她就有能力将那个

① “闭上眼睛，想着英格兰”原则，指由于社会压力而忍受不受欢迎的感情或性行为。——译者注

形象传递给胎儿，并精确地复制它，创造出一个狗脸的婴儿。

请你想象一下，当一个长得非常像当地主教的婴儿出生时，给17世纪法国北部的一个村庄带来的震撼感。这名女士为自己辩护，声称她有凝视的权利：她辩称，她曾在教堂里极其虔诚地望着一名男性，以至于……她把他复印了！她保住了自己的生命，并证实了女性主义理论，即女性凝视作为女性欲望的表达，通常被视为危险的，甚至是致命的。早在1573年，帕雷就讲述了一个希波克拉底[①]的故事：一位公主因生了一个黑皮肤的婴儿而被指控通奸，然而，当她指着一张挂在床头的描绘摩尔人的大画像称她在这幅画下面和她丈夫完成了正常的、合法的、纯洁无瑕的性交，她就得到了赦免。光是看着这幅黑人的画像就够了。1642年，阿尔迪罗万迪(Aldrovandi)举了另一个案例，在查理五世占领皮卡第期间，一个黑发、西班牙长相的孩子出生，与外国士兵的模样惊人地相似——她极其坚定地声称，她是被他们的视线“吓坏了”(Darmon 1981)。斯瓦默丹(Swammerdam)引用

① 希波克拉底，为古希腊伯里克利时代之医师，约生于公元前460年，后世人普遍认为其为医学史上杰出人物之一。——译者注

了一名孕妇的案例,她在街上看到一个黑人后吓了一跳,赶紧冲回家用温水清洗自己。因此,她的孩子生来是白皮肤的,除了手指和脚趾之间无法洗到的部位,因此变成了深黑色。

关于女性生殖能力这种畸形学和种族化交织的描述,我发现最后一次的记录是在盟军于诺曼底登陆之后,金发的诺曼底女性声称,她们生下黑皮肤的婴儿是因为她们被第一次看到的黑人士兵"吓到"。在博格丹(1988)对畸形秀的研究中,他提醒我们,解释著名的侏儒拇指将军汤姆出生的正是母亲想象理论:在汤姆出生前不久,家里的小狗淹死了。母亲悲痛欲绝,歇斯底里地哭泣,导致婴儿带有"胎记"并变小。布塞(Boucé)指出,在流行的畸形学中,母亲想象理论仍被用于解释性滥交(1985:223—243)。

换言之,母亲的想象力与大自然的力量一样强大;为了理解这一点,需要认识到想象力在 17 世纪知识理论中所起到的特殊作用。它是古典世界观中的一个基本要素,但它陷入了巨大的矛盾之中:想象力是建立联系并因此建构观念的能力,但它可能是反理性的。正如达斯顿和帕克所说,"对想象力的怀疑是一个古老的主题,尤其是在斯多葛派中,他们经常将其与理性能力对立起来。17 世纪晚期对想象力的抨击的新颖之处在于，将这种古老和普遍的对立转移到神奇、奇迹和神迹的特定语境中”(2001:341)。因此，当时的想象所实现的不仅是一种双重功能，而且也是一种内在的矛盾功能：既创造理性秩序又颠覆它。笛卡尔的冥想是这种矛盾心理最明显的例子，我们发现这种矛盾心理被大量投射到母亲的力量上。她可以引导胎儿正常发育，也可以扭曲它、摧毁它、剥夺它的人性。

就好像母亲作为一位有欲望的能动者，具有仅凭她的想象力摧毁合理生育的力量。通过摧毁父亲的造物，她颠覆了精神分析理论所谓的“父之名”。在生育契约中女性的“签名”是不圣洁的、不人道的和不合法的，它仍然只是预示着可怕事件来袭的幌子。一个女人的创造力产物难道不总是如此吗？然而，当你把它放在历史背景下时，这种信念令人惊讶：亚里士多德以精子为中心的受孕理论，与以母亲为中心的生殖观念之间的争论有着悠久的历史。17 世纪似乎迎来了恐惧女性的爆发期，产生了逃离女性身体的欲望，渴望掌握女性的生殖能力(Bordo 1986:439－456)。女性主义学者将这一点视为对古典理性主义的批评，尤其是笛卡尔的理性主义(Bordo 1986; Fox-Keller 1985)。女性主义路线一直就是“我思故他在”，因此强调在这一话语中彰显的以男性为中心的人类本质观。无论笛卡尔在逃避女性气质上可能承担何种责任——我坚持认为这应该得到细致的评价——出于我的研究目的,其中重要的是这种逃避在 17 世纪所采取的特殊形式,它与孕妇生育怪物的想象力有关。

这一理论的关键是一个科学假设,即儿童整个形态发育的命运在受孕和妊娠期间完成,正如我之前提到的一样。在 18 世纪,马勒伯朗士(Malebranche)在他的报告中提供了一个引发轰动的相关案例,一名孕妇目睹了一次公开绞刑,然后生下了一个被脐带勒死的死胎。看起来,只是看一眼十字架可能就会导致胎儿骨折。

帕雷、笛卡尔和马勒伯朗士支撑了整个 18 世纪的母亲想象。重视母亲的颠覆力量的一个原因是,在 18 世纪,生育并没有被视为自然而然,而是被视为一门真正的“艺术”。女性尤其要为她们的生育能力的风格和形式承担责任,许多医学论著专门为她们提供建议,以应对她们的复杂情况。大量医学文献集中讨论如何生育男婴,还有一些专门论述如何生育男性天才或“伟人”。根据《孩子之爱》(*La Philopédie*)[①]的匿名作者所说,孕妇必须避免一切兴奋反应,培养内心的平静。特别警告孕妇禁止阅读,因为阅读是最有可能影响和激发她们丰富想象力的活动。

弗莱斯(Geneviève Fraisse 1989)在对法国大革命期间女性话语的研究中,重点关注了围绕女性的阅读禁令。这种活动似乎充满了难以言喻的危险,对于孕妇来说,危险的程度是灾难级的。阅读可以激发女性想象力,对她脆弱的神经系统造成无法弥补的损害,这种想法直到 19 世纪仍然流行。我不禁想起弗洛伊德的病人杜拉(Dora),她的神经症症状与她阅读曼特加扎(Mantegazza)和其他性科学家的“不健康”文章不无关系,这些文章被认为不适合这样年轻的女生阅读。

母亲想象理论中的关键术语是女性的欲望或愿望、想象的破坏力和人类情感的视觉结构。格伦尼斯特(Glenister)认为,母亲想象或印象理论是一种光学

---

① 这本书是一位单身步兵军官给母亲们的建议,其中不乏胡思乱想和古怪的医疗建议。——译者注

理论：它关于视觉和视力。它包含“邪眼”[①]传统中的撒旦变量。孕妇只需要热烈地思考、梦想，纯粹地渴望某些食物或不寻常的或不相同的人，就会将这些印象传递给婴儿，并在其身体上留下痕迹。在布塞所描述的“无处不在的认识迷雾”中，这个概念涵盖了如情感创伤后遗症、强烈的情绪、渴望、狂野的幻想和纯粹记忆等多种不同的现象。

在18世纪，布隆代尔[②]、布丰[③]、莫佩尔蒂[④]和百科全书派[⑤]提出了反对母亲想象理论的立场。反对派攻击母亲想象理论的认识迷雾。英国皇家学院的布隆代尔写了一篇激情四溢的论文来驳斥这一理论，

---

① 邪眼也称邪视、恶眼、恶魔之眼、纳扎尔球，是一些民间文化中存在的一种迷信力量：由他人的妒忌或厌恶而生，可带来噩运或者伤病。因为它的力量强大，所以在地中海和中东各地有着不同的祛除和保护方法。——译者注

② 布隆代尔（Jacques-François Blondel，1705—1774），鲁昂人，法国建筑师。——译者注。

③ 布丰（Georges-Louis Leclerc, Comte de Buffon，1707—1788），法国博物学家、数学家、生物学家、启蒙时代著名作家。布丰的思想影响了之后两代的博物学家，包括达尔文和拉马克。更被誉为“18世纪后半叶的博物学之父”。——译者注

④ 莫佩尔蒂（Pierre-Louis Moreau de Maupertuis，1698—1759），法国数学家、物理学家、哲学家。他是最先确定地球形状为近扁球形的科学家。他也拥有首先提出最小作用量原理之荣誉。——译者注

⑤ 百科全书派是指18世纪法国于编纂《百科全书》过程中形成的以狄德罗为核心的启蒙思想学术团体。——译者注

他基于母亲腹中胎儿“中立性”的假设，声称胎儿与母亲所经历的所有感觉或情绪完全隔离开来，因此，尽管他在争论中表现出的生理学知识有限，但论证却非常严谨。莫佩尔蒂也采取了类似的路径。

然而，对母亲想象理论最系统的攻击来自百科全书派。与布隆代尔相反，他们认为想象力是一种重要的能力，它深深影响着我们所有人，尤其是孕妇，但想象力的运动与生理过程之间没有直接的联系。人们普遍认为，所有的激情、情绪或感觉都可能影响孕妇，削弱她们的精力。不可否认这些激情在身体上的反应：心跳加快、肌肉收缩等。

但尤其受到抨击的是马勒伯朗士所称的同情（感受/忍受的能力），也就是说，情绪与影响其他对象的能力之间不存在因果关系。事实上，18 世纪的百科全书派非常注重限制想象力的力量，因为想象力无法无天，最终会混淆我们的思想，从而成为对真正知识的障碍。基于同样的逻辑，他们着手重新教育那些容易受骗的妇女，她们真的相信自己想象的力量。他们提出以下实验：在孕妇分娩前采访她们，列出她们所有的愿望，然后将这些愿望与刚出生的婴儿的长相进行比较，试图使她们不再迷信。然而，他们以一贯的机智坦诚道，每当他们尝试这个实验时，这些妇女都会非常生气，而且仍然不会改变主意。

那么，女性会造成怪胎的出生吗？百科全书派的回答是否定的：如果女性拥有这样的能力来真正创造——或毁害生命，她们会用这种能力生育完美的婴儿，而不是生出怪胎。此外，如果她们如此强大，她们可能会生更多的男婴而非女婴，因为所有女性都时刻感受到她们对男人的渴望。那么是什么导致怪胎呢？莫佩尔蒂竭尽全力试图为这个长期存在的问题提供详尽的回答。他提出了母亲和胎儿之间的磁类比理论：它们各自的粒子之间存在致命的胎儿吸引力，这是婴儿形成过程的动力。不用说，只要粒子不够强，就会产生残缺的畸形婴儿，而同样的粒子在过度吸引的情况下，很可能会出现有多余部分的怪胎。

然而，到了18世纪末，对某些人来说这个问题肯定已经显得相当多余，因为百科全书派的回应相当轻蔑，将危险或事故的影响作为畸形的唯一可靠来源。对于为什么有些婴儿看起来更像他们的母亲而不是他们的父亲，他们回答说（volume 7，entry “fetus”，p. 2）：“我们必须看到这是怎样发生的，而不是过多地告诉我们为什么发生。”[①]畸形出生的问题开始失去

① 很明显，我们永远无法确定这些事件发生的原因和方式。

科学动力；在不到一个世纪的时间里，人属怪物(homo monstrosus)与胚胎学争论不再具有科学意义，尽管它在人类学中的地位将在未来几个世纪得到保证。

畸形学或怪物科学(science of monsters)的历史展示了一般身体，尤其是女性身体在西方科学话语中得以概念化的方式，从身体有机体的幻想维度发展到更理性的对身体机器的建构。怪物作为一个先天畸形的人类，在经历了一系列连续的表述后才在 18 世纪后期形成一种可接受的科学话语。

法国认识论学者、科学哲学家乔治・康吉莱姆和他的学生米歇尔・福柯的研究，对于探讨西方科学哲学中正常与病态、规范与越界的相互作用方面非常有用。对康吉莱姆来说，怪物理论的关键在于生殖和起源的问题："如何才能孕育出这种怪物?"怪物的概念真正困扰着科学的想象力。像拉康和伊利格瑞这样的精神分析学家认为，起源的认识(认识论)问题位于所有科学调研的核心，而康吉莱姆的兴趣则在于提供怪物的科学话语如何产生的历史视角。他认为，当畸形学需要掌握怪物的再/生殖(pro/repro/duction)的概念和技术手段时，它就成为一门学科。换言之，对于人工生殖人类畸形所必需的科学技术知识是建立与异常生物有关的科学学科的前提条件。

换言之，在话语的层面上，怪物指出了异样、反常和病理在生物科学构成中发挥的重要认识论功能。从历史上看，生物学家特别关注异常现象，以阐明和举例说明正常的发育结构。在这方面，怪胎出生方面的研究是现代胚胎学的先驱。弗洛伊德的精神分析对精神障碍采取了完全相同的逻辑。正常与病态的接近性证明了福柯关于疯狂和理性的观点：科学理性与幻想和想象相混合。它也是隐蔽的规范性：它依据二元逻辑通过“排除”和“去资格”的方式来运作。

此外，对女性的逃避和拒绝也可以从不同的角度进行分析。逃避女性，特别是逃避母性的想象力和欲望的怪异力量，围绕着一个挥之不去的幻想：一个孩子只从男人身上出生。例如，我们发现炼金术士忙于生产哲学家之子——人造小人（homunculus）。一个从炼金术士的实验室里冒出来的人造小人，完全成型且具有语言能力。炼金术士的想象力将亚里士多德的生育观的前提条件推向了极端，强调男性在生殖中的作用，将女性的功能最小化为仅仅是一个载体的角色。炼金术是一种男性自我生殖幻想的归谬法。

一个孩子怎么由男人所生？在最近的一篇文章中，艾伦和哈布斯（S. G. Allen, J. Hubbs 1980）认为，炼金术的象征手法建立在一个简单的过程之上——男性"艺术"对子宫的挪用,也就是说,男性运用技艺制造人造物。炼金术大师帕拉塞尔苏斯(Paracelsus)坚信男人应该而且可以在女人的身体之外出生。子宫(womb、matrix、uterus)——在这些文本中,嫉妒夸张到了悖论的程度,艺术竟然比大自然本身更强大。配方很简单,任何《项狄传》的读者都知道。它由精子和一些取代子宫的物质组成,例如炼金术士的罐子和其他容器,这在玛丽·雪莱的《弗兰肯斯坦》中有生动的描述。其余时候,子宫被牛皮或堆肥(compost)或粪肥(manure)①取代。其基本假设是,炼金术士不仅可以模仿女性的生育,而且可以做得更好,因为人造物、科学和技术的人造过程,可以完善事件自然过程的不完美,从而避免错误。一旦生殖变为纯粹精神努力的结果,对女性的挪用就完成了。

因此,在想象层面上,今天的试管婴儿也标志着炼金术士的梦想取得长期胜利,他们梦想着通过自我授精实践主宰自然。因此,我们是否正在接近一段充满着人的——科学家的,不过是男人那种——自我创

---

① 在某些文本或文学作品中,子宫(或生育过程)可以被替代为一种与生命和创造有关的有机物质,如牛皮、堆肥或粪肥。这并不是字面上的生理过程,而是以一种象征性的方式来思考生命的起源和生育的概念。这个比喻可能用来探讨不同文化或时代对生育和生命的理解。——译者注

造幻想的漫长历史的终结?他们具有创造新的怪物的能力并执迷其中。

怪物身体的种族化

自古以来,畸形学所讨论的一个主要话题就是文明边缘的怪物种族(monstrous races)。我们发现一种人类学地理学:专门研究怪物种族居住的领土或异域(special land)。

荷马当然写过关于独眼巨人和巨人种族的内容,但希罗多德在公元前 5 世纪开创了人类学研究的先河。尽管他对埃及人和波斯人等邻近文明的态度相当克制,但他对印度和埃塞俄比亚等更远的地方却十分狂热,他认为这些地方居住着食人族、穴居人和畸形人。在公元前 4 世纪,克特西亚斯描述了印度的独脚人[①]部落,它们只有一只巨大的脚,但它们可以比任何两足动物跳得更快;关于狗头人(Cynocephali)和无头人(Blemmyae)的描述也比比皆是。普林尼的

① 独脚人(Sciapods)是传说中一个由单足、巨足的埃塞俄比亚或印度男子组成的部落,他们将大脚举到空中遮阳,以遮挡南方的炎热阳光。——译者注

《博物志》[①]将这些怪物种族纳入正典，使其成为欧洲中世纪民间传说的重要组成部分。当然，中世纪的图像(iconography)会突出怪物的畸形，并对其他形态上的变异提供道德方面的解读。

这种地理学和人类学上的种族主义想象从何而来？伯纳尔认为，这种种族的地理决定论的基础可以在亚里士多德的《政治学》中找到，其中的一段如下：

> 在严寒地带居住的人群和欧洲各族居民都充满勇气和激情，但在技能和智力上有些欠缺。因此，尽管他们一般保持独立，但缺乏政治凝聚力和统治他人的能力。另一方面，亚洲人有头脑和技能，但缺乏勇气和意志力，故他们仍然受人奴役或统治。至于希腊各族，在地理位置上位于两地中间，从而兼具二者的特性。因此，希腊人继续保持自由的生活，拥有最好的政体，只要给定一个专门的宪法就能统治他人。[②]

---

① 《博物志》(*Naturalis Historia*，又译《自然史》)是古罗马学者老普林尼在公元77年写成的一部著作，被认为是西方古代百科全书的代表作。——译者注

② 亚里士多德《政治学》7.7，引自伯纳尔(Bernal)1987：202。

气候政治和正义观念的历史演变在欧洲文化中有着漫长而相当成功的历史。在历史的持续演变下，我们的文化倾向于将最遥远的地方描述为最怪异的，即最不文明、最不民主或最不守法的地方。尽管传达这一思想的科学话语中的实际结构经历了历史的变迁：从希腊的地理话语，到18世纪对法学的关注，再到19世纪的进化人类学，这种思想将顽固地持续存在下去，造成致命影响。

例如，北美大陆的殖民化加剧了这一趋势。关于各种族的气候及地理决定论的希腊理论在新大陆仍然存在，尽管它们经历了重大的修订。1537年，教皇保罗二世发布教宗诏书，以确认美洲原住民是完全的人类，因此拥有不朽的灵魂（De Waal Malefijt 1968：113—118）。这并没有阻止欧洲殖民者把它们当作“标本”捕获，并运回欧洲用于公开展示；这种现象在整个18世纪愈演愈烈，并在19世纪发展成主要的娱乐产业。

值得注意的是在这一点上怪物展与其背后的东方主义和种族主义想象之间的联系。杂耍的观众渴望看到原始种族的难堪画面，从而证实他们对种族优越性的假设。殖民叙事被用来提高人类展品的地位（Gould and Pyle 1897），这种殖民叙事采用了一种伪科学的语言，类似于自然科学领域里帝国主义者对未知的大陆发起的探险活动中的表达方式。埃塞俄比亚、印度、非洲和亚洲的怪物开始被纳入这些殖民主义畸形学的叙述中。

怪物的地理决定论理论继续以惊人的规律发展。在 18 世纪，法国哲学家在关注法学时，也未能免受这些思想的影响，尽管他们总体上反对奴隶制：1748 年的孟德斯鸠和 1764 年的卢梭都追随了地理决定论学派，认为北方地区是能够孕育真正的美德和民主精神的地方(Bernal 1987)。皮埃尔·莫佩尔蒂(De Maupertius 1745)根据他对一种名为“黑色白化病”(les nègres-blanc)的怪物进行的分析，提出白人夫妇生育黑皮肤的婴儿的可能性比黑人夫妇生出白皮肤的婴儿更高。因为白色是人类基本的颜色，而黑色是生活在赤道地区的人们遗传的一种偶然变异。

如前所述，在 19 世纪，专家们指出器质性疾病、酗酒过度和异族通婚可能是造成怪物的原因，但他们从未放弃人类学解释和人种学分类系统。直到 19 世纪后期和 20 世纪初期，某些形式的智力缺陷是人类在生物性上的倒退，甚至是猿类的后代这一理论仍然广泛流传，特别是在进化人类学领域中。

希腊地理气候决定怪物种族的当代版本，可以在围绕喜马拉雅雪人[1]的迷信和传说中找到，更重要的是，可以在关于外太空生命和其他行星殖民的推测中找到。在流行科幻文学和电影中，对外星人的描写延续了将遥远的地方描绘成可怕的异域的古老传统。然而，它们也突出了怪物他者的弥赛亚或神圣的色彩，从而反映了怪物既是上帝也是贱斥物的系统双重性。

这是对当代形势的乐观描述。《纽约时报》的头版则提供了一个不太乐观的描述。1995 年 2 月 21 日，在奥地利上瓦特市，一个新纳粹组织袭击了一个有 117 人的吉卜赛人定居点，并留下了一块写着“吉卜赛人滚回印度”的标语牌。在一篇名为《东方的奇迹》的重要文章中，维特考尔分析了以印度为中心的种族畸形学的历史：正如我所说，它源于希罗多德。因此，无论新纳粹分子有多少错误，他们幻想的地理学肯定非常准确。

我不想暗示这就是怪物身体种族化的全部内容：它还存在具体的历史变迁，例如，整个 16 世纪对犹太人怪异性的猛烈攻击。博艾斯托（Boaistuau 1598）在

① 喜马拉雅山雪人是传说中一种介于人和兽之间的巨人，生活在喜马拉雅山，早在 1898 年便有人追踪过它的足迹。——译者注

他的《希腊与拉丁、神圣与世俗的著名作家的精彩故事》(*Histoires prodigieuses et mémorables, extraites de plusieurs fameux auteurs, grecs et latins, sacrés et profanes*)中,用整整一章的篇幅讲述犹太人这一奇怪种族。关于犹太人的这一章节位于彗星、地震和畸形婴儿的章节之间,采用了不同的讲述口吻。依据欧洲反犹太主义的传统情节(杀害基督、水井投毒等),这一章详细而生动地描述了为何应该对这些不幸的害虫(cette malhereuse vermine)处以死刑(第1册,第10章,35页)。全书没有哪一章节表现出如此不加掩饰的仇恨,或执拗于对怪物所谓罪行的蛮横报复。显然,欧洲犹太人的怪物性是最为消极和邪恶的一种,几乎没有其他异类所伴随的某种神圣的惊奇感。

后来,种族化进程加剧,并从犹太人转向非洲人和亚洲人。林奈(Linnaeus)在他的生物分类系统中,假定了各个种族之间的等级关系,这成为欧洲世界观的核心。因此,在他的《自然体系》(*System of Nature*,1758)第十版中,林奈假设了一种叫作异形人(homo monstrosus)的种族,它是智人的一个分支,生活在地球的偏远地区(De Waal Malefijt 1968)。黑人被归类到在猿和人类之间的距离相等的地方(尽管半人半兽和侏儒更接近前者而不是后者)。这催生了"寻找'缺失的环节',一种半人半猿的生物"(De Waal Malefijt 1968:118)的想法。一般认为这种生物在爪哇和非洲地区出没。

然而,问题的关键仍然是,在怪物身体种族化的历史中,某些主题的历史连续性与独特的历史事件交汇。令人惊讶和耐人寻味的是,相同的主题和论点,随着时间的推移而不断重复,这导致它们被投射在不同的种族群体上。

祛魅的医学目视

自 19 世纪中期以来,曾经引起人们惊奇的畸形怪物,已经沦为科学话语大规模医学化的牺牲品。米歇尔·福柯对现代科学理性的分析,描述了现代科学话语中发生的根本转变,以及它对应用在身体上的新技术的影响。到 18 世纪末,怪物已经被转移到医院,或者更确切地说,转移到了新成立的解剖诊所,在这里,它可以在比较解剖学和实验生物医学新近发展起来的实践背景下进行分析。因此,圣伊莱尔创立的畸形学这门科学,到 20 世纪末已经成为一门实验科学。

它的目的是研究胚胎的畸形结构，以便根据进化论考察怪物的起源。对异形或怪诞生物的产生条件进行实验研究，为现代胚胎学提供了基本的认识结构。福柯对现代性的分析强调了在对身体的理解、人类主体性的身体根源方面，正常与病态、理性与疯狂之间的认识论转变。生物医学科学（Biomedical sciences）在现代性的话语背景中占有非常重要的地位。需要注意的是，对这种怪异生物起源最初的好奇心仍然存在，只不过表达方式有所不同。

曾经对奇迹和怪诞他者传统的惊奇感去哪了？对笛卡尔来说，惊奇是重要的激情。但在18世纪的哲学里，怪物奇妙的想象维度被边缘化了。而在康德对崇高的经典论述中，想象力的力量出自先验理性的力量并受其支配。洛琳·达斯顿和凯瑟琳·帕克（2001）强调，与早期的传统相比，现代时期对身体的医学化及其造成的必然后果（即生命有机体的机能得到了完善）导致异常现象逐渐消除。这种趋势也可以看作是对惊奇、奇幻以及那种迷恋与恐怖的混合（几世纪以来怪物他者所特有的）感觉的一种否认的形式。它标志着丧失了对生命有机体以及其奥秘和功能的迷恋。

精神分析理论提供了一些有价值的见解：它将这

种迷恋感的丧失，解释为理性理论采纳人类的理解方式所付出的必要代价。从受弗洛伊德和拉康启发的精神分析角度看，激发驱力和求知意志的最初的好奇心首先是欲望，它以知识为对象。科学是一种以逻各斯为中心的努力，旨在限制并控制原初的力比多驱动力，它威胁着主体的自我掌控。像所有的欲望一样，求知的欲望与表述一个人起源的问题有关，与回答一个最幼稚因而也是最根本的问题有关："我从哪里来？"这种好奇心是一切思考和概念化形式的基础。知识往往是去认知欲望的欲望，也就是说，知识是对身体作为一种性实体的事物的认知。正如我在第六章和第七章中所论证的，去观察事物如何运作的欲望，与原始的施虐驱力有关。在这种模式下，知识是窥视驱力的结果——走过去观看，也是施虐驱力的结果——为了在智识上掌控对象而在物理上撕裂它。所有这一切都与乱伦驱力有关，与围绕着一个特定起源地点的好奇心和禁忌所构成的网络有关：母亲的身体。

此外，从精神分析的角度来看，现代临床比较解剖学的建立具有重要意义，因为它指向了理性主义对可见性的痴迷。视觉感知是认知的原型。通过详细阐述一种分析身体器官的科学技术，西方科学提出了一个假设，即身体正是可以看到和观察的事物，只不过是其各个部分的总和。现代科学理性从强调可见性，转为幻想着彻底透明地揭示生物体的结构。当代的生物科学，尤其是分子生物学，已经将那些隐含在西方科学话语中的假设推到了极致。与 19 世纪的临床解剖学相比，当代生物医学科学已经获得了在生命物质的微观结构上进行操作的权利，掌握了必需的技能。

福柯将现代定义为生命政治时代；权力对生命和死亡掌控，在世界范围内延伸到人类对外太空、海底和母体深处的控制。图像的增殖是如此之多，以至于身体自身，它的边界和它的内在结构，在一种日益退化的视觉下正在不断分裂开来。我们似乎过于执着将不可见的物质粒子可视化。这种视觉狂热对于严格的科学研究而言几乎没有助益。如库恩(Kuhn)和费耶阿本德(Fayarabend)这样的现代科学哲学家强调，科学和技术领域的极端理性主义与荒诞幻想这一长期存在的潜文本之间碰巧存在悖论般的一致。在怪物的话语中，关于怪物起源和结构的理性探究，仍然与迷信信仰和"畸形人"的虚构再现并存。理性和非理性这两个层面，就像两条不相交的平行线，从未完全结合在一起。想象力从未被完全纳入科学理性，并表现出非凡的创造力。

对母亲想象的论述证明了这一点。在18世纪，支持想象力的阵营并未对批评作出回应；他们强调母亲和胎儿之间极其紧密的联系，讽刺任何对胎儿持“中立”态度的主张。他们由此进一步抨击理性主义方法的局限性，这在某种程度上也体现出了女性主义倾向，因为他们提到，他们站在因怪异的生育受到谴责的贫困女性一边。通过展示他们无穷的想象力，他们可以为自己辩护，甚至可以解决问题。从历史的角度看，这一理论对女性而言的确是一种进步，因为它承认了女性在生育中的积极作用。然而，科学畸形学为女性制定或者加强一系列压抑性的禁令、命令，甚至提供不同程度上的强制建议方面起到了推动的作用。随之而来的是对母体的规训——当然是“出于她自身的利益”，同时伴随着助产术职业的重组，这一点在女性主义科学研究的文献中有详细的记录（Oakley 1984；Ehrenreich and English 1979）。

然而，问题仍然存在——那种惊奇去了哪里？那种奇幻的维度、对差异的恐惧和迷恋发生了什么变化？在这些身体上代表着差异的标记，被限制在现代炼金术士的电子实验室之后，会创造出什么样的形象？除了菲勒斯中心主义面对差异的无能和抵触，是否有其他的方式企图将“他异性”压抑至否定性？这里还会有别的出路吗？

在本章中，我一直在论证，怪物作为在正常外部边缘的阈限标志，有助于组织此时此地对差异的创造和感知。传统的（即在历史上一成不变的）他异性的范畴是性差异和性偏离（尤其是同性恋和双性人），种族和族裔、非人类，它们要不就朝着升天之路（神圣或圣洁的），要不就是沦为低档（自然环境、动物、退化和变异的生物）。这里存在的一个例外是无机他者，即机器或技术替身（technological body double），它们与怪物的身体有很强的联系，这需要特别关注，很遗憾我不能在这里对它进行论述。到18世纪末，母亲的身体似乎在结构上处于与经典的怪物相似的地位：它陷入了一种从内部分裂的深层矛盾。女性怀孕的身体既是一个保护性的过滤器，也是一个传递印象、冲击和情绪的导体，或高敏的传送者：它既是一个“中性”的身体，也是一个某种程度上“带电”（electrical）的身体。孕妇与不稳定的、可能患病的主体之间存在一种隐秘的同化，使她们容易受到无法控制的情绪影响。

怪物所典型展现的这种吸引和排斥、熟悉和陌生的机制，在性别歧视和种族主义这样的机制中找到了最相似的类比。女人、犹太人或者黑人,与基于男子气概、白人和基督徒价值观而构成的人类主体性造型当然“不同”,而后者这种造型却主导着我们的科学思维。然而,她们对于这一思维而言至关重要,她们通过否定性与这些造型联系起来,并因此在结构上必然维系着这一支配性的主体观。真正的敌人是内在的:虽然她或他是边缘的(liminal),但处于问题的核心。

在畸形学话语中,始终存在种族和种族主义倾向,这与对控制和规训母亲身体的强调交汇。因此,畸形学体现了性别化和种族化叙事错综复杂的联系,以及它们在构建关于女性身体的科学话语中所起的作用。它们之间相互联系之密切,以至于任何对女性具身体验的分析都需要考虑到种族化和世俗化话语和实践的同时(尽管往往是矛盾的)影响。

最后,关于怪物作为非科学的研究对象的问题。正如我在开头所说,任何关于畸形学话语的历史论述,都必须正视科学客观性的局限性和难题。怪物不只是科学探究的“一个”对象:它们是“许多”对象,其构型、结构和内容在不同历史时期发生不同的变化。如果它们可以被称为一个对象,那么它们就是特定话语实践的结果,同时也由特定话语实践构成:古代的气候和地理人类学,文艺复兴时期的神学预言,然后是解剖、胚胎学，直到我们如今的控制论和环境畸形学(environmental teratology)。

环绕在怪物周围的求知欲或想象力的能量，部分造成了这种复杂性或易变性，还有连续性同时发生的悖论。怪诞的身体，不仅仅是一个对象、一个转换器、一个构建关于具身自我的一张相互关联而又充满潜在相互矛盾的话语网络的载体。在这个过程中，性别和种族是主要的影响因素。

怪物是一个没有稳定对象的过程：它通过流通来创造知识，有时变成最不理性的非对象。它不稳定到百科全书派的学者放弃了对它的研究，然而，在一个完全游牧的重复循环中，怪物般的他者在话语场景中不断涌现。因此，它不仅萦绕在我们的想象之中，而且在我们的科学知识主张当中徘徊。差异就是不会消失。而且，因为这一块具身的、差异的坚实之物的移动、流动、变化，因为它推动着话语生产而从未固定其中，因为它在迷惑我们的过程中躲避着我们，你永远不会知道下一个怪物将是什么样子，你也无法预料它将从哪里来。因此，我们需要重新定义的是这样一种东西，我们已学会将其视作人类主体性的结构和目标，它是在与差异和“他者”的关系上形成的。在声称女性主义者试图重新定义思想的真正意义时，我还建议，随着时间的推移，话语游戏的规则需要改变。学者们将不得不同意，充分思考我们的社会状况意味着超越学科界限和知识范围。对于女性主义认识论者来说，更重要的是，充分思考影响母体功能医学化的历史条件，这一任务迫使我们重新考虑身体与技术之间密不可分的相互联系。女性主义、科学和技术将进入一个密切对话的新阶段。事实上，发生在具身主体的感知和再现中的变化，使思考身体和机器、肉体和金属(flash and metal)的统一变得必要。尽管许多因素都表明这样一种混合可能导致身体商品化的危险，而且尽管这个商品化的过程潜藏着不可低估的种族主义和性别歧视的危险，但这还不是故事的全部。

母亲、怪物和机器之间存在新的相互关联，这里也有积极的一面，而且这与对女性特质(womanhood)，甚至是母性特质(motherhood)的任何一种本质化定义的消失有关。在生物技术权力主导的时代，母职被分解为各种可能的生理、文化和社会功能。如果我们的世界是一切可能的世界之中最好的一个世界①，这个世界本可以庆祝，使母职经验达成共识的

① 来自莱布尼茨的名言："这一个确切成就了的世界是众多可能的世界之中最好的一个。"——译者注

手段已经不复存在,这可以视作女性更自由的象征。然而,在我们这个男性占主导地位的世界里,最好的选择是塑造一种女性主义的游牧风格,不带有任何怀旧或虚假的感伤主义,让女性重新思考她们在后工业时代、后形而上学世界中的地位。“母亲、怪物和机器”这一构型变得如此攸关和迫切,促使女性主义游牧思想家在一个控制身体的权力内爆至极限状态的世界中,更加迫切地建立联系和协商,并重新划定女性身份的新边界。

第九章　不连续生成：德勒兹论哲学中的生成-女人

对我们来说……在共生之中有多少种构成项，就有多少种性别，在一个传染的过程中有多少介入的要素，就有多少差异。我们明白，有众多的存在者在男人和女人这两极之间经过，它们来自另外的世界，随风而生，环绕着根形成根茎——不能从繁衍的角度理解它们，只能从生成的角度来领会。

——德勒兹和加塔利①

德勒兹这一篇文章从新的、不过还是类似的方向上拓展了关于身份、性和性差异的讨论。我将论述，大多数对德勒兹哲学的运用在对待女性主义理论上仍然存在争议和矛盾，尤其是对他的追随者（大多为

① 参见中译本《资本主义与精神分裂：千高原（卷 2 修订译本）》，吉尔·德勒兹、费利克斯·加塔利著，姜宇辉译，上海人民出版社，2023 年。此处译文略有改动。——译者注

男性）而言。然而一个日益成体系的德勒兹女性主义非常严谨地将其发展成型。因此，为了厘清德勒兹哲学在实现女性主义目标上的许多积极运用，我将对德勒兹的工作进行定位。德勒兹女性主义并没有以将女性视作象征性缺席的精神分析前提作为出发点。相反，它扭转了这种否定性的辩证法，在德勒兹看来，这种辩证法隐含在精神分析理论和实践中。德勒兹决心将思维的运作从性辩证法的陷阱中解脱出来，他颠覆了一种支持菲勒斯逻各斯中心主义激情的伦理学。这样一来，德勒兹就同颠覆的、激进的，并且不敬的女性主义思想流派相结盟。爱丽丝梦游仙境中的欢声笑语冲破了悲剧性的菲勒斯庄严感，它宣称所有这些不过是一堆卡片，而皇帝则是赤裸的。

关于菲勒斯的俄狄浦斯经济学激发了否定性的激情，正如德勒兹称之为“灵魂的法西斯主义”的那样——对它的超越是变革的动力。变革或者生成的过程，是德勒兹哲学关切中的核心概念。这与他的陈述目的相关，也就是，将不同的思想活动形象化，或者说重新定义哲学的意义。他与被奉为哲学史的经典版本展开了争论，他认为，经典哲学史由黑格尔、胡塞尔和海德格尔这神圣三位一体所主导。德勒兹基于经验主义者（包括斯宾诺莎、莱布尼茨、尼采和柏格森）的反谱系学来反抗他们。生成既不是对立事物的动态对抗，也不是在一个目的论规定的过程中展开一种本质，并导向一个综合身份。德勒兹的生成是对差异的积极肯定，意味着一个多重的、持续的变革过程。目的论秩序和固定身份都要让位于多重生成的连续之流。

这种对过程、动态互动、流动界限的重视，是一种唯物主义的思想，是高新技术类型的生机论（vitalism），这使德勒兹思想与对我们所处的晚期工业父权制文化的分析高度相关。进一步讲，德勒兹与女性主义高度相关：不仅在于他对差异、性和变革议题上表现出强烈的同理心，还在于他赋予女性的位置以积极的力量。通过非俄狄浦斯情结的爱丽丝造型，俄狄浦斯律法将剥夺这个小女孩的身体，或者通过哲学家的未婚妻（fiancée）阿里阿德涅（Ariadne）这一更具有肯定性的形象，这些形象传达出了哲学上的女性面向，这是价值从否定性嬗变为肯定性的来源之一。这一变形（metamorphosis），使德勒兹打破了将纯批评与行动赋权区分开来的界限。最后，德勒兹强调了“生成-女人”的哲学，这标志着一种新男子气概的哲学风格：一种已掌握如何拆穿菲勒斯逻各斯中心主义的伪装外衣，并冒一定风险的哲学敏感。在德勒兹的思想中，“他者”并非像古典哲学那样是象征的、总是如吸血鬼般可怕的他异性标志，也并不是恋物的、像解构主义那样必然是他者的“他者”。它是一个可交换和生成的不断移动的地平线，后现代性的非同一主体朝向这一地平线移动，而且反过来通过这一地平线而被移动。

德勒兹研究重心是非常当下的，尤其是思考当下面临的困境及其必要性。这种对现实情况的强调，必须置于德勒兹坚决拒绝一种正典化、建制化的哲学史这一背景下来理解，这种哲学史的传统依赖过去并固执地维护它。德勒兹努力超越这一传统所维护的教条形象，这一传统表达了菲勒斯逻各斯中心主义独断的话语，为了充分解释变化和不断变化的状况，德勒兹将哲学重新定义为思考当下的非反动的活动（non-reactive activity）。

德勒兹也在他对主体后形而上学形象的探索中，从强度的角度将哲学思想重新定义为一种强度的流动，它能够将生命的肯定性力量提升到更高的程度。换言之，一种思想的真理，位于它释放出的情动类型和强度水平之中。思想是高级还是低级，能动（active）还是反动（reactive），取决于它们是否调动了一个人超越否定和消极力量的肯定和快乐之力。情动影响(govern)着思想的真理价值。与菲勒斯逻各斯中心主义偏向线性的、自我反身性的思想模式相对应，德勒兹将它的新思想风格定义为“根茎的”或“分子的”。因此，对德勒兹而言，思想并不是深层内在性的表达，或者说并不是先验模型的实施：它是在主体当中建立一种具体物质与符号之间连接的方式，并从各种非人之力的角度来设想主体。

彻底地重新定义思想活动，实际上需要这样一种视角，它将主体性视为一个身体的、情动的实体。对德勒兹而言，主体的具身性是一种具身物质性的形式，而不是自然生物种类的形式。相反，他将身体视作高度建构的社会和象征之力复杂的相互作用。身体不是一种本质，更不是一种生物学上的物质：它是一种力的游戏、一个强度的表面、无起源的纯粹拟像(pure simulacra without originals)；德勒兹因此将身体、性和性差异去本质化。具身主体是一个处于各种力量(情动)相互作用过程中的术语，是一种时空的变量，它们的特征是流动性、可变性和过渡性。在这一意义上，德勒兹的思想并不建立在男性与女性主体位置的二元对立之上，而是建立在多种性别化的主体性之上。它们之间程度上的差异，标志着在一个根茎式的连接网络里不同的生成路线。

在我们置身其中的生成的节段之间,可以建立一种秩序或一种表面的进化;生成-女人,生成-儿童,生成-动物,生成-植物,生成-矿物,生成-各种分子,生成-粒子(Deleuze and Guattari 1987:272)。

这些生成的路线是思想的图式(diagrams),是尼采式的观念类型(typologies of ideas),强度状态的流变(variation)。多重性并非复制一个单一模型——在柏拉图的模式下,而是创造和增强差异。德勒兹提出了一种少数派(minority)的意识,与分子的合理性相对立,以捍卫将主体视作连续生成之流的观点。这样一来,通过卢克莱修、经验主义者斯宾诺莎和尼采,他提供了一种系谱学的思想路线,强调活动、快乐、肯定性、动态或分子性的生成。德勒兹将其与多数派(majority)相对立:即大多数西方哲学中定居的、充斥着罪咎感的、否定生命的、道德的腔调——以毫无差错的规则性延续自身的教条思想形象。在确认走出菲勒斯中心主义模式的出口,朝向一种强度的哲学时,德勒兹强调了新思想形象的需要。

这导向了一种哲学风格的描述,它的目的是表达后形而上学的主体造型。形象(figural)的概念(与更传统的美学范畴"比喻"(figurative)相对)是本计划的核心(Bogue 1989):它强调了一种积极的、自我肯定的思想风格的需要,表达了一种积极的存在状态。在《尼采与哲学》中,德勒兹将思想活动表达为生命,它生活在强度可能达到的最高水平上。在这一框架内,思想是事件,是打开生命无法预料的可能性的能动状态。忠于力的类型学,德勒兹认为思想由意义和价值构成,并建立在情动的基础上。换言之,它们在思想的命题之外依赖于另一范畴:情动之力,其强度水平最终决定了它的真理价值。

另类的造型因此成了表达肯定性思想的形象模式(figural modes),从而将意识的视角从菲勒斯逻各斯中心主义模式移开:根茎、生成、逃逸线,从根本上表达了德勒兹尼采式的游牧主义。他强调一种普遍的生成-少数,生成-游牧民,或生成-分子。少数标志了一种穿梭或轨迹。对德勒兹而言,无事在中心发生:存在的核心仍然是静止的,就像核反应堆的中心一样。但是在边缘地带,有一帮年轻的新游牧民在游荡:后人类启示录的骑士和女骑士。

所有的生成都已经是分子性的。生成不是模仿某物或某人,也不是和它(他)同一。生成也不是令形式的关系形成比例。类比的这两种形象——对于一个主体的模仿、一种形式的合比例性——都不适用于生成。生成,就是从我们所拥有的形式、我们所是的主体、我们所具有的器官或我们所实现的功能出发，从中释放出粒子，在这些粒子之间建立起动与静、快与慢的关系——它们最为接近我们正在生成的事物(Deleuze and Guattari 1987)。

因此，生成空间是一个亲和力的空间，是相邻粒子之间的共生。邻近性(proximity)既是一个拓扑学的概念，也是一个量的概念，标记了感性物质生成的空间，独立于缠卷其中的主体，也独立于其确定的形式。在德勒兹与"生成-女人"和女性之间的关系中，存在一个尚未解开的结。这与德勒兹从未解决的问题的双重拉扯有关，一方面，他赋予了一种普遍化的"生成-女性"以力量，把它当作所有其他生成的前提，另一方面，又呼吁将其取消。一方面，生成-少数/游牧民/分子/无器官身体/女人以女性为基础。另一方面，它被设想为德勒兹所提倡的主体性普遍造型。让我们细致分析这一论点。

就男性而言，男人，是思考主体性的主要指涉，是规范、法律、逻各斯的代表人物。女性被二元化，即对立地被定位在"他者"的位置。因此，相应的后果是：

1. 男性不可能"生成-少数"；

2. "生成-女人"是所有的"少数意识"里的特权位置。

德勒兹明确表明,所有解域化的路线都必然经过“生成-女人”的阶段。在《千高原》中,德勒兹指出“生成-女人”并不仅仅是“生成-少数”的任一形式,而是生成的整个过程中的关键、前提和必要出发点。由于女性在西方话语中是他者性的特权形象,“生成-女人”是必要的关键步骤。

分子与克分子,就像男性与女性的关系一样吗

> 如果说所有的生成都已经是克分子性的——其中包括生成-女人,那同样也应该说,所有的生成都从生成女人开始,并通过生成女人来实现。
>
> ——德勒兹和加塔利

在“生成-女人”的过程中,“女性”并不是指经验的女性,而是指拓扑学的位置、层次,或积极之力的肯定性程度,还有游牧的、根茎的意识层次。生成-女人是一个一般转型过程的标志。

生成-女人，生成-儿童，并不像女性或儿童那样是截然不同的实体，我们所称的分子性实体是，例如，女性由她的形态所定义，被授予了一个主体所指派的器官和功能。生成-女人并不是要模仿这个实体，更不是将自我转化为该实体。既非模仿，也非假装出女人的形态，而是放射出进入到一种微观女性性的动静关系或邻近性空间中的粒子。也即，在我们身上产生出克分子性的女人，创造出克分子性女人。

——德勒兹和加塔利

我想直截了当地指出，德勒兹在"生成-女人"理论上陷入的困境：似乎所有的生成都是平等的，而不是某些生成会比其他生成更平等。德勒兹的问题在于如何将"女性"的主体位置从二元对立结构中解脱出来，这一结构将其对立于男性规范，从而将其简化成一个相似的镜像形象。换言之，女性在菲勒斯逻各斯中心主义体系中充当了逻辑运作者（operator），针对这种分子或者定居性的视角，德勒兹提出处于生成过程的克分子性的或游牧的女性。

性的两极化或性别二元论，是将差异二元对立地还原至存在(Being)子范畴的原型,对这一原型的拒绝,影响了德勒兹探讨"生成-女人"的方式。考虑到德勒兹也将重点置于让具身主体摆脱性别二元论的殖民,其中菲勒斯已经在性别二元论上建档立碑,由此可知,对他而言,重塑主体的主要动力,在于消解性别对立及其相应的身份。这导致德勒兹多重性和生成-少数的理论,同女性主义性差异和生成女性主体的理论之间产生了对抗。从更偏女性主义的角度来说,问题还在于如何将"女性"从被附加的"他者"所处的被征服位置中解放出来,以便她表达一种不同的差异、一种纯粹的差异、一个全新的生成平面,在其上差异可以倍增且相互区别(伊利格瑞)。在这里,重点更多放在现实生活女性在以她们全部的、多元的方式理解并栖居于"女性"的主体位置的过程中,所积累的经验和潜在的生成(de Lauretis 1984)。

为尝试在这两种立场之间实现一种综合,我将说明,关键在于,如何让"女性"指涉全部的生成强度,而且尤其是女性的生成强度,而不是在苏格拉底俱乐部的宴会上必须抹除自我(self-effacing)的佣人。对我而言,难以置信的是,对菲勒斯逻各斯中心主义的解构,会同发生在女性生活中的具体变革相脱离。毕竟,女性如何从菲勒斯各斯中心主义为她们所规定的偶像功能中解放？如何表达一个女性主体性的不同的积极视角？这两个问题是密不可分的。

女性的“生成-女人”是一个颠覆的过程，德勒兹也使用这一概念，但他的使用建立在批判追求平等和本质主义的女性主义基础之上。他抱怨女性主义表现出一种令人不悦的倾向，也就是拒绝将“女性”主体消解为隶属于一种普遍化和“后性别”生成的一系列转变过程。换言之，尽管在捍卫一个特殊的女性性别(feminine sexuality)上，女性主义者在政治上是正确的，但她们在概念上是错误的。德勒兹建议她们应该转而依据主体的多元性别结构，要求恢复女性已经被剥夺的所有性别：只强调女性性过于局限。最终，德勒兹在女性主义理论中发现了令人反感之处，它延续了主流价值观或对抗性认同(counteridentities)的扁平化重复(flat repetition)，还声称已经辩证地重新拥有它们。这相当于延续了一种反动的、克分子的，或多数人的思维：在尼采的价值尺度上，女性主义者有一种奴隶道德。与之不同的是，游牧政治则需要朝着一种后同一性模式的方向演进。

因此，如果在女性的生成中，通过释放意味着积极与肯定的欲望所具有的多重可能性，她们能在社会和理论上建构一种非俄狄浦斯情结的女性，那么女性将会是革命性的。换言之，女性，只有发展出一种不将女性特殊化的意识，将“女性”从结构化她的力量中挣脱出来，才能成为变革的主体。最终目的是要实现一个非特殊性别(sex-specific)的身份，而不是将身份拆解为一个非人的多重机器主体。

女性这一新的普遍构型，作为后俄狄浦斯主体，毋宁说，生成的非俄狄浦斯主体，与德勒兹所认为的女性主义形象截然对立。他将其视为基于性别二元论的极端性别化，或加剧性别二元论的一种新的普世性(Braidotti 1994)。我对这种通过中和性别对立消解性别身份的要求感到十分怀疑，因为我认为这条道路对女性而言具有历史性的危险。例如，女性主义哲学家伊利格瑞在她捍卫性差异、反对通过这一后形而上学主体进行一种草率的排斥或解构时，对德勒兹式的欲望机器图式持怀疑态度。德勒兹式的“无器官的身体”概念对伊利格瑞而言暗示了具身自我(bodily self)的一种被剥削的状态、一个被结构化剥夺的位置，这与女性气质具有历史性联系。她指出，对机器、无器官的强调，以及丧失自我、分散、流动的观念，对女性而言都太过熟悉：“无器官身体”难道不正是女性自身的历史处境吗？伊利格瑞对德勒兹的批评是尖锐的：她指出，这将性扩散为一个普遍的“生成”，结果削弱了女性主义重新定义女性主体的主张。

伊利格瑞总结道,德勒兹陷入了一个矛盾中,他设想了一种普遍的“生成-女人”,而没能考虑女人的女性主义立场的历史和认识论上的特殊性。一个差异理论却没能考虑到性差异问题,这让我作为一个女性主义批评家感到怀疑而困惑(Braidotti 1991b)。此外,通过在一股无否定性的欲望之流中消解主体,德勒兹:

1. 没有认识到性差异的优先性,因此分派给男性和女性相同的心理和政治姿态;

2. 在“生成-女人”计划里,关于性差异的立场陷入一个根本的矛盾中,“生成-女人”既是众多潜在生成中的一种,又是使所有其他生成得以可能的一种。

当然,我并不是要表明德勒兹这样做没有可取的理由:他和加塔利对精神分析话语的批评,是对我们文化建构出来的性及性别身份制度的一种系统性解构。因此,在德勒兹“生成-少数”的理论中,他主张要消解所有基于菲勒斯而建构的身份,也就不足为奇了。

对我而言,这一立场在理论上是有问题的,因为它暗示了一种性别之间的对称性,为两性都分派了同样的心理、概念和解构路线。伊利格瑞最为彻底地挑战了两性之间所谓的对称性，正如我前面的章节所论述的。从她的视角来看，性差异是一个建基性的、结构性的差异，它不能在毫不造成心理和社会伤害的情况下被轻易地消解。伊利格瑞对女性斗争历史的敏锐，决定了她采取这一视角。克莱尔·科尔布鲁克表达了和我同样的忧虑："当德勒兹和加塔利把伍尔夫和女性主义运动从身份、承认、解放和主体的概念中脱离，转向一个新的生成平面时，他们到底在做什么？"（Colebrook and Buchanan 2000）。

换言之，德勒兹的行事，就好像两性在言说位置上存在清晰的对等：他没有看到女性主义的关键所在，也因此未能考虑到这一点。我认为，不对称性在心理、概念和政治层面上起到了重新确认深层差异的作用。在政治上，它意味着要识别走出菲勒斯逻各斯中心主义模式的出口，就应在两性之间采取不对称的形式。对性差异持积极态度的主张，挑战了一个世纪以来将思想主体与普世性相等同，并将二者等同于男性的观念。它提出一种女性的、性别化的思想主体，与男性保持着一种不对称的关系。因此，女性的定义并非是一个二元体系中的结构化"他者"，而是激进、积极的他者。换言之，在女性主义的分析中，作为被指定为他者的女性位置，被激进地转化为一种与男性不可比较的言说立场。

显然，由于被编码为被贬低的差异并被自然化，这种深层的不对称性被掩盖了。它被置于一个线性的、目的论的时间观念之上。历史，如我们逐渐认识到的一样，是白人、男性、霸权、拥有财产的主体的主导话语，他将自己的意识假定为一个普遍的认识主体，消费许多作为他本体论支撑的“他者”。

进而言之，我认为一个人不可能解构一个从未完全拥有掌控权的主体性（Braidotti 1991b）；人不可能传播一种已经被历史性地定义为黑暗和神秘的性。为了宣称主体之死，一个人必须首先获得作为一个人的言说权利。我的结论是，德勒兹陷入了一个矛盾中，他设想了一个普遍的“生成-女性”，而未能考虑女性的女性主义立场历史和认识论上的特殊性。一个差异的理论却没能考虑到性差异问题，这让我作为一个女性主义批评者感到怀疑和困惑。换言之，德勒兹对二元论的批判，表现得好像性别分化（sexual differentiation）或性别二元论并没有导致两性之间最直接和有害的后果，即将两性置于一种不对称的关系中。关于性差异在德勒兹自己生成女人计划中的位置，他陷入了一个基本矛盾，“生成-女性”既是众多潜在生成之一，又是令所有其他生成得以可能的一种生成：

它既是奠基的又是附属,既是起源又是偶然的。德勒兹实际上非常明白,甚至也承认这一点;在《千高原》中,他表现出他对这一点的认识与迟疑。他写道:“当然,女人必然要实施一种分子政治,去赢回她们自己的有机体、她们的历史、她们的主体性。然而,将自我局限在这样一种主体上是危险的,因为此种主体的运作必然会耗竭一个源流或中止一股流。”这是一个“是的,但是”的立场,“我知道你的意思,但是……”这是一种结构性、系统性优柔寡断的否认模式。进而言之,从差异的女性主义哲学视角上看,性差异并不被认为是众多差异中的一种,而是一个开创性的、根本的结构性差异,所有的其他差异在性差异上都不能够被轻易消解。

因此,在女性主义重新定义主体性的努力中,身体,或主体的具身性是一个关键术语;它可以被理解为既非生物的、也非社会的范畴,而是一个在物质、象征和社会之间的重叠点。

在现代性哲学和性差异理论最初提出身体这一概念时,身体指的是主体性多功能和复杂的结构,是指能够超越任何既定变量(阶级、种族、性别、国家、文化等),同时又能够保持身处其中的特殊人类能力。身体最好被理解为意义的表面,位于身体所谓的解剖学事实与语言象征维度的交叉处。因此，身体是一种多面向的概念，涵盖了广泛的经验层面和表述框架。换言之，主体是被许多不同变量定义的：阶级、种族、性别、年龄、国家和文化，这些变量相互交叉于定义且编码我们的经验层面上。

然而，与其他方面相比，西方文化的一个显著特点是，高度重视对性别身体的塑造，将各种性经验(sexuality)置于首位。因此得到界定的具身性别主体，被置于一个复杂的权力关系网络中，正如福柯指出（Foucault 1975，1976，1984；Diamond and Quinby 1988），这些关系将主体铭写进一个话语和物质的规范性结构中。在西方，性是一个主导的权力话语。在这一方面，尽管女性主义将主体重新定义为不连续地但平等地受到许多复杂的、相互交叉的变量(性别、种族、阶级、年龄等)的规范性影响，这种重新定义既延续了西方将性问题置于优先位置的传统，又挑战了西方话语权力中性作为一个主导特征的现象。

关于潜在生成的尺度上性别身份所处的位置，德勒兹持矛盾的态度。与之相反，女性主义哲学家明确指出，性是权力斗争和矛盾的场所。换言之，“女性”这一能指既是女性主义者因认识到一种普遍情况而团结起来的概念，也是一个需要批评分析并最终解构的概念，这恰当地描述了后现代晚期资本主义时期女性的历史状况。

肯定性差异积极性的主张，挑战了一个世纪以来将思想主体与普遍性以及男性等同起来的观念。它将一个女性的、性别化的思想主体假定为一个激进的他者，与男性处于一种非对称的关系。对女性立场的明显重复或重新强调，是一种引发差异的话语策略。因为，如果两性之间不存在对称性，女性就应该言说女性性，那种她们能够思考、书写并用自己的术语呈现它的女性性。

正是基于性别之间的不对称性，伊利格瑞在概念上与德勒兹的思想结构极其接近，尤其在于他强调无意识在理论话语生产中的积极作用，然而，她在政治上反对他为克服性别二元化所提出的“生成”。换言之，两者的不同之处在于，必须优先考虑为一种另类女性主体精心设计充分再现体系的政治必要性。

我们可以假设，任何主体理论都往往被“男性”归并……主体性否定女性：毋庸置疑，这为每一个不可化约的客体构成提供了经济支持：一种表征的、话语的和欲望的客体。一旦想到女性的想象，客体就失去了它那顽固、执着的特性。作为一个基准，它最终比主体更为关键，因为他只能通过反射一些客观性才可以维系他自身。如果这里再没有“地球”可以压制/压迫、运作、呈现,但同时也是始终是(为了个人)的欲望对象,没有在理论上不认识自己的不透明物质,那么“主体”的存在还有什么基座?(Irigaray 1985)

在这一视角下,我将其描述为激进女性主义的具身唯物主义。女性,就像地球,是基本的层,在上面建设了菲勒斯逻各斯中心主义主体性的多层制度。她主要是物质和基石,她的无声存在支撑了主人在他的独白模式里的存在。

换言之,在女性主义的分析中,女性被指定为他者的位置被激进化为了“位置政治”,即一种与男性立场不可比拟的言说立场。女性主义者认为,无论在物质还是象征上,女性生来就承担了男性自主的自我定义特权的代价。女性已经在物质和象征意义上从言说的场所里被驱逐。通过提出这一问题,即理性和排斥/统治之间是否存在隐秘的、因此存在不可避免的联系,女性主义者进一步提出这样的观点:合理性(rationality)并不是理性(reason)的全部,理性不能总结出人类思维能力的全部,甚至不能总结出人类思维能力中最奥妙的地方。因此她们挑战了存在与逻各斯中心主义语言之间的等式。

女性主义哲学,就像德勒兹的计划一样,是对话语中的权力或作为话语的权力的批判，并积极致力于创造其他的思维方式：正是在这一过程中的参与，让我们学会以不同的方式思考。这在德勒兹和女性主义差异哲学之间制造了一些概念的——而且不仅是政治的不同。女性主义，作为批判性思想，是一种自我反身性的分析模式，目的是阐明话语中的权力批判，并肯定了劳拉提斯所定义的女性的女性主义主体(de Lauretis 1987)。

它的目的是探讨个人性别身份的问题与政治主体性的相关议题。身份和主体性的互动，也说明了以欲望、从而是无意识为标志的经验维度，与受制于意志的自我筹划的其他维度之间的范畴区别。因此，主体观作为欲望和意志的交互界面，是在重新思考主体性基础的过程中的第一步。这相当于是说，维系“生成-主体”全部过程的是认知的意志，是言说、发声、思考和再现的欲望。在一开始，只有这一欲望——求知的欲望，也就是说，关于欲望的知识。

这一基本的、主要的、重要的、必要的，因而是原初的求知欲，就它从根本上是产生思想可能性的真正条件而言，在思想的核心部分中保持着未经思考的状态。欲望是那种思想的先验条件，它超出了思想过程本身。

这就是为什么我认为,通过性差异计划——这一计划意味着女性表达出渴望摆脱基于菲勒斯来构建身份认同的欲望——思考新型女性主体性的任务,意味着思想形象和结构本身的改变,而并不只是改变思想的命题内容。通过思考性差异问题,意味着要重新构想思想与生活的关系,以及思想和哲学的关系。换言之,性差异打开了通往重新定义思想普遍结构的道路,而并不仅仅是女性特有的结构。

再次重申,德勒兹的"生成-女性"将男人和女人合并到一个新的、据称是超越性别的性征中去,这是有问题的,因为它和女性对自身历史斗争的认知相冲突。我想强调时间因素在这里的重要性。你可能会说德勒兹在更长的、分子的生成时间(Aion)和记录的、克分子感知的时间(Chronos)之间做出了区分。如果我们将这一区分应用到生成-女性的讨论中来,我们会认为,在Chronos层面,女性,在历史的这个时刻,重新定义她们政治主体性和身份的要求是合法的,而且不能轻易放弃她们政治自主性中与性别有关的特殊方面。如前文所述,德勒兹似乎认为这一点过于强势。与之同一逻辑的论点是,为了将以菲勒斯为基础的范畴去神秘化,人必须首先获得能够发声的位置。由于分裂是女性的历史处境,我们只有这样的选项：要不就是不同意德勒兹的生成理论，要不就断言自时间之始女性就已经是德勒兹式的（在 Chronos 意义上）。我又一次发现，德勒兹并不打算将时间变量同另一个同样重要的变量交叉在一起，也就是性差异，因此未能实现时间和历史性别化（genderization）的可能性。

克里斯蒂娃在她的文章《女人的时间》（*Women's Time*，1981）中深入探讨了这一点，她认为有一种双重层次的生成。一个是更长的、历史目的论的线性模型，另一个是更为不连续的、个人谱系和无意识欲望的时间。在拉康的影响下，克里斯蒂娃将其发展为女性主义立场的拓扑学，在不同话语的世代中组织起来，每一个都以其历史性的特殊意识为标志。这相当于将女性主体性的特殊形式与历史意识的特殊形式自动结合起来，这已经因其内在的民族中心主义和欧洲中心主义的历史感等原因受到严厉的批评。这一争论超出了本章的范围，但我想保留的一点是，正是时间的性别化导致了相应历史时序的性化。在克里斯蒂娃的论述中，和大多数主张性差异的哲学家一样，性别之间的不对称性延伸至存在最基本的结构，包括空间和时间。相比之下，德勒兹的生成理论和时间哲学显得幼稚地不加区分。

关于性差异，类似的幼稚也同样体现在《什么是哲学？》（*Quest-ce que la philosophie?*）一书中，当德勒兹思考哲学中关键概念人物（conceptual character）"成为一名女人"的可能性时："如果女性自己成为哲学家会发生什么？"（Deleuze and Guattari 1991）我可否冒昧指出，只有非女人才会把这种可能性视为一个伟大的新奇事物，一个前所未有的事件，或一场内在于哲学秩序并能将其颠覆的大灾难？我越是阅读德勒兹，越是为他那非常真实的，也就是在概念方面的似是而非感到震惊：因为生成的过程，远不是在一股涌动出不同形式和连接的流动中消解所有身份，也许它本身是性别特殊的，在性别上差异化的，并因此根据不同的性别位置采取不同的形式。

换言之，对我而言，德勒兹的生成理论似乎显然由他作为一个具身男性主体的位置所决定，以菲勒斯为基础消解身份，导致完全绕过了性别，迈向一种多样的性征。然而，这可能并不是最适用于女性具身主体的选择。德勒兹怎么会看不到，这种对性差异的中和，只会破坏女性重获政治主体性的过程呢？

为了证明我对消解性差异的担忧，让我用"对女性而言的危险"来举例说明我的观点，我将从我在生殖技术方面的工作谈起。正如我在其他地方论述的

(Braidotti 1989a)，在20世纪末，一个重大的新事实不是加剧死亡的权力，而是管理生命的权力：这在福柯"生命政治"概念中得到了最好的表达。生命技术的凝视已经穿透了生命物质的终极结构，将那些迄今仍不可再现的事物可视化：多功能卫星眼探索外太空、显微镜下的镜头探索子宫内部、海床的深度正在被"开发"、难以觉察的高科技飞行实验室将"智能"炸弹直接投入第三世界首都城市的民用防空洞的通风口。

可见性和可理解性，是施以操纵、资本化和种族屠杀的必要前提。生物技术学家正是现代认知主体的代表，德勒兹将其描述为白人、西方人、男性、成年人、理性的、异性恋者、城市居民、讲标准语言的人。在他专横的目光下，时间被冻结、空间被压缩、生命有机体被分解。通过离身化，转变为无时间的物质被资本化的状态：晚期资本主义是一个没有身体的器官时代。

冻结时间的过程在人工生殖中非常明显。生殖过程被分解为一系列不连续的步骤：冻结精子、卵子或胚胎，使受精过程无限暂停。另一方面，体外受精引入了一种新的中断方式：激素预处理/卵子培养/细胞分裂/将胚胎转移到子宫内/(可能的)受孕。

与此同时，相比于技术化，更加社会化的实践，例如代孕母亲，将生殖过程的连续性分解成一系列不同层次的“母性”：卵巢的、子宫的和社会的母性。通过将整体置换成构成它的部分，生命权力的时代，意味着一个无身体的器官时代，这一时代专门瓦解母亲的象征性形象。超声波屏幕最终解开了我们一直好奇的秘密，起源的场所/景象被揭示了出来。以美国有线电视新闻网（CNN）般的速度和效率，你可以迅速跌至你俄狄浦斯式的遥控按钮的底部，最后独自与卑贱的、不可描述之物共处。你所见到的事物，无论是胚胎还是胎儿，实际上是一个女人身体中的一部分，不过这已经不再重要。

在生命技术的世界里没有女人，只有一个子宫的包裹。一位科学家在一本知名的法国科学杂志中曾抱怨胎盘是如何混乱，而实验室作为一个受孕环境是多么卫生。人类物种能够在这般不卫生的环境里生存数千年，这一定令你感到非常奇怪！从女性主义视角来看，尤其存在问题的是，生命技术对母体的占用恰恰发生于女性明确要求对身体和生殖能力进行政治控制的历史时期。因此，我们又回到了时间（Chronos）的问题上。假如我们服从生命权力的逻辑，女性将被强行从基于异性恋父权家庭的传统母职形式中脱离出来,转向同样男性化的高科技生殖。从封建主义到后工业主义一气呵成,却跳过了最重要的阶段,即以女性为基础重新定义女性主体性的,从根本上成为一个主体的过程。

因此,我再次回到我的问题:德勒兹这样敏锐的哲学家,为什么没有推进对这一矛盾的深入思考,而是在关于女人生成-分子的讨论中止步不前,表现出系统性的犹豫不决呢?我可否再次冒昧指出,正是因为德勒兹的"位置"在其他地方:他与女性主义的主张接近到足以支持另类女性主体性的赋权,但又与之保持一定距离,以回避真正地解决问题,"我知道,但是……"我打算展开探讨关于"位置"的观点,明确"位置"不一定与生物差异有关,而是关乎社会象征的差异。我将给你们举另一个案例,来自德勒兹在伊拉克战争问题上的立场。他谴责这场战争是美国也就是全球资本造成的后果,将其官僚体系中的附庸(萨达姆)炸回到工业革命之前的条件,以便通过谋杀和传染病引发对全部人口的种族灭绝。这是一场纯粹的战争。

在这一案例中,德勒兹选择了一个特殊的位置视点:从他对资本主义的抨击出发。然而,他本也可以选择另一个同样"基于-少数"的出发点:比如库尔德人的立场，或者其他反对萨达姆的人。然而，政治说到底不过是成了一张理论建构地图，德勒兹绘制了他自己的拓扑学，他完全有权这样做。[①] 因此“我知道……但是”这一模式与其说是回避或者否认的时刻——不如说是任性的(willful)选择或判断的时刻，德勒兹对此再诚实不过了。这反过来表明，假如你要绘制自己的地图，它也是来自你的位置视点。作为一个女性主义者而言说，我认为证实了位置政治及性差异的重要性，标志着性别之间的不对称位置。我们的具身和历史性定位的主体性也决定了我们可能绘制的政治地图和概念图式的种类。换言之，在探索哲学的过程中，不可避免地会出现做选择和确定优先次序的时刻，而在那个特定时刻，性差异起着重要作用。作为一个德勒兹主义者而言说，我相信欲望才是政治变革的有效动力，而不是任性的变革，我体会到“我知道，但是……”模式是德勒兹思想中的一个真正、实在的矛盾。

福柯曾经说过：“或许有一天，这个世纪将被视为

---

① 这里政治本身是一种理论建构的地图，暗示了德勒兹没有顾及政治的实际需要，而是停留在纸上谈兵的抽象原理推演。拓扑学原指只考虑相对空间关系而不考虑实际距离和位置的抽象几何学，在这里是比喻意，指脱离了实践。——译者注

德勒兹世纪。”我猜他指的是 21 世纪。显然，我们还没有到那个阶段，但德勒兹很可能是第一个证明了成为一名始终如一的德勒兹主义者是多么困难的人。这甚至可能是一个矛盾的说法，但我们不要太悲观，这只是一个时间的问题——当然是 Aion，而不是 Chronos！

第十章　嫉妒与忘恩负义：女性主义中的男人

男性是一个生物学的事实：Y 染色体（男性）是一个不完全的 X 染色体（女性），也就是它有一组不完全的染色体。……作为一个不完全的女性，男性终其一生都在试图实现自身，成为女人……男人，由于他执拗于弥补自己不够女人的不足，再加上他无法与人沟通，缺乏同情心，他把世界搞得一团糟。

——瓦莱丽·索拉纳斯

在我们置身其中的生成的节段之间，可以建立起一种秩序或一种表面上的进化：生成-女人，生成-儿童；生成-动物，植物，或矿物；生成各种各样的分子，生成-粒子。

——吉尔·德勒兹

为了生成，人需要有一个性别或一个本质（必然是性化的）作为视域（horizon）。否则这个生成将只是部分的或多重的，而没有自己的未来，导致放弃对这

> 一进程中的他者,或大他者中的小他者的责任。生成意味着充分实现一个人可能成为的全部。这一过程显然是开放的。
>
> ——露西·伊利格瑞

1990:怎样成为一名德勒兹女性主义者

尽管我沿袭了游牧哲学的酒神精神,致力于另类价值的快乐、积极的肯定性,但有时,一场愤怒的批判似乎是不可抗拒的,也是必要的。每当我向“男性主流”的后结构主义哲学投以讽刺的目光时就是这样。我首先要问的问题是,男性在女性主义中的位置。游牧女性主义者如何看待这个问题?“女性主义里的男人”的概念存在某些吸引人且可疑的方面,像许多其他发言者一样,我的目光落在介词“里”(IN)上,思考它所开启的空间维度。它是永恒的性别战争的战场吗?是身体性别主体性正面碰撞的空间吗?我只能把这一话题设想为一个相互关联的具有紧张关系的纽结、一个激烈动荡的区域、一系列矛盾。

在这个过程中,我真心反对这整个看法:男人不能而且不应该“在”(IN)女性主义里:女性主义的空间不是他们的，也不是给他们看的。因此，我们正努力玩的话语游戏要不就是极其危险的，要不就是异常挑衅性的——或者两者都有。想到所有阶级/种姓的男人，对算得上是女性主义者的握笔的女性知识分子感到迷恋、疑惑甚至恐惧，一种不耐烦的情绪就涌上我心头。我不知道对于他们来说问题在哪里，因此，为了让我的讽刺在字里行间浮现，我试图修改/变形一个符号（sign），然后写下“非女主义（Pheminism）①里的男人”，取代菲勒斯（phallic）的潜文本。比如说，何必坚持一个字母呢？

语境的局限

在福柯教给我的所有知识中，“思想的物质性”这一概念对我的影响最为深刻。人不可能从支配人们阐释实践的真理和权力的形式网络中抽象出来。思想是尖锐的话语事件，不可能简单地从命题内容的角

① 非女主义（Pheminism）为菲勒斯（phallic）和女性主义（feminism）的组合，表示对以菲勒斯的方式介入女性主义里的男人的讽刺。此处使用音译、意译结合的译法，或也可译作“菲勒斯女性主义”“非女主义”。——译者注

度进行分析。

对我来说，在陷入民族中心主义困境的欧洲思考“非女主义中的男人”（men in Pheminism）的事情有点奇怪。我不能说在我心里或在我努力生活的环境里这是一个重要的问题。从积极的意义上讲，这个问题是非常美国的。美国男人对女性主义表现出来的兴趣，反映了一个特殊的历史和文化背景：在这种背景下，女性主义的研究成果已经成为学术领域的前沿。不过这不是欧洲面临的情况。

作为一名欧洲女性主义者，我对将女性主义简化为“女性主义理论”，并把两者限制在学术话语里的行为感到既抵触又失望。这种态度说明了一种危险，即妇女研究课程的先驱者从一开始就强调：我们的男性“盟友”可能无法学会如何尊重女性主义提出的物质基础、经验基础以及复杂性问题。根据里奇（Adrienne Rich 1977）明确分析的一个世纪以来的旧心理习惯来看，女性主义中的男人无法抵挡缩减这一复杂性的诱惑。为了弄明白女性主义理论和实践，他们将女性主义计划精简化为一个模子。他们被他们学着视为“理论”的东西蒙蔽，在女性主义的道路上横行霸道，仿佛女性主义与其他学科并无本质区别。他们正在践踏我们。

“他们”是那些白人、中产阶级男性知识分子，他们掌握着“正确”，因为他们意识到了女性主义理论的颠覆性优势所在。“他们”是非常特殊的后垮掉派(postbeat)一代，是“经历”了 20 世纪 60 年代动荡的、新保守主义之前的四十至五十岁的男性，继承了当时的价值观和神经症。“他们”是 20 世纪 90 年代政治反动的“后女性主义”(postfeminist)背景下的“新男人”(new men)。“他们”是我们遇到的最好的男性朋友，但“他们”不完全是我们所希望的那样子。“他们”在面临危机的文学院里绕着妇女研究系转悠，因为他们知道，这里是少数仍然在扩招本科生和研究生并提供经济支持的学术领域之一。“他们”暗中玩弄学术生涯游戏的伎俩，明知女性主义位置政治的规则，却视而不见。“他们”知道女性主义理论是后现代忧郁废墟上最后一座具有建设性激进思想的堡垒。“他们”意识到了这一事实，关于现代性以及之后的争论与女性的问题息息相关。他们当中有些人是男同性恋理论家和活动家，他们的政治敏感可能最接近女性主义者的关切。其次是异性恋的“花花公子”(ladies men)①，他们着迷于女性特质，这种癖好莫名其妙，以至于引人注意。

异性恋男人在知识上缺失的东西是他们在历史上的位置的反映——对性别差异专有的目盲，用“性别歧视”(sexism)一词来评价是不够充分的。位置政治确实不是他们谱系遗产的一部分。他们没有沿袭一个对他们的性别身体存在进行压迫和排除的世界。由于他们的性别，他们不会有被压迫的生活经验。因此，他们大多数人都没能从女性主义的理论和实践、思想和生活的衔接(articulation)中掌握女性主义的特殊性。

也许他们别无选择。在众多少数族裔和被压迫的群体为自己发声的历史时期，做一个男人、白人、中产阶级、异性恋知识分子一定非常难受，此时白人认知主体的霸权正在瓦解。由于缺乏性别压迫的历史经验，他们自相矛盾地缺乏一个负数(minus)。由于缺失着缺失，他们不能参与进撼动西方文化的思想风暴中：除了成为历史上压迫女性的人的经验参照对象，被迫解释他的暴行之外，没有别的选择。这的确

① 花花公子(Ladies men)，指在女人堆里打转的男人，表现出明显喜爱女人或特别关注女人的男人，受到女性身上不可言说的神秘女性性的吸引。——译者注

是非常痛苦的。

从我的视角来看，问题是对女性的排除，和对“女性性”——或“黑人性”——的贬低，这不是一个可以凭一点善意就可以修复的疏忽。相反，他们指出了在男子气概的自我合法化和理想的自我投射的文本和历史的连续性中里潜藏的主题（Lloyd 1985；Benjamin 1980）。在女性身体上——她的缺席、她的沉默、她的无资格，是菲勒斯中心主义话语依赖的东西。这种“形而上学上的吃人”，格蕾丝·阿特金森（Grace Atkinson 1974）从子宫妒忌的角度来分析，将女性定义为默默无言地形塑男人主体性的基础——男性故事的可能性条件。精神分析理论，无论是弗洛伊德学派还是拉康学派，都围绕着起源的问题——母亲的身体——通过阐明使父亲的存在成为必要的心理机制，将父亲的身体视为对母亲的权威象征。

根据露西·伊利格瑞的说法，我将精神分析视为一种父权制话语，它主张并提供了一种形而上学吞噬女性性（潜能）力量使其沉默的政治解剖学。伊利格瑞将女人的（女性性、母性）隐喻与它们的受害或历史压迫的境遇等同起来，拒绝将女性性、母性的话语从西方文化里女人在历史的现实条件和状况分离。她不是变成黑暗大陆的一员，而是生来就如此。问题在于，如何将数百年以来的沉默转化为女性在存在的各个方面作为主体的存在。我确信“她们”知道这一点，不是吗？

在所谓现代性的时代，有两种现象同时出现：一方面，妇女运动和以女性为中心的研究复苏；另一方面，理性思想作为西方哲学话语里的人类伦理观念和认识论原则面临危机。从尼采开始，到欧洲的各大哲学家，女性的问题一直伴随着人类主体性传统观念的衰落。因此，“女性性”的问题只不过是西方文化及其菲勒斯逻各斯中心主义逻辑顽疾的一个复杂的隐喻，一种症状（Braidotti 1982）。这是一种男人的疾病，体现了利奥塔所描述的后现代状况的临界状态（critical state）。我的论点是“女性性”与现实生活中的女性没有直接的甚至没有必然的联系。在某些方面，它甚至延续了一个世纪以来旧的心理惯习，也就是将男人的失序或不足（insufficiencies）归咎于“女性性”。

在当代欧陆哲学里，尤其是在法国哲学中，“女性性”都是一个强大的工具，以表达重新定义人类主体性的批判性意图。从拉康主张的女人不可能说话（Lacan 1977a），因为她的沉默、她的缺席，或相对于菲勒斯中心的话语的前中心性（ex-centricity）使男人的话语大厦得以建立，到德里达的禁令（injunction），在它不能言说的范围内，“女性性”作为一个最普遍的能指发挥作用（Derrida 1987）；从福柯苍白无力的断言，即女性在哲学剧场上的缺席构成了哲学游戏的话语规则（Foucault 1984），到德勒兹“生成-女人”的概念标志着人类意识的质变（Deleuze and Guattari 1972, 1980）——思想的女性化似乎被描述为我们时代反人文主义的总体计划中的一个基本步骤。

这些概念元素的组合是自相矛盾的：偏偏在女性开始能够使用话语、权力和快感的历史时刻，出现了解构、否定或取代理性主体的概念，同时主张“女性性”或“生成-女人”的理论话语——女性作为现代性的形象，对我来说是很成问题的。这一方案错过的是对一项政治计划的精心设计。

后结构主义的主将（high priest）宣扬主体的解构和分裂，以菲勒斯逻各斯中心主义为前提的所有身份的连续流动（flux）。也有可能他们继续将女性主义解读为他们自己人类意识中习得感知的形象危机。事情的真相是我们无法解构一个从未被充分赋予的主体性，我们无法传播一种在历史上被定义为黑暗和神秘的性。为了宣布主体之死，人必须首先获得作为主体言说的权利；为了揭开元话语的神秘面纱，人必须首先能够进入发声的场所。自我的分裂变成了女人的基本历史状况，正如露西·伊利格瑞指出，我们只剩下了为两性提供一个普遍的“生成-女人”理论这一选择，或者断言女性从一开始就已经是后现代的(Irigaray 1977; Cavarero 1987, 1990)。

我知道关于现代性和后现代性的争论危险地浮现在女性主义微观话语领域，我只想强调，自法国后结构主义兴起之初，“主体之死”的观念就已经被高估了。只是由于科学技术令人惊叹的巨大进步，所谓的人文社科领域不得不接受自身作为阐释和分析现实的体系的局限性，但这并不意味着不存在体系、不存在解释或理解，也不存在现实。只是因为现代哲学已经发现了人类主体性和话语的黄昏，只是因为这模糊了一个世纪以来自我和他者之间的区别，但这并不必然意味着对自我不再有确定性。只是因为，自19世纪末以来，认知主体在本体论上的安全感已经受到动摇，但它并不意味着所有的旧概念——比如主体性、意识和真理——都不再行得通。现代性的危机(Krisis)的意思是，哲学必须努力重新定义这些术语，我们有可能通过这些术语充分思考我们的历史状况。我们需要的是对理性的理性批判，尽管这听起来可能自相矛盾。

我认为女性主义和哲学现代性只能与权力和策

略联系起来。当我对主张“生成-女人”或将(后现代的)主体女性化的理论家坚持极端的批判立场时,我想知道是什么让他们突然想要开始这一反菲勒斯的计划?男性思想家在他们生成“女性化”的行动中想要驱逐什么?这些新的男瘾症患者想要什么?在我看来,这种做法不过是旧形而上学食人主义(cannibalism)的当代版:它表达了男性渴望延续他们所固有的霸权传统,它揭示了他们不顾一切地依附他们传统的发声位置。这是嫉妒。

他们嫉妒一段被压迫的历史,而妇女运动的政治意愿已经将压迫转化为一种重要的批判立场,来发挥出她们最大的优势。正如一位亲密的男性朋友悲伤地说:“你的立场,毕竟是理想的。”我想知道,这是谁的想象。在这里我们不是面临着一个男性中年危机的主题吗?“他们”不是在专业和个人事务上轻易陷入了严重的混乱吗?“他们”不是只是向女性主义者投射了某些传统的“大写女人”的形象,一种威胁的、全能的、吞噬性的存在吗?作为女性主义者的女人,正如她声称的那样,既不是母亲,也不是妓女,而是同时兼具这两种身份,难道这是一个新的理想形象吗?我们是否又一次陷入了伪装成“女性主义理论”权威学术研究的异性恋性变态之中?

在发达资本主义的时代，性差异的社会表现形式被一种新的雌雄同体形态打乱（Badinter 1986；Lipovetsky 1983），生殖技术的革命已经给予了男性实现他们自古以来想要自己生育的梦想的手段，（Corea 1986），在我看来，男性的子宫妒忌已经达到了巅峰。除了少数忧郁的逃跑者只是坐着默默凝视着像贝克特一样空旷的空间，这里菲勒斯的遗址（monument）和文件（document）已经崩溃。在这一分裂的宇宙中，现实生活中的女性的空间和角色将会是怎样的？我害怕一个使性差异变得多余的后现代世界，提出一个被剥夺了稳定性别认同的主体形象，复制了外部的性交活动，甚至可能奢侈到成为“非女主义者”（Pheminist）。终于只有自己了！

三个旧金币和其他交易

1990 年，在我写作时身边放有三本书，这三个标题提醒了我作为一名女性主义者的来历：意大利激进女性主义者卡拉·隆齐（Carla Lonzi）《男性在女性主义中的存在》（*La Presenza dell'uomo nel femminismo*），伍尔夫的《三个旧金币》（*Three Guineas*）和菲利斯·切斯勒(Phyllis Chesler)的《关于男人》(*About Men*)。我想不到关于“非女主义”(Pheminism)中的男人的法国女性主义文本。这三本书,这些书——女性亲身生活经验的片段,确保我在提出“男人”的话题时已经驱散了我青春期所残留的幻想。回想起当时,对“男性”的想法似乎包含了我身份的答案,我不只是女人,而且是这样一种女人:因为整个社会政治系统的强制,我的全部条件反射迫使我为有机会思考、讨论和梦见男人而感到快乐。然后我是如此迟疑。这个话题轻而易举地弹入我的视线中,既吸引人又令人怀疑。我反对强制性的异性恋,哪怕是升华了的异性恋(Rich 1980);我不准备,甚至也没有兴趣分享关于男人的私密话题。“女性主义中的男人”这一话题,主要引发了一种在严肃的事实上的不满。

我要从哪里说起?许多环节都消失了。至少弗吉尼亚·伍尔夫选择了一种过渡的立场,她站在桥上,观看这个疯狂的父权制世界——有知识的男人、有权力的男人、战争的头领,赶去实现他们内在的死亡愿望。她在二战前夕写下了气势磅礴的《三个旧金币》,而今天,在1989年后,海湾战争之后的欧洲,我非常怀念她。与以往多次一样,我再次对我们这个种族灭绝的世界感到无比恐惧和难以言说的悲伤。

弗吉尼亚·伍尔夫远远地看着这一切，仿佛悬浮在半空中，是前-静态-复杂的（ex-static-implicated），是外来的、绝对的他者，但又是父权制忠诚的女儿。从外介入，从边缘连接，不完全认可她所看到的一切，但又与人类的共同事业足够接近，以至于能够真正承担起这个令人筋疲力尽的烂摊子的责任，并敢于说出这些话："不是这样的，根本不是这样做的。"

我们无法从父权制的物质和话语实践中置身事外，没有绝对的纯粹或不受污染。尽管妇女运动的非混合性（nonmixity）是一个有力的策略，是一种鼓励以女性为中心的分析模式的方法，但是它不能在概念上掩盖我们与不断歧视我们的系统的牵连，掩盖我们与将我们分配至低级地位的价值体系里的文化的牵连。我们生而自由，但过着打折扣的生活。我们没有选择，只能"在"（IN），把一只脚伸出来——一次又一次地分裂。

还有一种思想上的分离主义。作为一名女性主义者，我的言说立场已经让我习惯将女性视作我尊敬的对话者——对男性女性主义者的未来，我只能带有一丝善意的疲倦。女性主义者在我心里是一个斗士、一个赢家、一个（再）复仇者、一个活动家、一个社会人物。她通过拒绝来介入父权制。愤怒、反叛和对正义的热情让她“在”(IN)，卷入进她与敌人的生死搏斗里。由于意识到菲勒斯，她想要“在”——她是政治改革派：想要让女性一直“在”。

然而，女性主义者并不是我的全部。她与我作为一个女人与其他女人团结在世界上共同存在(being-a-woman-alongside-other-women-in-the-world)有直接而密切的关系。正如里奇所说——存在一个女人的共同世界，一个以女性为中心的世界观连续存在，我的主体性依附于其他女人的存在。我心中的女人不是一个父权制里的“全职”(full-time)成员，她既拒绝也不接受。她在任何地方——在边缘上、在外围里、在阴影下(拉康精神分析学家对此乐此不疲)，她无法用一句话来概括。与拉康相反，我坚持认为我那相对于再现系统的前-中心性指向了“创造意义”的另一种逻辑、另一种方式。我内在的女人不是沉默的，她是女人自己创造的象征指代系统的一部分，是属于女人自己的象征系统的一部分。她只是在说一门另外(an-other)的语言，一门截然不同的语言(伊利格瑞)。莫妮克·维蒂格在她的文章《直率的思想》(*The Straight Mind*，1980)中声称，父权制中的女性拒绝进入的边缘与女同性恋的身份有关。我和里奇一样认为，象征的女同性恋模式，超出了仅仅将女性视作情欲对象的选择的范围。选择爱一个女人并不是摆脱父权制逻辑的充分条件(尽管它可能是必要的)。语言和性不是人们可以回避、绕过并最终逃离的空间结构。

“我内在的女人”是在语言里的,但在其中是一个不断变化的过程。“我内在的女人”直接与我选择成为的女性主义者联系,和强制异性恋保持距离,同时维持与男人之间的交往——尽管不一定是“非女主义”(Pheminist)的男人。把她从被定义为黑暗大陆的“女性性”或作为永恒伪装的“女性气质”的陷阱中解脱出来将耗费我一生的时间,我拥有的全部时间。“我内在的女人”正在与其他女性一起,但并不唯独代表她们,重新定义人类。成为一名女人(Being-a-woman)作为一个主体存在性生成的本体论前提始终存在:我们必须从身体和主体性的身体根源入手。

这是女性主义的重要性所在:它所蕴含的伦理和超越性价值,根本不可能简化为另一种意识形态或理论——一种供大众消费的谬误(doxa)或教条(dogma)。女性主义也是对成为女性主体的女人本体论欲望的解放:超越无性别的主体性这一传统视角,将主体重新纳入他的物质现实中。让性差异最终发挥作用。女性主义作为旨在肯定女性主体性的理论计划就像一道门槛，越过这一门槛，两性之间根本的不对称最后转化为性差异的问题。正如伊利格瑞所说：这就是我们世纪末的乌托邦。

2010：德勒兹的女性主义遗产

第一代的德勒兹主义思想家都没有料到福柯的预言会这么快到来："我们即将迎来德勒兹的世纪。"继后结构主义哲学的语言学分支遭受了近二十年的冷遇后又占据理论霸权之后，对游牧思想的兴趣在过去几年中的突然爆发让许多人感到措手不及。

然而，这对女性主义者思想的影响是喜忧参半的。这位《反俄狄浦斯》的合著者明确告诫人们，不要过于狂热地正统解读他的作品。他积极鼓励他的读者和学生进行创造性的反叛。德勒兹宣扬在概念上反对哲学前辈的权威，一名德勒兹主义者只需要将批判性与创造性结合起来。这与德勒兹在女性气质和生成-女人的概念上的矛盾立场尤其相关。

基于女性主义是一种怀疑的诠释学，它作为脱离主人和女主人声音的因素发挥作用。因此，作为一个女性主义德勒兹主义者，也就是说，一个反俄狄浦斯的热衷忤逆的女儿，是宣扬在概念上造反的少数哲学家之一，我很轻易地就在一个理想的位置上找到我自己。事实上，有什么能够比与主人声音拉开结构化的——外部引起的（由女性主义发起）——距离更加德勒兹主义？从这一位置（location）来看，我发现自己越来越惊讶地看着新德勒兹派哲学家们死气沉沉的严肃风格，我想知道他们怎么可以这么恋母，还能逍遥法外。因此，请让我提出一个出发点，哀悼反俄狄浦斯的非主人的适当方式，很可能是给予积极多重的差异乐于挑衅的肯定，甚至尤其是对他的追随者。一种可爱的不敬——甚至是对他自己哲学的不敬，是为新思想形式和新哀悼仪式赋权的方法之一，即在一种非俄狄浦斯行为中生成-德勒兹主义者。

德勒兹和女性主义理论的联系是多重复杂的。首先，性和欲望的积极性得到了高度重视。正如福柯教我们的那样，性和性差异成了西方的支配性权力话语，它要求具体的批判分析（Diamond and Quinby 1988；Braidotti 1991b；McNay 1992）。广义的生成-女人对于解构菲勒斯中心主义的认同来说是必要的起点，这是因为性二元论及其必然结果——将女人定位为他者性的形象，是西方思想的组成部分。正是因为历史而非生物上的原因，性别身份在解构过程中才得以凸显。由于西方文化赋予性以经济、文化和象征的重要性，它遵循的逻辑是，性别和性差异在历史上一直是构成主体性的主要因素，尽管绝不是独特的因素。在复杂的自我技术和它们所连接的复杂权力网络里，性是一个重要元素。通过这一路径，德勒兹的思想与女性主义对性的批判产生了交集。然而，德勒兹关于性差异的最终目标是走向最终的克服。游牧或强度的视域是一种“超越性别”的主体性，它是分散的、非二元对立的、多重的、非二元论的、相互关联的、非辩证法的，并且是在一个连续的流中，而非固定的。“造型”中所表达的思想，如“多性态”(polysexualtiy)、“分子女人”(molecular woman)和“无器官的身体”，德勒兹去菲勒斯化的风格对此做出了积极的贡献。

我试图表达的是，在某种程度上，德勒兹和女性主义理论之间的相互联系只是一个亲和力的问题——一种表皮(epidermic)的问题。非传统的、挑衅的、非线性的游牧风格吸引了女性主义者的无政府主义精神，她们试图改变并主导科学话语的模仿关系。造型的问题可以在这里形成一种重要的纽带，因为它标志了一种重心的转移，将重心从思想的命定内容转向了指控他们所表达的内容的质量和强度。这一点对女性主义理论家而言不乏吸引力，女性主义理论家们主张思想过程、生活和生活经验之间的接近性。事实上,女性主义已经为重新思考存在的生命过程做出了贡献,从字面意义上说,就是重新思考心理和生理、理论和经验之间的空间。女性主义哲学家(Lloyd 1985)还将这种转变与推翻几个世纪以来的二元论的任务联系在一起。正是这种克服二元对立、重新连接生活和思想的追求,构成了女性主义和游牧思想的潜在联盟的底线:只是一种共同承诺,即重新思考主体性,将其视作一个强度的、多重的、不连续的相互关联的过程。我将把它表达为后现代主义的激进前沿,也就是说,超越批判,建立一个有历史位置的主体的共同体,以非种族中心主义和非菲勒斯逻各斯中心主义方式探索相互关联性。读者们,如果觉得这个表述很拗口,那毫无疑问它确实如此。

不连续的生成

尽管哲学游牧主义和主张性差异的女性主义理论有一些共同的重要假设,但它们也有很大的不同。它们之间的分界线在于是否强调将性差异理解为两性之间的不对称关系。换句话说,德勒兹和伊利格瑞不同的地方在于是否愿意优先考虑解释主体性的充分再现形式，以及女性主义政治的性特殊性。这种差异是概念性的，也是政治性的，它聚焦于“生成-女人”的概念。

对伊利格瑞来说，和德勒兹一样，主体并不是一种物质，而是一个物质和符号之间的协商过程，它影响一个人的具身、情境的自我。从这一视角看，主体性命名了这一过程，在一个语法“我”的虚构同一性下，将能动与反动不同形式的互动，同对这些条件的抵抗串联起来。主体性是一个过程，由不同层次之间的权力和欲望的转移和协商组成，由意志的选择和无意识的驱力之间的不断转换组成。无论同一性的表象(semblance)如何，都没有上帝赋予的本质，而是将许多层次的虚构编排进一个社会化运作的自我。这意味着维持生成-主体的全部过程的是认知的意志、言说的欲望、发声的欲望，作为一个基础的、首要的、重要的、必要的，因此是生成的原初欲望。

德勒兹的多重性，同生成-少数和女性主义理论的性差异之间存在紧张的关系。这一矛盾强调将女人主体从大他者那被征服的位置(在苏格拉底俱乐部的宴会上自我贬低的侍仆)中解放出来的困难。重新定义女性主体性的问题关键是如何使女性表达出一种“不同的差异”,摆脱西方哲学所禁锢的对立、二元思维的霸权框架。在女性主义视角里,焦点是对菲勒斯逻各斯中心女性再现的解构,还有现实生活中的女性经验和潜在生成。换句话说,女性主义者的问题在于如何激活政治和认识论的能动性,以不同的方式定义女性的主体性。露西·伊利格瑞的哲学让我相信,解构菲勒斯逻各斯中心主义的问题与发生在女性生活里的具体变化脱节是不可想象的。然而,追求一种女性主体性不同的、积极的视角需要从整体上重新定义人类主体性。

然而,德勒兹和伊利格瑞存在一个共同的基础,即他们都表达了要超越拉康主义的欲望。毫无疑问,他们对拉康精神分析的批判采取了不同的形式。伊利格瑞集中抨击拉康派提出的以菲勒斯能指为中心的菲勒斯逻各斯中心系统在心理和历史上的必然性。她提出用一种女性象征来取代它,在一种不再以菲勒斯为中介的想象中表达。另一方面,德勒兹建议我们重新思考主体性,而不以任何一种性别为参照,因此也不以任何特殊的象征系统为参照:后认同的游牧政治意味着政治斗争的去性化(desexualization),同时维护一种性别化的多元性征(generalized polysexuality)。生机经验论(vitalist empiricism)与情动性(affectivity)相互联系。欲望是一种积极性,而不是缺失。欲望是一种位置绘图的理论实践。主体性是一种激情驱动的非人或机器的连接网络,是德勒兹的关键概念。它们也构成了德勒兹批判拉康的基础,拉康在德勒兹眼里过于强调辩证对立、形而上学的物质幻象和目的论的身份结构。这里没有女性特殊性的空间。

到底是谁的生成?或男人的女性主义复仇

菲利普·古德柴尔德(Goodchild, Deleuze, and Guattari 1996)在他对德勒兹和加塔利哲学的实用介绍里总结了德勒兹的追随者对“生成-女人”的正反两方面的讨论。古德柴尔德重申了一种带有偏见的论点,反对女性主义对德勒兹生成的解释。这种观点比德勒兹以前的文本更不能同情或理解女性主义。指责女性主义关于主体性的悖论观点,甚至完全没有努力欣赏它的复杂性,却对德勒兹同样明显的悖论视而不见。古德柴尔德以令人不安的严肃态度践行了俄狄浦斯情结中的尽职儿子的角色,实行了双重标准。

反对女性主义哲学的主要理由是，它属于多数派范围（Majority-bound），通过否定与菲勒斯相连，对自身完全没有意识。对于新一代的德勒兹主义者而言，女性主义充其量只是在菲勒斯中心主义/克分子的再现方案内的辩证再造。“他们再次阉割了欲望。”（Goodchild，Deleuze，and Guattari 1996：177）女性主义者被限制在阉割和否定性的一面中，被限制在尼采式的奴隶道德中，被限制在以神经症和怨恨为养料的消极激情中。我发现古德柴尔德在这一点上更偏向德里达而不是德勒兹，前者明确将女性主义逼入了菲勒斯偏执的绝境，并参与了反对“女性-纳粹”的憎恶运动（见“女性主义中的男人”一章）。这一立场进行了双重的贬低：对女性主义和德勒兹的思想。首先，女性主义被贬低为疯狂迷恋于单一的性差异，损害了其他的差异。其次，古德柴尔德对女性主义差异哲学一无所知，然后宣称所有对德勒兹的女性主义解读都是完全错误的。古德柴尔德采用了一种僧侣式的自命清高的方法，开始厘清形势，规定解读他的主人声音的正确对话路线。

结论呢？古德柴尔德把结论放在脚注里，尽管这才是真正的重点：

性的多重化，失去了具体的女性身份可能会给女性带来历史性的危险——确实，它在短期内肯定是危险的，但思想中的支配性的权力结构通过批判的路线可以得到分析和颠覆，关闭批判的路线会给女性和少数群体带来更严重的长期历史后果，因为他们总是首先承受社会弊病的影响。德勒兹和加塔利的革命目标是推翻社会领域内最隐蔽、最分子化、最不易觉察的权力机器(Goodchild, Deleuze, and Guattari 1996：177)。

女性主义有潜力成为其中之一吗？由此推论，在社会领域里最阴险、因此也可能是最反动的就是女性主义的顽固还有固执的坚持(对于古德柴尔德来说)，女性的问题不能被边缘化，也不能将其委托至一个不可能的未来。然而，德勒兹和福柯都称赞了女性主义是唯一将生活和思想重新联系起来的社会运动，它将生活的、私人的，这些马克思主义没有质疑的一切政治化。对于德勒兹一代而言，女性主义远没有落后于时代，而是一个真正的思想、概念和实践的实验室。这使古德柴尔德的还原(reduction)尤其令人失望，在我看来，这是危险的。这种危险的本质在于，将对德勒兹生成理论的检验委托至一个遥远的未来，从而使其偏离了自己内在的使命，成为这个世纪最后的乌托邦，而这个世纪已经有了太多的乌托邦。

我确实认为，假如游牧哲学无法让那些少数群体站在自己一边——德勒兹明确承认他们是他理论化的转型推动者，那么无论是这一世纪还是任何其他世纪都不会成为德勒兹的世纪。真正时不我待的是，将德勒兹的激进计划融入当代文化的可能性，以及因此将他的哲学在政治上进行肯定性运用的可能性。

然而，更正统的德勒兹主义者却玩得更狠，他们轮流指责女性主义德勒兹主义者的无能或极端政治正确。“我怀疑你的论点是一种分子/道德论(molar/moral argument)。”伊恩·布坎南(Ian Buchanan)最近专横地指出：“你的发声是代表女性主义部门的吗？我认为你对德勒兹和加塔利抱有偏见，否则你不会这样说话。你只是受了别人对他们评价的影响。”痛点就在这里：对德勒兹的女性主义解读要么不纯正、不够哲学，要么就偏离了主题。无论如何，她仍然是那些过度痴迷的俄狄浦斯狂热者的施暴和蔑视的对象。面对这种否定，女性主义者这位叛逆的德勒兹派的女儿不禁要问，是否所有批判的判断力都已经离开了她的同伴的头脑，以至于对德勒兹唯一可能的回应就是被重生的新德勒兹派积累资本化或无头脑的崇拜？对德勒兹的这种俄狄浦斯式回应让我觉得有悖常理。

我认为没有理由将女性主义单独拎出来，作为唯一需要“清理”的社会和理论运动，清理它潜在的定居性（sedentary）、分子化或霸权的倾向。尽管女性主义确实包含了制度化、建制化和全面审查（stock taking）的过程，但女性主义在这一方面并不孤独。所有社会运动都要经历活动的动荡、解体甚至内部崩溃的不断波动，以及定居化。没有这些政治强度的变化，政治赋权就是不可能的。我不屈服于这些左派廉价的反女性主义，也不屈服于像卡米耶·帕格里亚（Camille Paglia）一样肤浅的后女性主义者的口号，我更主张将这一分子化/定居的/制度化女性主义的危险置于一个变革和转型的历史语境中。女性主义既在社会变革和进步的线性时间框架内运作，又在自我结构的更深层变化的更不连续的时间序列里运作。这两种运动自相矛盾的相互依存关系是这一运动的驱动力；在我看来，这也是这场运动获得深远成功的关键所在。

然而，女性主义者的游牧主义的情况也同样有力量，它意味着对女性主义本身造成的“分子化”或平等意识的身份政治具体标识进行批判。因此，伊利格瑞（1987）和她那一代人批判了女性主义政治的解放模式，这种模式的目标也许可以草率地归纳为希望将女性作为一等公民纳入权力体系中，这种权力体系在传统上将她们局限在次等的位置。伊利格瑞在对波伏瓦的批判中指出，这只是一个性别辩证法的逆转。这在短期内可能会使女性获益，但从长远来看，这基本上会巩固现有的权力结构。因此，这很可能会造成包容同样多的排斥，尤其是在“少数群体”的女性中。换句话说，女性主义发展了她们对多数人及其让人麻痹的目光，以及被同化进男子气概模式的陷阱和局限的怀疑论。这些发展在历史和概念上，都与伊利格瑞、德勒兹和他们那一代人的哲学旅程一道。

男人的生成-少数

然而，隧道的尽头有曙光。让我以积极的男性德勒兹派女性主义者的声音作结，他们也是脱离了这里：保罗·帕顿对德勒兹的“生成”概念的评论（Paul Patton 2000）让我觉得更有用，更有说服力。

帕顿认为德勒兹和加塔利明确拒绝评价他们理论工具的有用性或有效性。这等于将他们的思想建立在一个自我指涉的真理理论之上，而这是完全违背他们的哲学前提的。就像福柯一样，他们将自身视作工具的提供者，而其他人必须检验这些工具。因此，接下来，就看我们其他人如何从他们的档案中进行挑选和选择，看看我们能够从理论和政治上为我们的计划目标投入什么。其用意是显而易见的：如果某种工具不起作用，那么就可以对其进行改造或淘汰，代之以更合适的工具。认识到这一点的过程就是艰苦的思考过程。一个人往往动手来思考，而手很少是干净的。

更重要的是，帕顿在当前女性主义者和德勒兹派理论家关于生成-女人/动物等方面的争论中指出了一个严重的错误。也就是说，将生成解读为必然甚至最好导致性别的毁灭的倾向。在这一点上帕顿超越了马苏米（Massumi），在我看来，帕顿提出了一个非常重要且亟须的视角转变。翻译成我的语言，我想说的是我们需要将游牧式的生成过程从“超越性别”这一误导性的尝试中摆脱出来。重要的应该是拆解、重组和转移构成性（sexed）和性别（gendered）的主体性基础的过程。帕顿谨慎地强调了生成的非目的论本质：它们是既无开始也无结束、既无起源也无终点的过程。它们的目的无非是变革、重配和迁移。它们“在任何时候向一切开放”（Patton 2000：83）。因此，尝试将生成过程与人类或妇女解放的总体目标联系起来是徒劳的。

另一批当代德勒兹派，通过充分发挥哲学游牧学的创造性动力，绕过了德勒兹女性主义遗产和他关于女性性或生成-女人的结构性矛盾的陷阱。例如，布赖恩·马苏米提供了一个精彩的案例，说明了如何将绘图模式以及由此产生的对新造型的追求用于阐述与德勒兹文本和女性主义理论体系之间创造性的、非俄狄浦斯式的关系。在强调哲学风格的重要性时，既要强调概念创造力的必要性，也强调追求新的思想形象或另类造型的必要性。马苏米是德勒兹派的思想家中最注重写作形式的一位，他的写作形式既表现了内容，又强化了内容。马苏米极富创造力，他的写作就像一场持续不断的实验，体现了德勒兹思想对他的重要性，也证实了尝试模仿德勒兹是徒劳的。

与马苏米的作品相比，阿方索·林吉斯（Alphonso Lingis）是一个有趣的对比。林吉斯的文本同样具有创造性，不过在吸收主人声音的方面却歇斯底里得多，给我的感觉是德勒兹风格的强化。他们将德勒兹的前提推向了极致，往往极富诗意，然而，有时读起来却像是滑稽的模仿。林吉斯提醒了我另一位忠诚的德勒兹派，意大利人布拉迪（Franco Berardi），1977 年政治运动的前领导人。在他最近关于全球化、游牧学和新技术政治的写作中（Berardi 1997），布拉迪采取了一种颇具预言或远见的模式。受到尼采的启发，布拉迪与林吉斯一样，在同一文本中混合了诗歌和理论的声音。在我看来，这种对连贯性有益的不尊重，与在图形设计和时间顺序上的不连续性的天赋是相辅相成的。有时，他的文本流露出一种世界末日的基调，但大多数情况下，这些文字以一种高水平的强度运作。他们构成了一种游牧的感性的独特表达。这种感性以悲剧性的严肃态度嘲笑“血腥资本主义”(Splatterkapitalismus)(Berardi 1997:7) 是一种恐怖的表演，以及嘲笑被封在“百忧解国家”(Prozacnation)(Berardi 1997:7) 中的合法主体并不那么可怕的惰性。值得注意的是，林吉斯将女性性纳入其中并进行模仿，比弗则置之不理，反而强调了男性游牧主体的重要性在于在一个似乎不想要生产任何东西的时代追求一种激进的政治。

另一方面，马苏米的作品与林吉斯和布拉迪的作品不同的地方在于，他宽容到不受任何自我指涉的束缚：他是那种无我(egoless)的人。这使他能够追踪那些较少得到再现的生成模式，因此具有更高的创造性能量。马苏米的文本本质上是政治性的，在地质学和谱系学上都被建构为多层(multilayer)的地层(strata)，不符合任何可预测的对称性。他的政治理论文本(Massumi 1992a，1992b)历时性地介入了社会无意识以及建构和维系社会无意识的欲望流。马苏米的作品是图表式的，因为他绘制了欲望主体的流程图，欲望主体包括多数-主体(Majority-subject)和他的"他者"或少数群体。他也强调了单一事件或演员、文本、历史语境和其他影响之间的相互关联性。这种对文本产生的效果、文本引发的情动性，以及支撑文本物质性的相互关联性的关注，都是我高度重视的绘图学所关注的核心。它引发了我认为最重要的全部效果：它使读者变得不稳定，就像蒙德里安画作中的对角线一样，它唤起了生成-少数，让读者向往它。这一欲望对德勒兹主义的图表或"抽象机器"来说是重要的，它们以流程图的绘图模式发挥作用。在马苏米对正统的反叛或无视中，他甚至没有尝试过俄狄浦斯情结的忠诚，毫无忠实模仿的打算，从而完美表达了德勒兹哲学里概念的核心之处。

在一个超前的酷儿时代，仍然谈论男人和女人甚至可能显得不合时宜，更不用说他们各自与女性主义的关系了。然而，在当代社会和学术劳动力市场的竞争背景下，在"理论大战"和许多"理论竞赛"之间的撕扯下，这些看似过时的范畴得到了新的关注。男女(male-to-female)职业实践的统计数据不言自明，"政治回击”(backlash)[①]这一词甚至不足以形容女性主义者的理想和实践在实现过程中面临政治障碍的程度。“兄弟们”可能已经学会了欣赏理论上的复杂性和多重性，但在实践上远没有做到大方地遭遇积极的差异。各院校自身也迟迟没有贯彻女性主义和反歧视实践，结果导致女学者的经济贫困程度高于男学者。各院校长期的拉锯战证明，其中伴随的水平层面上的阻力(horizontal resistance)和垂直层面上的等级制度(vertical hierarchies)比我们这代人预料的更为严重。

然而，这不是一个悲伤的结局，而是在社会生活的方方面面，包括我钟爱的学术研究、教学和哲学思想领域，在女性主义赋权这条漫长而曲折的道路上的一种深刻的反思。斗争仍在继续。为了避免现成本质主义的陷阱，避免将女性预设为原初的、本质的他者的陷阱——为了避免她复数的嘴唇重复某种一律性(uniformity)，我们女性主义者明确声明需要一项游牧政治的计划、实践和运动。我们需要把“积极”放回到“行动主义”中。差异要发挥作用，就必须在我们

---

① Backlash，该词指在政治或社会事件上遭受强烈的反应或反对。可译作回击、回火、反冲、反弹。——译者注

共同世界的此时此地集体地引入行动(acted ON)和展现行动(acted OUT)。在21世纪，这一理想也应成为男人女性主义及其“非女主义”追随者的核心。超越嫉妒和忘恩负义的原则——性差异的伦理：因此，我自豪并理应自豪地继续做一名人类，这个意大利—澳大利亚—法国—荷兰的女性是一个有性别的、终有一死的物种，拥有着多种语言、多重区位(location)和归属。如果你愿意的话，干脆就叫我游牧“在过程中(work-in-process)的女人”吧。

第十一章 结语：激情的几何学
——与罗西·布拉伊多蒂的对话[①]

鲁特维卡·安德里亚塞维奇（Rutvica Andrijasevic，以下简称“鲁”）：您在性差异和具身性方面的研究对女性主义来说至关重要，它使您成为当代女性主义理论中最有影响力的思想家之一。阐明主体性的新造型是您的理论和政治热情所在。然而，在性的问题上，尤其是在女同性恋的性问题上，您并没有真正地直言不讳。这其中有什么原因吗?

罗西·布拉伊多蒂(以下简称“罗”)：你可能是对的——我并不怎么热衷于公开谈论性话题，很多评论我作品的人也因此批评了我。然而，在这个问题上，

① 这次访谈是在 2006 年 8 月下旬于波兰罗兹(Łódź)举行的第六届欧洲性别研究会议期间进行的。朱迪斯·巴特勒和罗西·布拉伊多蒂都在全体会议上发表了演讲，并进行了极具挑战性的理论交流。关于这两个演讲的精彩评论，请参见《变革的门槛：布拉伊多蒂、巴特勒和关系伦理》(Transformative Thresholds：Braidotti，Butler and the Ethics of Relation)，见 http://www.metamute.org/en/node/8508。

我的生活方式和政治实践是非常“公开”(out)①和坦率的：我在人生中的大部分时间里都是公开的女同性恋，而且确实在 1999 年与我的爱人公开举办了盛大的婚礼。我一直在寻找自己的方式来表达一种符合我实践和感受的性观念。结果做成了一些有趣的文本实验，例如，我已经写了一章明确讨论我个人生活和爱情的内容，这本书在意大利出版，是我与我三个最好的朋友合著的。②最近，我和我的伴侣同意参与一个有趣的实验，是我的老朋友伊莉丝·瓦尔莫比达(Elise Valmorbida)策划的，她和我一样是意大利裔澳大利亚人，住在伦敦；这是一本幸福爱情故事的合集。我喜欢冒险公开一个最被低估的女性主义文化话题：幸福。③人们对达到极致的快乐持不自信的态度，我经常对此感到震惊，尽管这也是所有小报和女性杂志作为核心商品来营销的主题！

当然，我在性议题上相对沉默的真正原因是出于理论：我不相信性是身份的关键所在，更何况我对整个身份认同体系持坚决的批判态度。我是第一代的后结构主义者，所以我发现，对性的强调在我们文化

---

① “公开”(out)同时暗指了“出柜”之意。——译者注

② Braidotti et al. 2002.

③ Valmorbida 2007.

中是推销稳定的功能化身份最主要的形式之一。你得瞎眼才会看不到在我们的世界里，无论是主流文化还是反文化，性的“真理”和色情的“本真性”(authenticities)无处不在。在这一点上，我看不出《绝望主妇》和《拉字至上》之间有什么明显的区别：两者都强调要追求真实的身份，做出实现性满足的承诺，都制作与之相关的节目，夸大这方面的内容并从中获利。对我来说，这是我们文化中普遍的性商品化的一部分。

鲁：然而，在所有人当中您是最了解再现有多重要的人。难道您不认为，女同性恋和男同性恋的性再现——比如《拉字至上》和李安的《断背山》，对于承认“其他”性取向，并进一步争取酷儿群体的权利很重要吗？

罗：是的，当然——我的确不反对流行文化，但如果我们从这个话题开始，那么我们需要重新讨论许多没有说出来的东西。比如，“色情”——让我们读读这个词。我们娱乐业提供了泛滥的软色情，让我们许多人在不同程度上享受一种成瘾模式——可怜的、得不到性满足的大众一直沉溺其中，无法自拔。在《拉字至上》里有一些非常火辣的性爱。它很可爱，但是它迎合了时尚杂志对口红女同性恋(lipstick lesbians)①的想象——拥有完美身材和健康银行账户。我知道，这是浪漫幻想生活的玩意，但我们应该实事求是地称呼它的名字，欣赏它的真实面目，而不是假装它有任何激进力量或颠覆性意义。事实上，它的激进程度不过相当于茶余饭后的谈资(after-dinner mint)！我们只是因为它贴着教我们鄙视的身份标签——"拉字"(L word)才偏爱它，准确地说，它现在被重新包装成对我们来说有魅力的东西。我对这一积极的重塑品牌活动感到高兴，但我也充分意识到，这是在身份政治的消费主义模式里发生的，这种身份政治得到了发达资本主义的支持，与之十分契合。

对我来说，《断背山》和《拉字至上》都是说明身份政治已经变得多么不危险的典型例子。你只是得到了一个另类的文化包装，证明你所代表的小众市场。酷儿活动家应该联合抵制这一先验身份的新自由消费主义的方式。种族主义活动家已经这样做了：保罗·吉尔罗伊(Paul Gilroy)在分析泰格·伍兹、迈克尔·乔丹等男运动员身体的市场营销时指出，黑人身

---

① 参见 http://www.nextgenderation.net/projects/alterglobalisation/esf2006/index.html。

体现在被美化和商品化,但这并不意味着种族主义已经结束。我认为我们正在落入一个圈套,把发达资本主义对我们政治和个人欲望的巧妙利用当作解放。性解放一词是个矛盾的说法——“通过”性不能获得解放,至少在我们所处的发达资本主义体系里不能。在这个体系中,身份变成了商业化的产品,它被重新包装为自我表达和解放的行为。在这一体系中没有越界行为——只有整合和同化到一个盈利机器里的连续层次。在这一问题上我们需要更多的自我反思:酷儿不能自动等同于颠覆。相反,有时候我认为这是将性扁平化为一种支持个人主义的、索引性别特质的(sex-indexed)①特殊实践。

鲁:那么,您对性别身份的立场是什么?

罗:我只是不相信性取向(sexuality)作为反身份认同诉求的支柱应得到激进运动的确认和维护。我认为,如果我们要将性酷儿化,我们需要对我们快感和欲望的游牧组织绘制新的地图。这包括新的责任模式和讲述自身经历的方式。“公开发声”(speaking

① “Sex-indexed”表示某个特性在性别间的差异被用作索引或度量标准,用来描述特定性状或特质在性别之间存在差异或与性别相关。在生物学、心理学和社会科学中,研究人员经常使用这个术语来指称在男性和女性之间存在显著差异的特性。这些性状可能是生物学特征、行为模式、心理特质等。——译者注

out)曾是一种颠覆性的公共介入模式，那个时代现在已经真正结束：在我们的文化中，媒体行业的所有工作都在用私人经验挤占公共领域。我认为，我们需要把重点从单独的性转移到性的全部复杂性上来。对我来说，性涉及以多种多样的方式建立的关系（relations）和关联（relationality），它把身份扩展为一张关系、相遇和连接的网络。性是强烈的好奇、开放和肉身智慧（carnal intelligence）。尽管不乏毁灭的危险和自身造成的风波，它仍然是一种肯定性的力量。对我而言，性只有作为一个实验、冒险的场所才具有意义，我坚持把它与道德责任和关怀结合起来。我猜，这是在对渴望的强度、对责任的需求以及我对复杂性的追求之间寻求平衡的一种行为。

然后，对我而言，问题马上变成：为什么在这个世界上同性恋和异性恋人群之间有这么大的差别？为什么不考虑其他变量来衡量我们的激情几何学？其中一个变量可能是纯粹的强度。真正的区别是性欲适度的人和性欲旺盛的人之间的区别，我经常对这一事实感到震惊。这不只是一个量的问题，也是一个质的差异问题——因为它产生了不同“种类”的性（sexuality）。我们都不讨论激情的程度、水平和几何学。为什么我们不讨论著名的女同性恋欲望之死的问题，或者选择女同性恋主义（lesbianism）①作为一种逃避性的方式？当然还有我的最爱——讨论心灵的性欲如何？你看，我们就是不讨论有趣的事情，因为我们沉迷于身份政治。

鲁：您谈到了性、沉默和知识。正如您所列举的，沉默的领域确实有很多。但我想知道，课堂和课堂里的关系是否可能也成为沉默的领域之一？

罗：我认为你说得很对。不过，这是一个棘手的问题——作为一个欧洲妇女和女性主义研究的先驱之一，我认为这是一个非常爆炸性的议题，我们这一代的人没有时间或精力充分讨论它。从我自己的经历来看，在我负责乌得勒支计划并担任发言人期间，我没有感觉到我可以公开个人生活的很多方面，因为我担心会对计划造成损害。重要的是，这是我作为乌得勒支大学人文学院杰出教授的新角色首次接受采访，而不是作为性别研究主任。

另一个有趣的方面是理论和理论家实实在在的诱惑，尤其是在哲学里：杰出思想家实质上的吸引力是巨大的。他们实施了大规模的引诱行为。这与为

① 参见梅里德·沙利文的《女同性恋之死：女性主义者与酷儿之间的欲望与危险》（Lesbian Death: Desire and Danger between Feminist and Queer）。——译者注

什么某些理论流行而其他理论不流行有很大关系。这涉及“明星体系”(star system)在某些观念的接受过程中所扮演的角色,还有更基本的一些议题,我对此有许多疑问:知识是如何传递的?知识的传递和性之间有什么关系?在理清楚这些问题之前,我们的酷儿理论都非常不充分,因为它们将继续聚焦在对立议题,集中在性文化不对称的方面,而不是肯定的方面。我认为,强调不对称性有它的政治功能,但它应该得到进一步理论化,而不是从权利角度把不对称性转化为法律框架——尽管变性人(transsexual)或双性人(intersexed)的权利是一个重要的议题。

鲁:以不同的方式思考性和欲望存在的一个局限,尤其是在公共领域里,可能与我们文化特别关注欲望对象,关注他者性别化的身体,而不是关注调动欲望的过程有关。

罗:确实,强调对象的选择对于论述另类的身份(alternative identities)是关键的。毫无疑问,对象的选择实际上起着重要作用,但是性取向不仅是以对象为导向的“选择”。我们受到欲望驱使,而不是我们自己驱使欲望——是我们的对象选择了我们,而不是反过来。正如我在个人精神分析中学到的,欲望是一种激情的规划(scenario)或几何学(geometry),似乎遵循着一些令人痛苦的可预测模式。学会识别这些模式是一个通过多重实验来历练的后验过程。这就是一个人的爱情生活。

也许,关于为什么我不满足于仅强调对象的选择这一问题,我的个人经历是我唯一能有意义地谈论它的依据。我作为一名女同性恋的经历,涉及在对其他人深层次的吸引和感知上,整个情欲想象的转变。我需要对此做出现象学的描述。鉴于“他者”是一个主体——也就是说,是一个多重的、动态的复杂性网络,而不是一个单一的、简单的身份,学会将“我们之间的空间”表达为一个充满欲望、强度和理解的空间,正如同学习一门新的语言。欲望不仅是邂逅(encounter)的条件之一,而且也是其效果之一。所以,不仅是让你感到激情的对象吸引了你,而且是对方存在的某种条件和模式真正吸引了你的注意力,并激发了你的情欲强度。对一个女人的欲望为我打开了感知之门,但它不仅与对象的选择有关。我想表达的是,选择一个“禁忌”对象是打破旧编码的一个先决条件,因此必须去建构或学习新的对象。这就是变革的时刻:爱上一个女人并没有什么绝对的颠覆性,所以对我来说,这一经验并不意味着我只受女人的吸引,而是意味着我总是受“其他方面”(otherwise)的吸引,意味着欲望条件的变动和转化。

女性主义对这种深层想象结构的转变谈得还不够多。在色情想象的转变方面上,西苏做了一些有趣的工作,但她过于形而上学和宇宙化(cosmic),要将她的观点落地存在一定困难。上一代的里奇做得很出色,但我们现在需要更新它。弗洛伊德的精神分析学派本身已经变得保守,它过分强调对象选择与驱力表现相关联的重要性。这种相当老套的观点主张一种欲望的热力学[①]。但它一方面过分关注在社会得到认可或尊重的对象上,另一方面又过于强调驱力的熵逻辑,这并不能解释关系的几何学[②]或分子水平[③]的欲望(molecular level of desire)。这是一种极其局限的性观念。

---

① 欲望的热力学,指弗洛伊德的精神分析理论脱离社会现实来分析欲望,仅仅从纯理论的角度去阐释"欲望"。比如运用热力学定律和熵增原理来分析欲望,在个案分析中把个体当作独立于社会关系的存在。——译者注

② 关系的几何学(geometry of relations),这个概念在这里可能指的是人与人之间关系的复杂性和多样性,以及这些关系如何在社会和文化中被构建和理解。这个比喻暗示了关系并非是线性或单一维度的,而是多维的、动态的,有着不同的结构和模式。个体之间的关系不是孤立的,而是相互连接和影响的,形成了复杂的社会结构。——译者注

③ 分子水平,指肉眼不可见的,只能通过抽象推理或高精密仪器观测到的微观世界。比如下文所提及的光线质量、荷尔蒙等。——译者注

鲁: 您所说的分子水平的欲望是什么意思? 从分子水平思考欲望, 与将欲望理论化为一个辩证法的对立模式有什么不同?

罗:我的出发点是,性意味着关系,它在相遇中实现。这是一个关于何人、何事、何时、何地触发欲望的问题。这可能是由于千百种不同的模式形成的。欲望不只是与对象选择、当事人的生理性别或社会性别有关。它与更广泛的场景(picture)有关:相遇时刻的光线质量、空气的温度和激素水平。我感兴趣的是谈论颠覆身份范畴的方式,同时在描述欲望实际如何出现的地图中重构它们。在我看来,它们往往是在语境中出现,或在地域中出现;它们总是在一个环境里出现;他们总是根茎地横越在各种强度的无限领域中。德勒兹和弗吉尼亚·伍尔夫在这方面写得很优美。例如,当弗吉尼亚·伍尔夫写到薇塔·萨克维尔-韦斯特(Vita Sackville-West)时,总是围绕着她无比迷人的双腿和贵族般修长的脸型来组织空间。一张被爱的面孔是一处欲望的风景,因为它关乎你的欲望"对象",但基本上它关乎其他事物——纯粹的加速或速度。

当代欲望以这一模式运作:部分原因是我们非常多面(multifaceted),部分原因是我们的技术,部分原因是全球化，可以说，我们不是辩证地而是多边地(multilaterally)受到触动或吸引。我认为，性的游牧酷儿化让一种嬉戏的多形变态①得以在“我们之间的空间”(space between us)激活和流通。这种与他者的相遇实际上是一种与他性的关系，它被定义为开放性或多重关系性。关系使欲望的现实化(actualization)成为可能，但欲望仍然不可言说，因为它是触发整个过程的动力。在这一意义上，德勒兹说欲望总是虚拟的是有道理的。

鲁：对性的讨论主要由酷儿理论和行动主义发起。男同、女同和酷儿在性方面上的理论研究并不涉及想象力的转变，或者说没有解决欲望如何在身体之间的空间里构成这一议题。正如朱迪斯·巴特勒的作品表明，对性的讨论过于强调批评异性恋，过于强调维护变性人和双性人的权利。众所周知，您不是一名酷儿理论家，但难道您不认为，您重新思考欲望的兴趣，同颠覆生理性别、社会性别和欲望范畴的酷儿计划之间存在交集吗?

---

① 多形变态(polymorphous perversity)，由西格蒙德·弗洛伊德(Sigmund Freud)提出，指“性”在社会化和性心理发展过程中被塑造之前的无定形和多变的性质。性能量(力比多)未被明确地引导到特定的目标和对象中，并能够将性能量集中在任何方向和任何对象上。这里引申为女性主义与酷儿运动对性能量的自我塑造实践。——译者注

罗:我的游牧主体与酷儿实践确实是非常兼容的,只要我们在活动中统一术语和结构。性对我而言不是以语言为中介的,而是以一种肯定的方式开展多重关系实验的具身实践。在我的书《变形》(*Metamorphoses*)中我已经费了大量篇幅批评巴特勒作品中的酷儿理论,她也在《消解性别》中做出了回应。这经常导致年轻理论家当中出现某种两极分化,似乎人们感到不得不做出非此即彼的选择。我们当中没有人认可这种简单的两极分化,但我们确实以不同的范式进行研究。在我看来,跨性别的范式是不充分的。这主要有三条原因:第一,这种范式具有文化特殊性,它源于如今占主导地位的女同性恋对异性恋规范的批判,从盖尔·鲁宾(Gayle Rubin)开始,到德·劳拉提斯,再到处于加利福尼亚阶段的莫尼克·维蒂格。这不能简单地照搬到欧洲女性主义的历史和概念上去,而如您所知,欧洲女性主义才是我深耕的领域。

第二,对于异性恋规范(Heteronormativity)是权力矩阵这一观点,我与酷儿理论在概念上存在严重的分歧。在我看来,异性恋规范只是一种权力模型,它不一定是主要的方面。权力关系不能只是被简化为强制的异性恋规范。权力没有矩阵。它不是一个中心化的概念,而是一种进行控制和规划的如网络般无处不在的情境。当然，福柯已经提过这一点！正如德勒兹和加塔利所言，权力的反动性或局限性方面削弱了我们身体的多重潜能和各个层面的欲望。权力对我们的强度和多形变态施加了一种普遍的盗窃，这是某种不同于性别二元论设置的东西，尽管后者（多性变态）是性别二元论接管的重要组成部分。抵制这种暴力剥夺的唯一方法就是去想象并制定其他的方式，在与他者的多重关系中用我们的身体做实验。性在过程中运作（work-in-progress），是冒险和探索。

第三，跨性别范式作为一种范式不能让我信服，原因有二。首先，我读过的大部分相关研究表明，跨性别群体渴望性的清晰度，希望清晰明确地归属于二元性别的某一极，认为这可以肯定他们的身份。这意味着性的不确定性作为一种范式，实际上无视了现实生活中跨性别者的欲望，并将他们的生活经验限制在一个整齐的隐喻中。然而，强调不确定性的程度，或居间性（in-betweenness）的程度，是发达资本主义特有的一种身份政治形式，它所强调的个人主义被狭隘地定义为选择权。在这里，我看到的全部是一个人在身份和生活方式的多元选择上存在一种量的增殖。再加上女性主义者、男同和女同的斗争目标往往隐含着的意图是摧毁“性别体系”，这形成了一套让人兴奋、但在我眼里难以为继的观念。

鲁：运用理论阐述欲望，并阐明将色情想象转移至主体构成的影响，探索这一新路径听起来很吸引人。然而，我不会由于当前酷儿的商品化而否定其政治潜力。我们面临的挑战也许在于，思考如何通过新联盟和议程来恢复其批判优势。可以尝试建立新的政治联盟，凭酷儿在颠覆性别身份上的投入，还有它为承认其他性别主体性而做出的努力，就可以成为其他新兴主体性的典范。在2006年于雅典举办的欧洲社会论坛上，下一性代（Next-GENDERation）和关于欧洲性工作者权益的国际委员会组织了一场名为“性工作行动”（Sex Work Moves）的研讨会，讨论各种抵抗实践。我们讨论了酷儿、性工作者和移民的运动之间存在的可能联盟，这种联盟建立的基础是共同挑战划定了虚假界限的体制边界，这一体制边界限制了性/劳动/空间上的流动，阻碍了对共同政治议程的表达。在欧洲，这对许多酷儿活动家来说都是一条全新的政治道路。

罗：我一直谨慎地将性定义为一个肯定、开放和实验的空间。政治则完全不同。尽管我相信，政治始于我们的激情，但我不认为这些激情能立即或直接进入公共领域，而公共领域是政治行动的场所。幸运的是，事情不一定非此即彼。在我们反文化运动中的政治工作，需要朝着这一方向改动，即改善和提高那些仍然被轻视和边缘化的身份所处的社会地位。这项工作是最为重要的。女性主义运动最先指出，政治是建立在相对狭隘的定义之上的，因此，其他政治场合可能更适合完成采用新的介入方式展开实验，并提出其他形式的行动主义。把政治局限在权利逻辑里是重要的，但还不够。这种方法把运动限制在一个诉求和补偿体系中，它不够具有肯定性。我想在某个地方想象一个空间，在这里，其他关于欲望如何以不同方式得到建构的模式和研究也可以得到探索。我们想说的是，我们正缺乏一种我称之为更具投射性或想象性的工作，它确实可以充分发挥我们已经成为的那种欲望主体的价值。这一政治模式对我而言是肯定性的，而不是革命性的解构。

正如你在社会论坛的例子中指出，颠覆性的时刻在于我们设法把欲望的某些其他模式重设为建构性的可行替代方案。假如我们不能确定酷儿的目标，那么他们只会陷入一种自恋逻辑中，重新确认那些禁锢我们的身份。

如果酷儿指的是一个动词、一个过程，而不是一种身份政治的标签,那么我同意谈论酷儿。游牧政治和酷儿理论是旅程中的同伴。不同的政治酷儿计划可以作为后结构主义思想的独立分支。这样,我们就可以一起工作,避免简单的极化,并仍保持某种共同的关注点。对我而言,这对于激活我们对非同一性的、动态的而又负责的主体性位置的集体欲望是必要的。那么问题就在于,哪些酷儿的技术、方法或路径能够重建并重新肯定凝聚社区的价值观,而哪些则成为个人主义式的自我表达,为一己之私美化性的不确定性的行为?肯定性的政治就是在具体和想象层面上展开的另类实验。相信未来的思想将批判理论的技能和分析工具用于构建另类可能规划的任务。这就是我看待我工作的方式。

参考文献

Acker, Kathy. 1990. *In Memoriam to Identity*. New York: Pantheon.

A Dictionary of Twentieth-Century World Biography. 1992. Oxford: Oxford University Press.

Afary, Janet, and Kevin B. Anderson. 2005. *Foucault and the Iranian Revolution: Gender and the Seduction of Islamism*. Chicago: University of Chicago Press.

Agamben, Giorgio. 1998. *Homo Sacer: Sovereign Power and Bare Life*. Stanford: Stanford University Press.

Alcoff, Linda. 2006. *Visible Identities*. Oxford: Oxford University Press.

Allan, S. G., and J. Hubbs. 1980. "Outrunning Atalanta." *Signs* 6:210—229.

Andrijasevic, Rutvica. 2002. "Europa non ci fa sognare." *Derive Approdi* 22: 137—143; rpt. 2005. "Europa lässt uns nicht träumen—Rosi Braidotti in Gespräch mit Rutvica Andrijasevic." *Project Migration* exhibition catalogue, pp. 832—835. Cologne: DuMont.

Archer, Robyn. 1986. *A Star Is Torn*. London: Virago.

Aronson, Anne, and Diana L. Swanson. 1991. "Graduate Women on the Brink: Writing as 'Outsiders Within.'" *Women's Studies Quarterly*, nos. 3 and 4, pp. 156—173.

Atkinson, Ti-Grace. 1974. *Amazon Odyssey*. Kirkwood: Putnam.

Badinter, Elisabeth. 1986. *Le Même est l'Autre*. Paris: Gallimard.

Badinter, Robert. 1985. "Discours de Vienne (20/3/85)." *Actes*, nos. 49/50, pp. 79—93.

Balibar, Etienne. 2001. *Nous, Citoyens d' Europe? Les Frontieres, l'Etat, le Peuple*. Paris: Decouverte.

—— 2002. *Politics and the Other Scene*. London: Verso.

Banksy. 2006. *Wall and Piece*. London: Century.

Barnes, Djuna. 1987. *Nightwood*. London: Faber.

Barthes, Roland. 1981. *Camera Lucida*. New York: Hill and Wang.

Bauman, Zygmunt. 1983. *Postmodern Ethics*. Oxford: Blackwell.

—— 1998. *Globalization: The Human Consequences*. Cambridge: Polity.

Beaudrillard, Jean. 1976. *L'échange Symbolique et la Mort*. Paris: Gallimard.

Benhabib, Seyla. 1990. "Epistemologies of Postmodernism: A Rejoinder to Jean-Francois Lyotard." In Linda J. Nicholson, ed., *Feminism/Postmodernism*, pp. 107—132. New York: Routledge.

—— 1992. *The Situated Self*. Cambridge: Polity.

Benhabib, Seyla, and Drucilla Cornell, eds. 1987. *Feminism as Critique*. Minneapolis: University of Minnesota Press.

Benjamin, Jessica. 1980. "The Bonds of Love: Rational Violence and Erotic Domination." In Hester Eisenstein and Alice Jardine, eds., *The Future of Difference*. Boston: Hall.

—— 1986. "A Desire of One's Own. Psychoanalytic Feminism

and Intersubjective Space." In Teresa de Lauretis, ed., *Feminist Studies/Critical Studies*. Bloomington: Indiana University Press.

—— 1988. *The Bonds of Love*. New York: Pantheon.

Benstock, Shari. 1986. *Women of the Left Bank*. Austin: University of Texas.

Berardi, Franco. 1997. *Exit: Il Nostro Contributo all 'Estinzione delle Civilta*. Milan: Costa and Nolan.

Bernal, Martin. 1987. *Black Athena: The Afroasiatic Roots of Classical Civilization*. London: Vintage.

Biemann, Ursula. 2000. *Been There and Back to Nowhere*. Berlin: b. books.

—— 2003. *Geography and the Politics of Mobility*. Vienna: Generali Foundation.

Blackman, Janet. 1977. "Popular Theories of Generation: The Evolution of Aristotle's Works." In John Woodward and David Richards, eds., *Health Care and Popular Medicine in Nineteenth-Century England*. London: Croom Helms.

Blondel, James. 1727. *The Strength of the Imagination in Pregnant Women Examined*. London: J. Peele.

Boaistuau, Pierre. 1598. *Histoires Prodigieuses et Mémorables*. Paris: Gabriel Buon.

Bocchetti, A. 1983. *L'Indecente Indifferenza*. Rome: Edizioni del Centro Cuturale Virginia Woolf.

Boer, Inge. 1996. "The World Beyond Our Window: Nomads, Travelling Theories, and the Function of Boundaries." *Parallax*, no. 3., pp. 7—26.

Bogdan, R. 1988. *Freak Show: Presenting Human Oddities for Amusement and Profit*. Chicago: University of Chicago Press.

Bogue, Ronald. 1989. *Deleuze and Guattari*. New York: Routledge.

Bono, Paola, and Sandra Kemp, eds. 1991. *Italian Feminist Thought*. Oxford: Blackwell.

—— 1993. *The Lonely Mirror*. New York: Routledge.

Bordo, Susan. 1986. "The Cartesian Masculinization of Thought." *Signs* (March), pp. 439—456.

Boscaglia, Maurizia. 1991. "Unaccompanied Ladies: Feminist, Italian, and in the Academy." *Differences: A Journal of Feminist Cultural Studies* 2, no. 3, pp. 122—135.

Boucé, Paul-Gabriel. 1985. "Les Jeux Interdits de l'Imaginaire: Onanisme et Culpabilisation Sexuelle au XVIIIème Siècle." In Jean Céard, ed., *La Folie et le Corps*. Paris: Presses de l'Ecole Normale Supérieure.

Bowles, G., and R. Duelli-Klein, eds. 1983. *Theories of Women's Studies*. London: Routledge.

Braidotti, Rosi. 1981. *Féminisme et Philosophie*. Paris: Université Paris I, Panthéon Sorbonne.

—— 1982. "Femmes et Philosophie." *Revue d'en Face*, no. 13, pp. 23—33.

—— 1983. "Modelli di Dissonanza." In P. Magli, ed., *Le Donne e i Segni*, pp. 23—37. Urbino: Le Lavoro.

—— 1985. "U-topies, des Non-Lieux Post-Modernes." *Les Cahiers du Grif*, no. 30, pp. 51—61.

—— 1986. *Les Cahiers du Grif*, no. 34, pp. 149—156.

—— 1986. "The Italian Women's Movement in the 1980's." *Australian Feminist Studies*, no. 3, pp. 129—135.

—— 1987. "Du Bio-Pouvoir à la Bio-Éthique" (From Bio-Power to Bio-Ethics)." *Cahiers du College Internationale de Philosophie (C. I. P.)*, no. 36, pp. 49—55.

—— 1989a. "Organs Without Bodies." *Differences: A Journal of Feminist Cultural Studies*, no. 1, pp. 147—161.

—— 1989b. "The Politics of Ontological Difference." In Teresa Brennan, ed., *Between Feminism and Psychoanalysis*, pp. 89—105. London: Routledge.

—— 1991a. *Beelden van de Leegte.* Kampen: Kok Agora.

—— 1991b. *Patterns of Dissonance.* New York: Routledge.

—— 1992. "Essentialism." In Elizabeth Wright, ed., *Feminism and Psychoanalysis: A Critical Dictionary*, pp. 77—83. Oxford: Blackwell.

—— 1994a. "Feminist Deleuzian Tracks; or, Metaphysics and Metabolism." In K. Boundas, and D. Olkowski, eds., *Deleuze: Text, Theory and Practice*, pp. 159 — 186. New York: Routledge.

—— 1994b. *Nomadic Subjects: Embodiment and Sexual Difference in Contemporary Feminist Theory.* New York: Columbia University Press.

—— 1996. *Madri, Mostri e Macchine.* Rome: Manifesto Libre.

—— 2002. *Metamorphoses. Towards a Materialist Theory of Becoming.* Malden, MA: Polity.

—— 2003. *Baby Boomers: Vite Parallele dagli Anni Cinquanta ai Cinquant'Anni*. Florence: Giunti.

—— 2006. *Transpositions.* Cambridge: Polity.

—— 2009. *La Philosophie, là oú ne l'attend pas*. Paris: Larousse.

Braidotti, Rosi, and Marie-Jo Dhavernas. 1985. "Discours sur le Corps et Discours sur la Vie." *Cahier du College International de Philosophie*, no. 1, pp. 42—48.

Braidotti, Rosi, Charles Esche, and Maria Hlavajova. 2007. *Citizens and Subjects.* Amsterdam: Mondriaan Foundation.

Braidotti, Rosi, Roberta Mazzanti, Serena Sapegno, and Annamaria Tagliavini. 2002. *Baby Boomers: Vite Parallele Dagli Anni Cinquanta ai Cinquant'Anni*. Florence: Giunti.

Brennan, Teresa, ed. 1989. *Between Feminism and Psychoanalysis*. London: Routledge.

Buikema, Rosemarie, and Anneke Smelik. 1995. *Women's Studies and Culture. A Feminist Introduction*. London: Zed.

Burke, Carolyn, Naomi Schor, and Margaret Whitford, eds. 1994. *Engaging with Irigaray*. New York: Columbia University Press.

Buruma, Ian. 2006. *Murder in Amsterdam: The Death of Theo van Gogh and the Limits of Tolerance*. New York: Penguin.

Butler, Judith. 1987. *Subjects of Desire: Hegelian Reflections in Twentieth-Century France*. New York: Columbia University Press.

—— 1990. *Gender Trouble*. New York: Routledge.

—— 1992. "Contingent Foundations: Feminism and the Question of 'Postmodernism.'" In Judith Butler and Joan W. Scott, eds., *Feminists Theorize the Political*, pp. 3—21. New York: Routledge.

Butler, Judith, and Joan W. Scott. 1992. *Feminists Theorize the Political*. New York: Routledge.

Califia, Pat. 1988. *Macho Sluts*. Boston: Alyson.

Calvino, Italo. 1972. *Le Citta Invisibili*. Turin: Einaudi.

—— 1988. *Lezioni Americane: Sei Proposte per il Prossimo Millennio*. Milan: Garzanti.

Canguilhem, Georges. 1965. *La Connaissance de la Vie*. Paris: Vrin.

—— 1966. *Le Normal et le Pathologique*. Paris: Presses Universitaires de France.

—— 1968. *Etudes d'Histore et de Philosophie des Sciences*. Paris: Vrin.

—— 1977. *Idéologie et Rationalité dans l'Histoire des Sciences de la Vie*. Paris: Vrin.

—— 1988. *Ideology and Rationality in the History of the Life Sciences*. Trans. A. Goldhammer. Cambridge: Polity.

Capiello, Rosa. 1984. *Oh, Lucky Country!* St. Lucie: University of Queensland Press.

Carroll, Lewis. 1977 [1865]. *Alice's Adventures in Wonderland*. London: Puffin.

Castells, Manuel. 1996. *The Rise of the Network Society*. Oxford: Blackwell.

Cavarero, Adriana. 1987. "Per una Teoria della Differenza Sessuale." In *Diotima: Il Pensiero della Differenza Sessuale*, pp. 43—59. Milan: La Tartaruga.

—— 1990. *Nonostante Platone*. Roma: Riuniti.

Céard, Jean. 1977. *La Nature et les Prodiges: L'Insolite en France au XVIème Siècle*. Geneva: Droz.

—— 1991. "The Crisis in the Science of Monsters." In Philippe Desan, ed., *Humanism in Crisis: The Decline of the French Renaissance*. Ann Arbor: University of Michigan Press.

Chanter, Tina. 1995. *Ethics of Eros: Irigaray's Rewriting of the Philosophers*. New York: Routledge.

Chatelet, François. 1970. *La Philosophie des Professeurs*. Paris: Grasset.

Chatwin, Bruce. 1988. *The Songlines*. London: Picador.

Chesler, Phillis. 1978. *About Men*. London: Women's Press.

Cixous, Hélène. 1974. "Le Rire de la Meduse." *L'Arc*, no. 61, pp. 39—54.

—— 1986. *Entre l'Écriture.* Paris: des femmes.

—— 1987. *Le Livre de Promethea.* Paris: Gallimard.

—— 1997. "Mon Algeriance." *Les Inrockuptibles*, no. 115 (August 20): 70.

Cixous, Hélène, and Catherine Clément. 1975. *La Jeune Née.* Paris: U. G. E.

Clément, Catherine. 1991. *Magazine Littéraire* 288.

Cohen, Robin. 1997. *Global Diasporas: An Introduction.* London: University College London Press.

Colebrook, Claire, and Ian Buchanan, eds. 2000. *Deleuze and Feminist Theory.* Edinburgh: Edinburgh University Press.

Colette. 1983 [1920]. *La Vagabonde.* Paris: Albin Michel.

Collins, Patricia Hill. 1991. *Black Feminist Thought: Knowledge, Consciousness, and the Politics of Enpowerment.* New York: Routledge.

Corea, Gena. 1985. *The Mother Machine.* New York: Harper and Row.

Corea, Gena. 1986. *Man-Made Women.* London: Hutchinson.

Courtivron, Isabelle de, and Elaine Marks. 1980. *New French Feminisms: An Anthology.* Amherst: University of Massachusetts Press.

Coward, Rosaling, and John Ellis. 1977. *Language and Materialism: Developments in Semiology and the Theory of the Subject.* Boston: Routledge and Kegan Paul.

Crow, Barbara A., ed. 2002. *Radical Feminism: A Documentary Reader.* New York: New York University Press.

Culley, M., and C. Portuges. 1985. *Gendered Subjects: The Dynamics of Feminist Teaching.* Boston: Routledge and

Keagan Paul.

Daly, Mary. 1978. *Gyn/Ecology: The Metaethics of Radical Feminism*. Boston: Beacon.

Darmon, Pierre. 1977. *Le Mythe de la Procréation à l'Age Baroque*. Paris: Pauvert.

Daston, Lorraine, and Peter Galison. 2007. *Objectivity*. New York: Zone.

Daston, Lorraine, and Katharine Park. 2001. *Wonders and the Order of Nature*. New York: Zone.

Deleuze, Gilles. 1953. *Empirisme et Subjectivité*. Paris: Presses Universitaires de France.

—— 1962. *Nietzsche et la Philosophie*. Paris: Presses Universitaires de France.

—— 1968. *Difference et Repetition*. Paris: Presses Universitaires de France.

—— 1969. *Logique du Sens*. Paris: Presses Universitaires de France.

—— 1971. "Les Intellectuels et le Pouvoir: Entretien Michel Foucault—Gilles Deleuze." *L'Arc*, no. 49, p. 6.

—— 1973. "La Pensée Nomade." In *Nietzsche Aujourd'hui*. Paris: Union Générale d'edition; "Nomad Thought." In David B. Allison, ed. 1985. *The New Nietzsche: Contemporary Styles of Interpretation*, pp. 142 — 149. Cambridge: MIT Press.

—— 1987. "Philosophie et Minorité." *Critique: Revue Générale des Publications Françaises et Étrangères*, no. 369, pp. 154—155.

—— 1988. *Foucault*. Paris: Minuit.

—— 1994. *Abécédaire*, 3 videotapes. Paris: Sodaperaga.

Deleuze, Gilles, and Felix Guattari. 1972. *L'Anti-Oedipe:*

Capitalisme et Schizophrénie I. Paris: Minuit.

—— 1980. *Mille Plateaux: Capitalisme et Schizophrénie.* Paris: Minuit

—— 1986. *Nomadology: The War Machine.* New York: Semiotexte.

—— 1987. *A Thousand Plateaus. Capitalism and Schizophrenia*. Trans. Brian Massumi. Minneapolis: University of Minnesota Press.

—— 1991. *Qu'est-ce que la Philosophie?* Paris: Minuit.

Deleuze, Gilles, Irene Diamond, and Lee Quinby, eds. 1988. *Foucault and Feminism.* Boston: Northwestern University Press.

Derrida, Jacques. 1967. *L'Écriture et la Différance.* Paris: Sevil.

—— 1972. *Marges.* Paris: Minuit.

—— 1978. *Eperons.* Paris: Flammarion.

—— 1980. *La Carte Postale.* Chicago: University of Chicago Press.

—— 1987. "On Reading Heidegger." *Research of Phenomenology* 7:171—189.

Deschaumes, Ghislaine Glasson, and Svetlana Slapsak. 2002. *Balkan Women for Peace: Itinararies of Cross-border Activism*. Paris: Transeuropéenes, Résaux pour la Culture en Europe.

Deutscher, Penelope. 2003. "Between East and West and the Politics of Cultural Ingenuity." *Theory, Culture, and Society* 20, no. 3, pp. 65—75.

De Waal Malefijt, Annemarie. 1968. "Homo Monstrosus." *Scientific American* 219, no. 4, pp. 112—118.

Diamond, J., and L. Quinby, eds. 1988. *Foucault and Femi-*

nism. Boston: Northeastern University Press.

Dreyfus, Hubert, and Paul Rabinow. 1983. *Michel Foucault: Beyond Structuralism and Hermeneutics*. Brighton: Harvester.

Duchen, Claire. 1986. *Feminism in France: From May '68 to Mitterand*. London: Routledge and Kegan Paul.

Duras, Marguerite. 1991. "Interview." In Alice Jardine and Anne Menke, eds., *Shifting Scenes: Interviews on Women, Writing, and Politics in Post-68 France*. New York: Columbia University Press.

Ehrenreich, Barbara, and Deidre English. 1979. *For Her Own Good: 150 Years of Experts' Advice to Women*. London: Pluto.

Eisenstein, Hester. 1984. *Contemporary Feminist Thought*. Boston: Hall.

Encyclopédie, ou Dictionnaire Raisonné des Sciences, des Arts et des Métiers. 1765. Vol. 7. Paris: André le Breton.

Fedida, Pierre. 1971. "L'Anatomie dans la Psychanalyse." *Nouvelle Revue de Psychanalyse*, no. 3, pp. 109—126.

Felski, Rita. 1997. "The Doxa of Difference." *Signs* 23, no. 1, pp. 1—27.

Fiedler, Leslie. 1978. *Freaks: Myths and Images of the Secret Self*. New York: Simon and Schuster.

Firestone, Shulamith. 1969. *The Dialectics of Sex*. New York: Picador.

Flax, Jane. 1987. "Postmodernism and Gender Relations in Feminist Theory." *Signs* 12, no. 4.

Flax, Jane. 1990. *Thinking Fragments*. Berkeley: University of California Press.

Foucault, Michel. 1963. *Naissance de la Clinique*. Paris: Presses Universitaires de France; 1983. *Birth of the Clinic: An Archaeology of Modern Perceptions.* Trans. A. M. Sheridan. New York: Pantheon.

—— 1966. *Les Mots et les Choses.* Paris: Gallimard.

——1972. "Preface." In Gilles Deleuze and Felix Guattari, *Anti-Oedipe: Capitalisme et Schizophréne I.* Paris: Minuit; 1984. *Anti-Oedipus.* Trans. Robert Hurley, Mark Seem, and Helen R. Lane. London: Athlone.

—— 1975. *Surveiller et Punir.* Paris: Gallimard.

—— 1976. *Histoire de la Sexualité*. Vol. 1. Paris: Gallimard.

—— 1977a. *Language, Counter-Memory, Practice.* Ithaca: Cornell University Press.

—— 1977b. *L'Ordre du Discours.* Paris: Minuit.

—— 1983. *Beyond Structuralism and Hermeneutics.* Chicago: University of Chicago Press.

—— 1984. *Histoire de la Sexualité*. Vols. 2 and 3. Paris: Gallimard.

Foucault, Michel, and Gilles Deleuze. 1972. "Les Intellectuals et le Pouvoir." *L'Arc*, no. 49, pp. 3—10.

—— 1977. "Intellectuals and Power." In D. F. Bouchard, ed. and trans., *Language, Counter-Memory and Practice.* Ithaca: Cornell University Press.

Fouque, Antoinette. 1991. "Women in Movements: Yesterday, Today, and Tomorrow." *Differences: A Journal of Feminist Cultural Studies* 13, no. 3, pp. 1—25.

Fox-Keller, Evelyn. 1975. *Reflections on Gender and Science.* New Haven: Yale University Press.

—— 1983. *A Feeling for the Organism: The Life and Work of Barbara McClintock*. New York: Freeman.

—— 1990. "From Secrets of Life to Secrets of Death." In Mary

Jacobus, Evelyn Fox-Keller, and Sally Shuttleworth, eds., *Body/Politics: Women and the Discourses of Science.* New York: Routledge.

Fox-Keller, Evelyn, and Carol Grontowski. 1983. "The Mind's Eye." In Sandra Harding and Mary Hintikka, eds., *Discovering Reality.* Dordrecht: Reidel.

Fraisse, Geneviève. 1989. *Muse de la Raison.* Aix-en-Provence: Alinéa.

Fraser, Nancy. 1998. "Heterosexism, Misrecognition, and Capitalism: A Response to Judith Butler." *New Left Review*, no. 228 (March-April): 33—44.

—— "French Feminist Theory." 1989. *Hypatia*, no. 3, pp. 152—154.

Fraser, Nancy, and Linda J. Nicholson. 1990. "Social Criticism Without Philosophy: An Encounter Between Feminism and Postmodernism." In Linda J. Nicholson, ed., *Feminism/Postmodernism,* pp. 19—28. New York: Routledge.

Freud, Sigmund. 1911. "Psychoanalytic Notes on an Autobiographical Account of a Case of Paranoia." In *Dementia Paranoides* 12:1—82.

Frye, Marilyn. 1996. "The Necessity of Differences: Constructing a Positive Category of Women." *Signs: Journal of Women in Culture and Society* 21, no. 3, pp. 991—1010.

Fukuyama, Francis Yoshihiro. 1992. *The End of History and the Last Man.* New York: Free Press.

Fuss, Diana. 1990. *Essentially Thinking.* London: Routledge.

Gallop, Jane. 1997. *Feminist Accused of Sexual Harassment.* Durham: Duke University Press.

Garber, Marjorie. 1995. *Vice Versa: Bisexuality and the Eroticism of Everyday Life.* New York: Simon and Schuster.

Gatens, Moira, and Genevieve Lloyd. 1999. *Collective Imaginings: Spinoza, Past and Present* New York: Routledge.

Gedalof, Irene. 2000. "Identity in Transit, Nomads, Cyborgs and Women." *European Journal of Women's Studies* 7: 337—354.

Genin, Christophe. 2009. *Miss. Tic Femme de l'Être.* Paris: Les Impressions Nouvelles.

Gilroy, Paul. 1993. *The Black Atlantic: Modernity and Double Consciousness.* New York: Verso.

—— 2000. *Against Race: Imaging Political Culture Beyond the Color Line.* Cambridge: Harvard University Press.

Glenister, T. W. 1964. "Fantasies, Facts and Foetuses. The Interplay of Fancy and Reason in Teratology." *Medical History* 8:15—30.

Glissant, Edouard. 1990. *Poetique de la Relatio.* Paris: Gallimard.

Goodchild, Philip, Gilles Deleuze, and Felix Guattari. 1996. *An Introduction to the Politics of Desire.* London: Sage.

Gould, George, and Walter Pyle. 1897. *Anomalies and Curiosities of Medicine.* Philadelphia: Saunders.

Greer, Germaine. 1984. *Sex and Destiny.* London: Picador.

Grewal, Inderpal, and Caren Kaplan, eds. 1994. *Scattered Hegemonies: Postmodernity and Transnational Feminist Practices.* Minneapolis: University of Minnesota Press.

Griffin, Gabriele, and Rosi Braidotti. 2002. *Thinking Differently: A Reader in European Women's Studies.* London: Zed.

Grosz, Elizabeth. 1986. "Irigaray and Sexual Difference." *Australian Feminist Studies*, no. 2 (Autumn): 63—77.

—— 1987. "Notes Towards a Corporeal Feminism." *Austral-*

ian Feminist Studies 5:1—17.

—— 1991. *Lacan: A Feminist Introduction.* New York: Routledge.

Gunew, Sneja. 1982. "Discourses of Otherness." In *Displacements: Migrant Story-Tellers,* pp.: 1 — 5. Melbourne: Deakin University Press.

Hamon, Bervé and Patrick Rotman. 1988. *Génération,* vol. 2: *Les Années de Poudre*. Paris: Seuil.

Haraway, Donna. 1985. "A Cyborg Manifesto: Science, Technology, and Socialist-Feminism in the Late Twentieth Century." *Socialist Review* 15, no. 2, pp. 65—108.

—— 1989. *Primate Visions: Gender, Race, and Nature in the World of Modern Science.* New York: Routledge.

—— 1991. *Simians, Cyborgs, and Women.* New York: Routledge.

—— 1992a. "Ecce homo, Ain't (Ar'n't) I a Woman and Inappropriate/d Others: The Human in a Post-Humanist Landscape." In Judith Butler and Joan Scott, eds., *Feminists Theorize the Political.* New York: Routledge.

—— 1992b. "The Promises of Monsters: A Regenerative Politics for Inappropriate/d Others." In Lawrence Grossberg, Cary Nelson, and Ann Treichler, eds., *Cultural Studies.* New York: Routledge.

Harding, Sandra. 1986. *The Science Question in Feminism.* Ithaca: Cornell University Press.

—— ed. 1987. *Feminism and Methodology.* Bloomington: Indiana University Press.

—— 1991. *Whose Science? Whose Knowledge?* Milton Keynes: Open University Press.

Harding, Sandra, and Merrill B. Hintikka, eds. 1983. *Discove-*

ring Reality: Feminist Perspectives on Epistemology, Metaphysics, Methodology, and Philosophy of Science. Boston: Reidel.

Hardt, Michael, and Antonio Negri. 2000. *Empire.* Cambridge: Harvard University Press.

Hartsock, Nancy. 1983. "The Feminist Standpoint: Developing the Ground for a Specially Feminist Historical Materialism." In Sandra Harding and Merrill B. Hintikka, eds., *Discovering Reality: Feminist Perspectives on Epistemology, Metaphysics, Methodology, and Philosophy of Science.* Boston: Reidel.

—— 1990. "Foucault on Power: A Theory for Women?" In Linda J. Nicholson, ed., *Feminism/Postmodernism,* pp. 157—175. New York: Routledge.

Heilbrun, Carolyn G. 1990. *Hamlet's Mother and Other Women.* New York: Columbia University Press.

Hermsen, Joke, and Alkeline van Lemming, eds., 1991. *Sharing the Difference: Feminist Debates in Holland.* New York: Routledge.

Hevey, David, ed. 1992. *The Creatures Time Forgot: Photography and Disability Imaginary.* New York: Routledge.

Hirsch, Marianne, and Evelyn Fox-Keller, eds. 1990. *Conflicts in Feminism.* New York: Routledge.

Holzer, Jenny. *Jenny Holzer.* 1988. New York: Guggenheim.

hooks, bell. 1981. *Ain't I a Woman: Black Women and Feminism.* Boston: South End.

—— 1984. *Feminist Theory: From Margin to Center.* Boston: South End.

—— 1990. *Yearning. Race, Gender, and Cultural Politics.* Toronto: Between the lines.

Howell, John. 1992. *Laurie Anderson.* New York: Thunder's Mouth.

Hull, Gloria T., Patricia Bell Scott, and Barbara Smith, eds. 1982. *All the Women Are White, All the Blacks Are Men, But Some of Us Are Brave: Black Women's Studies.* New York: Feminist.

Hutcheon, Linda. 1988. *A Poetics of Postmodernism.* London: Routledge.

—— 1989. *The Politics of Postmodernism.* London: Routledge.

Huyssen, Andreas. 1991. "Mapping the Postmodern." In Linda J. Nicholson, ed., *Feminism/Postmodernism,* pp. 234—280. New York: Routledge.

Irigaray, Luce. 1974. *Speculum de l'autre femme.* Paris: Minuit; 1985. *Speculum of the Other Woman.* Trans. Gillian C. Gill. Ithaca: Cornell University Press.

—— 1977. *Ce sexe qui n'en est pas un.* Paris: Minuit.

—— 1984. *Ethique de la Difference Sexuelle.* Paris: Minuit.

—— 1985. "Femmes divines." *Critique: Revue Générale des Publications Françaises et Étrangères* 454:67—85.

—— 1987. "Egales à Qui?" *Critique: Revue Générale des Publications Françaises et Étrangères,* 480:420—437; 1988. "Equal to Whom?" *Differences: A Journal of Feminist Cultural Studies* 1, no. 2, pp. 59—76.

—— 1989. *Le Temps de la Différence*. Paris: Livre de Poche.

—— 1991. "Love Between Us." In Eduardo Cadava, Peter Connor, and Jean-Luc Nancy, eds., *Who Comes After the Subject?* New York: Routledge.

Ivekovic, Sanja. 2008. *Selected Works.* Barcelona: Fundació Antoni Tàpies.

Jagger, Alison Marion, and Iris Marion Young, eds. 1998. *A Companion to Feminist Philosophy.* Malden, MA: Blackwell.

Jameson, Frederic. 1992. *Postmodernism; or, The Cultural Logic of Late Capitalism.* Duke: Duke University Press.

Jardine, Alice. 1985. *Gynesis: Configurations of Woman in Modernity.* Ithaca: Cornell University Press.

Jordanova, Ludmilla. 1985. "Gender, Generation and Science: William Hunter's Obstetrical Atlas." In W. F. Bynum and Roy Porter, eds., *William Hunter and the Eighteenth-Century Medical World,* pp. 385—412. Cambridge: Cambridge University Press.

—— 1989. *Sexual Vision.* London: MacMillan.

Kaplan, Caren. 1987. "Deterritorializations: The Rewriting of Home and Exile in Western Feminist Discourse." *Cultural Critique* 6 (Spring): 187—198.

—— 1994. "The Politics of Location as Transnational Feminist Critical Practice." In Inderpal Grewal and Caren Kaplan, eds., *Scattered Hegemonies: Postmodernity and Transnational Feminist Critical Practice.* Minneapolis: University of Minnesota Press.

Kappelar, Susan. 1986. *The Pornography of Representation.* Cambridge: Polity.

Kaufmann, Dorothy. 1986. "Simone de Beauvoir: Questions of Difference and Generation." *Yale French Studies,* no. 72, pp. 121—131.

Kofman, Sarah. 1982. *Aberrations.* Paris: Flammarion.

Kristeva, Julia. 1980. *Pouvoirs de l'Horreur.* Paris: Seuil.

—— 1981. "Women's Time." *Signs* 7, no. 1, pp. 13—35; reprinted in N. O. Keohane, M. Z. Rosaldo, and B. C. Gelpi,

eds., 1982. *Feminist Theory: A Critique of Ideology*. Chicago: University of Chicago Press.
—— 1985. "Une Morale pour le Surhomme." *Liberation* (June), p. 11.
—— 1988a. *Etrangers à nous même*. Paris: Fayard.
—— 1988b. "Women's Time." In N. O. Keohane, ed., *Feminist Theory: A Critique of Ideology*. Chicago: University of Chicago Press.
Kruger, Barbara. 1983. *We Won't Play Nature to Your Culture*. London: I. C. A.
—— 1984. "No Progress in Pleasure." In Carole S. Vance, ed., *Pleasure and Danger*. Boston: Routledge and Kegan Paul.
—— 1990. *Love for Sale*. New York: Abrams.
Laborie, Françoise. 1985. "Ceci est une Éthique." *Les Temps Modernes*, no. 41, pp. 1518—1543.
Lacan, Jacques. 1966. *Ecrits*. Paris: Seuil. 1977. *Ecrits: A Selection*. Trans. A. M. Sheridan. New York: Norton.
—— 1977a. *Ecrits: A Selection*. Trans. A. M. Sheridan. New York: Norton.
—— 1977b. *Le Séminaire XX-Encore*. Paris: Seuil.
Latour, Bruno. 1991. *Nous n'avons jamais été modernes: Essai d'anthropologie symétrique*. Paris: La Découverte.
Lauretis, Teresa de. 1984. *Alice Doesn't*. Bloomington: Indiana University Press.
—— ed. 1986. *Feminist Studies/Critical Studies*. Bloomington: Indiana University Press.
—— 1987. *Technologies of Gender*. Bloomington: Indiana University Press.
—— 1988. "The Essence of the Triangle; or, Taking the Risk

of Essentialism Seriously." *Differences* 1, no. 2.
—— 1990a. "Eccentric Subjects: Feminist Theory and Historical Consciousness." *Feminist Studies* 16, no. 1 (Spring): 115—150.
—— 1990b. "Introduction." In *Sexual Difference: a Theory of Socio-Symbolic Practices*. Bloomington: Indiana University Press.
—— 1990c. "Upping the Anti (sic) in Feminist Theory." In Marianne Hirsch and Evelyn Fox-Keller, eds., *Conflicts in Feminism*. New York: Routledge.
—— 1993. "Feminist Genealogies." Belle van Zuylen Lecture, Utrecht, November 1991; rpt. *Women's Studies International Forum*, no. 4, 393—403.
—— 1994. *The Practice of Love: Lesbian Sexuality and Perverse Desire*. Bloomington: Indiana University Press.
Le Doeff, M. 1989. *L'Etude et le rouet*. Paris: Seuil.
Levy, Ariel. 2005. *Female Chauvinist Pigs: Women and the Rise of Raunch Culture*. New York: Simon and Schuster.
Lipovetsky, Gilles. 1983. *L'Ere du vide*. Paris: Gallimard.
Lispector, Clarice. 1978. *La Passion Selon G. H.* Paris: des femmes.
Lloyd, Genevieve. 1984. *The Man of Reason: "Male" and "Female" in Western Philosophy*. London: Methuen.
Lonzi, Carla. 1974. *Sputiamo su Hegel*. Milan: Rivolta Femminile.
—— 1977. *E gia Politica*. Milan: Rivolta Femminile.
—— 1978. *La Presenza dell'Uomo nel Femminismo*. Milan: Rivolta Femminile.
Lorde, Audre. 1984. *Sister Outsider*. Trumansburg: Crossing.
Lotringer, Sylvère, and Christian Marazzi, eds. 1980. *Semio-*

text(e): Autonomia. Post-Political Politics. New York: Semiotext(e).

Lyotard, Jean-François. 1979. *La Condition Postmoderne.* Paris: Minuit; 1984. *The Postmodern Condition.* Manchester: Manchester University Press.

—— 1984. "Some of the Things at Stake in Women's Struggles." *Wedge*, no. 6, pp. 24—29.

—— 1986. *Le Post-Moderne Expliqué aux Enfants.* Paris: Galilee.

MacCormack, Patricia. 2000. " Pleasure, Perversion, and Death: Three Lines of Flight from the Viewing Body." PhD. diss., Monash University, January 31.

MacKinnon, Catharine. 1987. *Feminism Unmodified: Discourses on Life and Law.* Cambridge: Harvard University Press.

—— 2006. *Are Women Human? And Other International Dialogues.* Cambridge: Belknap.

McLuhan, Marshall. 1962. *The Gutenberg Galaxy.* Toronto: University of Toronto Press.

McNay, Lois. 1992. *Foucalt and Feminism.* Cambridge: Polity.

—— 1996. *Foucault: A Critical Introduction.* Cambridge: Polity.

Mama, Amina. 1995) *Beyond the Masks: Race, Gender and Subjectivity.* London: Routledge.

—— 1996. *The Hidden Struggle: Statutory and Voluntary Sector Responses to Violence Against Black Women in the Home.* London: Whiting and Birch.

Maraini, Dacia. 1975. *Donna in Guerra.* Turin: Einaudi.

Martin, Alison. 2003. "Introduction: Luce Irigaray and the

Culture of Difference." *Theory, Culture and Society* 20, no. 1, pp. 1—12.

Massumi, Brian. 1992a. *A User's Guide to Capitalism and Schizophrenia*. Boston: MIT Press.

—— 1992b. "Anywhere You Want to Be: An Introduction to Fear." In Joan Broadhurst, ed. *Deleuze and the Transcendental Unconscious*. Warwick: University of Wwarwick.

Maupertuis, Pierre-Louis Moreau de. 1745. *La Vénus Physique: ou Les Lois de la Generation*. Paris: Office de la Librairie.

Mies, Maria, and Vandana Shiva. 1993. *Ecofeminism*. London: Zed.

Mik, Aernout. 2000. *Primal Gestures, Minor Roles*. Eindhoven: Stedelijk Van Abbemuseum, NAI-Uitgeverij.

Milan Women's Bookshop Collective. 1990. *Sexual Difference: A Theory of Political Practice*. Bloomington: Indiana University Press.

Miller, Nancy K. 1986a. "Subject to Change." In Teresa de Lauretis, ed., *Feminist Studies/Critical Studies*, pp. 102—120. Bloomington: Indiana University Press.

—— ed. 1986b. *The Poetics of Gender*. New York: Columbia University Press.

—— 1991. *Getting Personal: Feminist Occasions and Other Autobiographical Acts*. New York: Routledge.

Millet, Kate. 1976. *Flying*. New York: Paladin.

Minh-ha, Trinh T. 1989. *Woman, Native, Other*. Bloomington: Indiana University Press.

Mitchell, Juliet, and Jacqucline Rosc, cds. 1982. *Feminine Sexuality: Jacques Lacan and the École Freudienne*. London: Macmillan.

Modleski, Tania. 1991. *Feminism Without Women: Culture and Criticism in a "Postfeminist" Age*. New York: Routledge.

Mohanty, Chandra Talpade. 1984. "Under Western Eye: Feminist Scholarship and Colonial Discourse." *Boundary* 2, no. 3, pp. 333—358.

—— 1987. "Feminist Encounters. Locating the Politics of Experience." *Copyright*, no. 1.

—— 1991. "Cartographies of Struggle: Third World Women and the Politics of Feminism." In Chandra Talpade Mohanty, Ann Russo, and Lourdes Torres, eds., *Third World Women and the Politics of Feminism*. Bloomington, Indiana University Press.

Moraga, Cherríe, and Gloria Anzaldúa. 1981. *This Bridge Called My Back: Writings by Radical Women of Color*. Watertown: Persephone.

—— 1983. *Loving in the War Years*. Boston: South End.

Morin, Edgar. 1987. *Penser l'Europe*. Paris: Gallimard.

Morris, Maeghan. 1988. "Crocodile Dundee." In *The Pirate's Fiancée*. London: Verso.

Muraro, Luisa. 1984. *Guglielma Manfreda*. Milan: La Tartaruga.

—— 1986. "Commento alla: Passione Secondo G. H." *DWF*, nos. 5/6, pp. 65—78.

—— 1991. *L'Ordine Simbolico della Madre*. Roma: Riuniti.

Neilson, Jim. 1995. "The Great P. C. Scare: Tyrannies of the Left, Rhetoric of the Right." In Jeffrey Williams, ed., *PC Wars: Politics and Theory in the Academy*. New York: Routledge.

Nicholson, Linda J., ed. 1990. *Feminism/Postmodernism*.

New York: Routledge.

Oakley, Ann. 1984. *The Captured Womb.* Oxford: Blackwell.

Paré, Ambroise. 1971. *Des Monstres et des Prodiges.* Geneva: Droz.

Parks, Lise. 2003. "Plotting the Personal: Global Positioning Satellites and Trajective Mapping." In Ursula Bieman, ed., *Geography and the Politics of Mobility.* Vienna: General Foundation.

Pasolini, Pier Paolo. 1975. *Scritti Corsari.* Turin: Garzanti.

Passerini, Luisa, 1988. *Autoritratto di Gruppo.* Florence: Giunti.

Patton, Paul. 2000. *Deleuze and the Political.* New York: Routledge.

Pejic, Bojana. 2001. "Metonymical Moves." In Sanja Ivekovic, *Personal Cuts.* Vienna: Triton.

Pels, Dick. 1999. "Privileged Nomads: On the Strangeness of Intellectuals and the Intellectuality of Strangers." In *Theory, Culture, and Society: Explorations in Critical Social Science* 16, no. 1, pp. 63—86.

Penley, Constance. 1985. "Feminism, Film Theory, and the Bachelor Machines." *M/F*, no. 10.

Petchesky, Rosalyn. 1987. "Foetal Images: the Power of Visual Culture in the Politics of Reproduction." In Michelle Stanworth, ed., *Reproductive Technologies.* Oxford: Blackwell.

Plant, Sadie. 1993. "Nomads and Revolutionaries." *Journal of the British Society for Phenomenology* 24, no. 1 (January): 88—101.

Rich, Adrienne. 1977. *Of Woman Born: Motherhood as Experience and Institution.* London: Virago.

—— 1979. *On Lies, Secrets and Silence.* New York: Norton.
—— 1980. "Compulsory Heterosexuality and the Lesbian Experience." *Signs* 5, no. 4, pp. 631—690.
—— 1986. *Blood, Bread, and Poetry.* London: Women's Press.
Rohan, Marc. 1988. *Paris '68. Graffiti, Posters, Newspaper and Poems of the Events of May* 1968. London: Impact.
Rose, Nicholas. 2001. "The Politics of Life Itself." *Theory, Culture, and Society* 18, no. 6. Rosler, Martha. 1990. *In the Place of the Public* (1983—1990). Photo installation at the Decade show, the Studio Museum of Harlem and the Museum of Contemporary Hispanic Art, New York.
Roudinesco, Élisabeth. 1977. *Pour une Politique de la Psychanalyse*. Paris: La Découverte.
Rowland, Robyn. 1985. "A Child at ANY Price?" *Women's Studies International Forum* 8, no. 5, pp. 539—546.
Rubin, Gail. 1975. "The Traffic in Women: Notes on the Political Economy of Sex." In Rayna Rapp, ed., *Toward an Anthropology of Women.* New York: Monthly Review Press.
Said, Edward. 1978. *Orientalism*. New York: Vintage.
Saint Augustine. 1972. *The City of God.* Harmondsworth: Penguin.
Saint-Hilaire, Geoffroy de. 1832. *Histoire Génerale et Particulière des Anomalies de l'Organization Chez l'Homme et les Animaux.* Paris: J. B. Ballière.
Sandoval, Chela. 1999. "New Sciences: Cyborg Feminism and the Methodology of the Oppressed." In Jenny Wolmark, ed., *Cybersexualities*, pp. 247 — 263. Edinburgh: Edinburgh University Press.

Sarraute, Nathalie. 1983. *Enfance.* Paris: Gallimard.

Schor, Naomi. 1987a. "Dreaming Dissymmetry: Foucault, Barthes, and Feminism." In Alice Jardine and Paul Smith, eds., *Men in Feminism.* New York: Methuen.

—— 1987b. *Reading in Detail.* New York: Colombia University Press.

—— 1989. "This Essentialism Which Is Not One." *Differences: A Journal of Feminist Cultural Studies*, no. 4, pp. 38—58.

—— 1995. *Bad Objects: Essays Popular and Unpopular*. Durham: Duke University Press.

Scott, Joan. 1988. "Deconstructing Equality vs. Difference." *Feminist Studies* 14, no. 1, pp. 282—298.

Sebbar, Leila, and Nancy Huston. 1986. *Lettres Parisiennes.* Paris: Barrault. Sherman, Cindy. 1991. *History Portraits.* New York: Rizzoli.

Shiva, Vandana. 1993. *Monocultures of the Mind: Biodiversity, Biotechnology, and Agriculture*. New Delhi: Zed.

—— 1997. *Bio-piracy: The Plunder of Nature and Knowledge*. Boston: South End.

Showalter, Elaine. 1987. "Critical Cross-Dressing: Male Feminists and Woman of the Year." In Alice Jardine and Paul Smith, eds., *Men in Feminism.* pp. 116—132. New York: Methuen.

Smith, Barbara. 1979. "Towards a Black Feminist Criticism." *Women's Studies International Quarterly*, vol. 2, no. 2, pp. 183—194.

— 1983. *Home Girls: A Black Feminist Anthology.* New York: Kitchen Table. Snitow, Ann, Christine Stansell, and Sharon Thompson, eds. 1983. *Powers of Desire: The Poli-*

tics of Sexuality. New York: Monthly Review Press.

Solanis, Valerie. 1983. *The SCUM Manifesto.* London: Matriarchy Study Group.

Spelman, Elizabeth. 1989. *Inessential Woman.* Boston: Beacon.

Spender, Dale. 1982. *Women of Ideas and What Men Have Done to Them.* London: Women's Press.

Spivak, Gayatri C. 1976. "Translator's Preface." In Jacques Derrida, *Of Grammatology,* pp. ix—lxxxviii. Baltimore: Johns Hopkins University Press.

—— 1983. "Displacement and the Discourse of Woman." In M. Krupnick, ed., *Displacement, Derrida and After,* pp., 169—196. Bloomington: Indiana University Press.

—— 1987. *In Other Worlds: Essays in Cultural Politics*. New York: Methuen.

—— 1989a. "Feminism and Deconstruction Again: Negotiating with Unacknowledged Masculinism." In Teresa Brennan, ed., *Between Feminism and Psychoanalysis,* pp. 206—224. London: Routledge.

—— 1989b. "In a Word: Interview." *Differences: A Journal of Feminist Cultural Studies*, nos. 1 and 2, pp. 124—156.

—— 1990. "Reading the Satanic Verses." *Third Text* (Summer): 41—60.

Sprinker, Michael. 1992. "The War Against Theory." *Minnesota Review,* no. 39 (Fall/Winter): 103—121.

Stanton, Domna. 1980. "Language and Revolution: The Franco-American Dis-Connection." In Hester Eisenstein and Alice Jardine, eds., *The Future of Difference*, pp. 73—87. Boston: Hall.

—— 1986. "Difference on Trial: A Critique of the Maternal Metaphor in Cixous, Irigaray, and Kristeva." In Nancy

Miller, ed., *The Poetics of Gender,* pp. 157—181. New York: Columbia University Press.

Stengers, Isabelle. 1987. *D'une Science à l'Autre; Des Concepts Nomades.* Paris: Seuil.

Stimpson, Catharine R. 1989. *Where the Meanings Are.* New York: Routledge.

Trembach, Randolph, ed. 1986. *Aristotle's Masterpiece.* New York: Garland.

Valmorbida, E. 2007. *The Book of Happy Endings.* London: Cyan.

Vance, Carol. 1984. *Pleasure and Danger. Exploring Female Sexuality.* Boston: Routledge and Kegan Paul.

Vandelac, Louise. 1987. "Sexes et Technologies de Réproduction Humaine: Mères Porteuses, ou la Maternité Deportée par la Langue." *Sociologie et Societé* 19, no. 1, pp. 97—115.

Veblen, Thorstein. 1994 [1899]. *The Theory of the Leisure Class.* New York: Dover.

Violi, Patrizia. 1987. *L'Infinito Singolare.* Verona: Essedue.

Virilio, Paul. 1976. *L'Insecurité du Territoire.* Paris: Stock.

Virno, Paolo. 2001. *Grammatica della Moltitudine.* Roma: Derive Approdi.

Walker, Alice. 1984. *In Search of Our Mothers' Gardens.* London: Women's Press.

Ward Jouve, Nicole. 1991. *White Woman Speaks with Forked Tongue: Criticism as Autobiography.* New York: Routledge.

Ware, Vron. 1992. *Beyond the Pale: White Women, Racism, and History.* New York: Verso.

Weldon, Fay. 1989. *The Cloning of Joanna May.* London:

Collins.

West, Cornel. 1994. *Prophetic Thought in Postmodern Times.* Monroe, ME: Common Courage.

Whitford, Margaret. 1986. "Luce Irigaray and the Female Imaginary." *Radical Philosophy*, no. 43.

—— 1989. "Rereading Irigaray." In Teresa Brennan, ed., *Between Feminism and Psychoanalysis.* London: Routledge.

—— 1991. *Luce Irigaray's Philosophy in the Feminine.* London: Routledge.

—— 2003. "Irigaray and the Culture of Narcissism." *Theory, Culture, and Society*, no. 20, pp. 27—41.

Williams, Jeffrey. 1995. "Introduction." In Jeffrey Williams, ed., *PC Wars: Politics and Theory in the Academy*. New York: Routledge.

Williams, Patricia J. 1993. *The Alchemy of Race and Rights.* London: Virago.

Wittig, Monique. 1973. *Le Corps Lesbien.* Paris: Minuit.

—— 1980. "La Pensée Straight." *Questions Féministes*, no. 7.

—— 1992. *The Straight Mind.* London: Harvester.

Wittkower, Rudolf. 1942. "Marvels of the East. A Study in the History of Monsters." *Journal of the Warburg and Courtland Institutes* 5:159—197.

Wolf, Christa. 1984. *Cassandra.* London: Virago.

Woolf, Virginia. 1978 [1938]. *Three Guineas.* London: Penguin.

Yaeger, Patricia. 1988. *Honey-Mad Women: Emancipatory Strategies in Women's Writing.* New York: Columbia University Press.

Žižek, Slavoj. 1992. *Enjoy Your Symptom! Jacques Lacan in Hollywood and Out.* New York: Routledge.

图书在版编目(CIP)数据

游牧主体 ：当代女性主义理论中的具身性和性差异 / （意）罗西·布拉伊多蒂（Rosi Braidotti）著 ；赵雅惠译. --上海 ：上海人民出版社，2025. -- ISBN 978-7-208-19262-1

Ⅰ. C913.68

中国国家版本馆 CIP 数据核字第 2024D8R589 号

出版统筹 杨全强 杨芳州
责任编辑 赵 伟
特约编辑 金 林
装帧设计 彭振威

游牧主体:当代女性主义理论中的具身性和性差异

[意]罗西·布拉伊多蒂 著
赵雅惠 译

出　　版 上海人民出版社
（201101 上海市闵行区号景路 159 弄 C 座）
发　　行 上海人民出版社发行中心
印　　刷 浙江新华数码印务有限公司
开　　本 787×1092 1/32
印　　张 17.25
插　　页 5
字　　数 263,000
版　　次 2025 年 1 月第 1 版
印　　次 2025 年 12 月第 2 次印刷
ISBN 978-7-208-19262-1/B·1794
定　　价 78.00 元